Neckar-Radweg

Von der Quelle nach Mannheim

Ein original *bikeline*-Radtourenbuch

Esterbauer

bikeline®-Radtourenbuch Neckar-Radweg
© 1995-2003, **Verlag Esterbauer GmbH**
A-3751 Rodingersdorf, Hauptstr. 31
Tel: ++43/2983/28982-0, Fax: ++43/2983/28982-500
E-Mail: bikeline@esterbauer.com
www.esterbauer.com
6. überarbeitete Auflage, 2003
ISBN 3-85000-026-5

Bitte geben Sie bei jeder Korrespondenz die Auflage und die ISBN an!

Dank an alle, die uns bei der Erstellung dieses Buches tatkräftig unterstützt haben, im besonderen Frau Steinbach, Herrn Schlichthaerle und Frau Ringnuß; Herrn Schrader vom Baden-Württembergischen Landesfremdenverkehrsverband, Stuttgart; Herzlichen Dank für die Informationen/Korrekturen/Tipps an: C. Thaler, Esslingen; H.-P. Finsterle, Heilbronn; M. Anschütz; J. und N. Forsyth, Viernheim; G. Poetsch, Mainz; C. Maier, München; R. Bartling, Dannenberg/Elbe; W u. P Schapitz, Mannheim; E. und I. Wiersdorf, Bielefeld; C. Scheinemann, Hamburg; V. Manthey, Lauffen; W. Krebs, Lehrte; I. Kolb, Rottweil; M. Mahlzahn, Heidelberg; H. und S. Ortland, Oldenburg; P. und G. Sattler, Mannheim; H. Blohmann, Hannover; D. Thurecht, Ladenburg; E. Modersitzki, Köln; R. und H.-G. Schulte, Neunkirchen-Seelscheid; W. van Zadel, Bösel; M. Gorius, Kleinblittersdorf; I. Steinmann, Aesch; G. Berner, Nördlingen; R. Bezner, Kirchheim; D. Bock, Tübingen; E. Scheibner, Cottbus; W. Link, Nehren; M. Ringger, Nürtingen; H. Rogge, Karlsfeld; G. Binder, Edingen-Neckarhausen; Joos, Ludwigsburg; W. Bernhard, Darmstadt; J. Auburger, Lappersdorf; H. und H. Maier, Friedrichshafen; W. Erben, Reinheim; C. Bock, Tübingen; V. Brettner; D. Hartung, Düsseldorf; H. Waltking, Langenfeld; M. Bohn; G. Helme, Ellwangen; K. Löffler, Altdorf; J. Schlabbers, Kerken; E. und C. Wendel, Weinstadt; M. Groß, Dossenheim; W. Keßler, Koblenz; K. Schwerberger, Frankfurt; A. Aregger, Wikon; M. Kasparek, Mintraching; R. Sohst, Uetze; E. Schulze, Vaihingen; D. Eisenmann, Freiburg.

Das *bikeline*-Team: Birgit Albrecht, Beatrix Bauer, Grischa Begaß, Karin Brunner, Anita Daffert, Michaela Derferd, Roland Esterbauer, Jutta Gröschl, Dagmar Güldenpfennig, Carmen Hager, Karl Heinzel, Martina Kreindl, Veronika Loidolt, Mirijana Nakic, J. Andrea Ott, Maria Pfaunz, Petra Riss, Tobias Sauer, Gaby Sipöcz, Matthias Thal.

Bildnachweis: Birgit Albrecht: 28, 113, 114, 116, 118, 120, 122, 131, 132, 136; Bildverlag Arthur Traut: 104; Bürgermeisteramt Horb: 30; Bürgermeisteramt Zwingenberg: 108, 110; E. V. König: 124, 125, 126, 128, 130; Eberbach-Kurverwaltung: 112; Heilbronn FV: 93; Kulturamt Stadt Plochingen: 54; Kulturamt Stadt Plochingen: 56; Ludwigsburger Stadtmarketing und Touristik GmbH: 72, 74; Stuttgart Marketing: 64, 66, 67; Neckargemünd: 16, 119; Roland Esterbauer: 13; Verkehrsverein Stadt Tübingen: 38, 40, 44, 46; Stadt. Verkehrsbüro Rottweil: 18; Stadtverwaltung Bietigheim-Bissingen: 82, 84; Stadt Freiberg: 79, 80, 81; Stadt Heilbronn: 92, 94; Stadt Marbach: 76; Stadt Nürtingen: Titelbild-L, 48, 51; VA Villingen-Schwenningen: 14; Verkehrsamt Rottenburg: 34, 36, 37; Verkehrsbüro Rottweil: 20, 21, 22;

bikeline® ist eingetragenes Warenzeichen; Einband gesetzlich geschützt. Alle Rechte vorbehalten. Alle Angaben ohne Gewähr. Kein Teil dieses Buches darf in irgendeiner Form ohne schriftliche Genehmigung des Verlages reproduziert, verarbeitet, vervielfältigt oder verbreitet werden.

Dieses Buch wird empfohlen von:

Arbeitsgemeinschaft Neckartal-Radweg
D-78054 Villingen-Schwenningen
Tel: 07720/82-1209

Tourismus Marketing GmbH Baden-Württemberg
D-70182 Stuttgart
Tel: 0711-23858-22

VCS • VCÖ • VCD
Verkehrsclubs

FDNF Fahrradtouristik GbR

Naturfreunde

tour DAS RADMAGAZIN

Pedal Bike for Fun

bikeline

Was ist bikeline?

Wir sind ein junges Team von aktiven RadfahrerInnen, die 1987 begonnen haben, Radkarten und Radbücher zu produzieren. Heute tun wir dies als Verlag mit großem Erfolg. Mittlerweile gibt's bikeline© und cycline© Bücher in vier Sprachen und in vielen Ländern Europas.

Um unsere Bücher immer auf dem letzten Stand zu halten, brauchen wir auch Ihre Hilfe. Schreiben Sie uns, wenn Sie Fehler oder Änderungen entdeckt haben. Oder teilen Sie uns einfach die Erfahrungen und Eindrücke von Ihrer Radtour mit.

Wir freuen uns auf Ihren Brief,

Ihre bikeline-Redaktion

Vorwort

Der 372 Kilometer lange Neckartal-Radweg verbindet höchst unterschiedliche Landstriche: Vom feucht-kühlen Schwenninger Moos tritt der Neckar die Reise auf der Schwäbischen Weinstraße an und durchdringt dann den geheimnisvollen Odenwald, wo nach jeder Flussschleife aufs Neue eine majestätische Burg die Reisenden überrascht. Kontrastreich folgt auf die kleinen Uhrenwerkstätten im Schwarzwald die Metropole Stuttgart als pulsierendes Ballungszentrum. Nürtingen, Marbach oder Hirschhorn sind idyllische Kleinstädte am „Fluss der Dichter", während Tübingen, Heidelberg oder Mannheim Kulturstätten der Superlative darstellen.

Präzise Karten, genaue Streckenbeschreibungen, zahlreiche Stadt- und Ortspläne, Hinweise auf das kulturelle und touristische Angebot der Region und ein umfangreiches Übernachtungsverzeichnis – in diesem Buch finden Sie alles, was Sie zu einer Radtour entlang des Neckars brauchen – außer gutem Radlwetter, das können wir Ihnen nur wünschen.

Kartenlegende (map legend)

Die Farbe bezeichnet die Art des Weges:
(The following colour coding is used:)

- **Hauptroute** (main cycle route)
- **Radweg / autofreie Hauptroute** (cycle path / main cycle route without motor traffic)
- **Ausflug oder Variante** (excursion or alternative route)
- **Radweg in Planung** (planned cycle path)

Strichlierte Linien zeigen den Belag an:
(The surface is indicated by broken lines:)

- **asphaltierte Strecke** (paved road)
- **nicht asphaltierte Strecke** (unpaved road)

Punktierte Linien weisen auf KFZ-Verkehr hin:
(Routes with vehicular traffic are indicated by dotted lines:)

- **Radroute auf mäßig befahrener Straße** (cycle route with moderate motor traffic)
- **Radroute auf stark befahrener Straße** (cycle route with heavy motor traffic)
- **Radfahrstreifen** (cycle lane)
- **stark befahrene Straße** (road with heavy motor traffic)

- **starke Steigung** (steep gradient, uphill)
- **leichte bis mittlere Steigung** (light gradient)
- **Entfernung in Kilometern** (distance in km)

Maßstab 1 : 50.000
1 cm ≙ 500 m   1 km ≙ 2 cm

0 1 2 3 4 5 6 7 8 9 10 km

- **Schönern** sehenswertes Ortsbild (picturesque town)
- ( ) Einrichtung im Ort vorhanden (facilities available)
- Hotel, Pension; Jugendherberge (hotel, guesthouse; youth hostel)
- Campingplatz; Naturlagerplatz (camping site; simple tent site)
- Tourist-Information; Einkaufsmöglichkeit (tourist information; shopping facilities)
- Gasthaus; Rastplatz (restaurant; resting place)
- Freibad; Hallenbad (outdoor swimming pool; indoor swimming pool)
- sehenswerte Gebäude (buildings of interest)
- **Mühle** andere Sehenswürdigkeit (other place of interest)
- Museum; Theater; Ausgrabungen (museum; theatre; excavation)
- Tierpark; Naturpark (zoo; nature reserve)
- Aussichtspunkt (panoramic view)
- Parkplatz; Parkhaus (parking lot; garage)
- Schiffsanleger, Fähre (boat landing; ferry)
- Werkstatt; Fahrradvermietung (bike workshop; bike rental)
- überdachter ~; abschließbarer Abstellplatz (covered ~; lockable bike stands)

- Kirche; Kapelle; Kloster (church; chapel; monastery)
- Schloss, Burg; Ruine (castle; ruins)
- Turm; Funkanlage (tower; TV/radio tower)
- Kraftwerk; Umspannwerk (power station; transformer)
- Windmühle; Windkraftanlage (windmill; windturbine)
- Wegkreuz; Gipfel (wayside cross; peak)
- Bergwerk (mine)
- Denkmal (monument)
- Sportplatz (sports field)
- Flughafen (airport, airfield)
- Quelle; Kläranlage
- Gefahrenstelle; Text beachten (dangerous section; read text carefully)
- Treppen; Engstelle (stairs; narrow pass, bottleneck)
- **X X X** Rad fahren verboten (road closed to cyclists)

In Ortsplänen: (in city maps:)
- Post; Apotheke (post office; pharmacy)
- Feuerwehr; Krankenhaus (fire-brigade; hospital)

Symbol	Bedeutung
	Staatsgrenze (international border)
	Grenzübergang (border checkpoint)
	Landesgrenze (country border)
	Wald (forest)
	Felsen (rock, cliff)
	Vernässung (marshy ground)
	Weingarten (vineyard)
	Friedhof (cemetary)
	Watt (shallows)
	Dünen (dunes)
	Wiesen, Weiden (meadows)
	Damm, Deich (embankment, dyke)
	Staumauer, Buhne (dam, groyne, breakwater)
	Schnellverkehrsstraße (motorway)
	Hauptstraße (main road)
	Nebenstraße (minor road)
	Fahrweg (carriageway)
	Fußweg (footpath)
	Straße in Bau (road under construction)
	Eisenbahn m. Bahnhof (railway with station)
	Schmalspurbahn (narrow gage railway)
	Tunnel; Brücke (tunnel; bridge)

Inhalt

3   Vorwort
5   Neckar-Radweg
10 Zu diesem Buch

12 *Von der Quelle nach Tübingen   114,5 km*
20 Variante Adlerberg (2,5 km)
30 Abstecher zum Wasserschloss (2 km)
38 Variante über Wurmlingen (7 km)

43 *Von Tübingen nach Heilbronn   140 km*
60 In die City von Stuttgart (8 km)
70 Nach Ludwigsburg (5 km)
90 Ins Zentrum von Heilbronn (4 km)

95 *Von Heilbronn nach Mannheim   118 km*
98 Zum Schausalzbergwerk
102 Abstecher nach Gundelsheim
102 Abstecher – Burg Guttenberg
119 Am Südufer nach Heidelberg (16 km)
134 Zum Neckarspitz (11 km)
140 Bett & Bike
140 Übernachtungsverzeichnis
151 Ortsindex

Neckar-Radweg

Der Neckartal-Radweg ist einer der Landes-Radfernwege Baden-Württembergs. Der seit fast zehn Jahren existierende Radweg erfreut sich bei den Radfahrern großer Beliebtheit. In den letzten Jahren wurde die Streckenführung und die Beschilderung optimiert. Es wurde dabei vor allem darauf Wert gelegt, die Radler auf ruhigeren Wegen, abseits großer Straßen entlang zu führen. Dies wurde auch durch größere Projekte verschiedener Gemeinden realisiert die in Zusammenarbeit entlang des Radweges stets bestrebt sind, die Streckenführung und die Beschilderung auf dem bestmöglichen Niveau zu halten.

Streckencharakteristik

Länge

Die Länge des Neckar-Radweges zwischen Villingen und dem Rhein beträgt 372 Kilometer. Varianten und Ausflüge sind dabei nicht berücksichtigt.

Wegequalität und Verkehr

Der Neckartal-Radweg führt großteils über ruhige Landstraßen oder eigene Radwege, beinhaltet aber derzeit immer wieder einige kurze verkehrsreiche Abschnitte. Die Ortsdurchfahrten erfolgen fast immer im Verkehr. Da die Radroute nicht immer in Flussnähe im Tal verläuft, sind leichtere Anstiege unvermeidlich. Stärkere, wenn auch kurze Steigungen entlang der Hauptroute gibt es nur vereinzelt. Sie fahren größtenteils auf asphaltierten Wegen.

Auf diese Verhältnisse wird im Text genau eingegangen, welche Alternativen sich anbieten (andere Streckenführung oder Umsteigen auf Bahn oder Schiff) wird beschrieben. Diese Informationen ermöglichen eine sorgfältige Planung.

Beschilderung

Die Radroute entlang des Neckars ist großteils mit Wegweisern desNeckartal-Radweges beschildert, die ein Fahrrad mit roten Vorderspeichen zeigen. Außerdem begegnen Sie einigen lokalen und regionalen Wegweisungssystemen. Die zwei größten Landesradwanderwege, die den Neckar bereits begleiten, sind der Alb-Neckar-Weg zwischen Remseck/Stuttgart und Eberbach sowie der Odenwald-Madonnen-Weg zwischen Eberbach und Heidelberg.

Tourenplanung

Die Beschreibung des 372 Kilometer langen Neckartal-Radweges erfolgt in diesem Buch flussabwärts, das heißt, von Süd nach Nord. Die Bezeichnung linkes und rechtes Ufer ist stets in Flussrichtung zu verstehen. Die Zählung der Flusskilometer ($\approx$km) geschieht von der Mündung aufwärts bis zum letzten Hafen in Plochingen. Zur leichteren Orientierung entlang der Route sind hinter den Ortsnamen die jeweiligen Flusskilometer angegeben (z. B. Plochingen 202 oder Mannheim

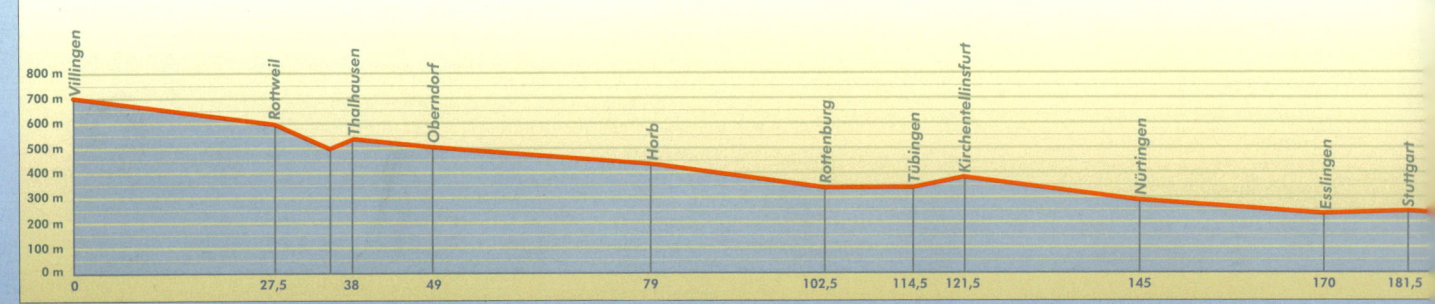

0). Die in diesem Radtourenbuch empfohlene Hauptroute entspricht dem letzten Planungsstand des Neckartal-Radweges.

Der Neckartal-Radweg wird in diesem Buch in drei Abschnitte gegliedert. Diese Einteilung – etwa dem Ober-, Mittel- und Unterlauf des Flusses entsprechend – dient der großräumigen Orientierung und nicht der Planung von Tagesetappen. Wenn Sie auch kulturelle Aktivitäten und Badestopps in die Reise einplanen, sollten Sie für die Tour mit mindestens einer Woche rechnen.

Zentrale Informationsstellen

Tourismus-Marketing GmbH, Esslinger Str. 8, 70182 Stuttgart, ☎ 0711/23858-22, Fax: 23858-98, E-Mail: info@tourismus-baden-wuerttemberg.de, www.tourismus-baden-wuerttemberg.de

Rhein-Neckar Fahrgastschifffahrt, Untere Neckarstr. 17 od. Anlegestelle Stadthalle, D-69117 Heidelberg, ☎ 06221/20181, Fax: 20211, E-Mail: info@rnf-schifffahrt.de, www.mf-schifffahrt.de.

Anreise & Abreise mit der Bahn

Informationsstellen:

Radfahrer-Hotline Deutschland, ☎ 01805/151415 (€ 0,6/40Sek.), ÖZ: Mo-So 8-18 Uhr. Wollen Sie gemeinsam mit Ihrem Fahrrad anreisen, so empfiehlt es sich, die Neckar-Tour in der alten Zähringerstadt Villingen zu beginnen, die günstig an der Bahnstrecke Offenburg-Konstanz liegt. Direkt nach Schwenningen müssten Sie noch einmal in einen E- oder RSB-Zug umsteigen. Da sich Villingen zur Anreise gut anbietet, beginnt dieses Radtourenbuch mit der Streckenbeschreibung auch dort.

Wenn Sie sich weiter neckarabwärts der Tour anschließen möchten, sind dafür Stuttgart (Beginn der schwäbischen Weinstraße) oder Heilbronn (Beginn der Burgenstraße durch den Odenwald) günstige Startpunkte.

Die Abreise nach Beendigung der Tour dürfte

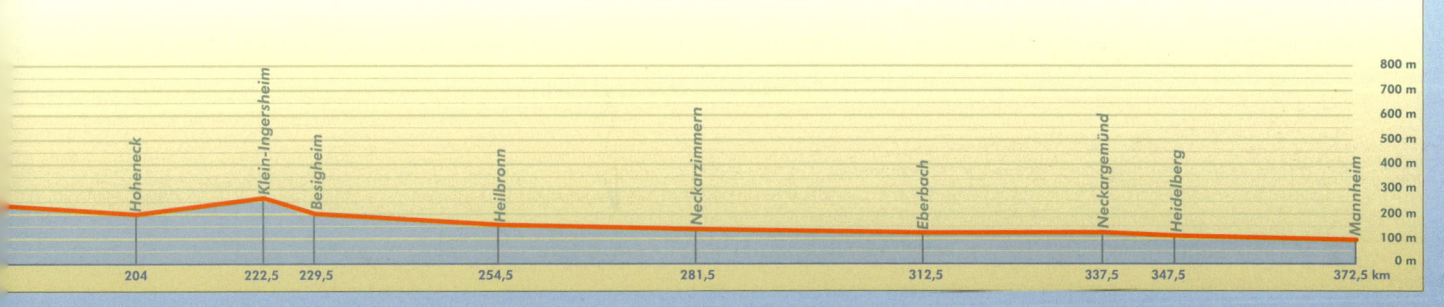

von Mannheim aus kein Problem sein: Sie finden Anschluss an die Main-Neckar-Bahn nach Darmstadt/Frankfurt oder nach Karlsruhe.

Fahrradtransport

Wenn Sie Ihr Fahrrad im Voraus als Reisegepäck zum Zielort schicken wollen, ist dieses über den Hermes Versand möglich. Der Transport kostet € 26,80 (erstes Fahrrad) bzw. € 23,80 für jedes weitere Fahrrad. Die Lieferzeit beträgt 2 Werktage (außer Sonntag). Die Zustell- und Abholzeiten sind Mo-Fr 9-17 Uhr. Das Kurier-Gepäck-Ticket kaufen Sie entweder direkt mit Ihrer Bahnkarte oder über ✆ 01805/996633 (€ 0,12/Min.).

Sie sollten dabei folgendes beachten: das Fahrrad wird nur direkt von Haus zu Haus zugestellt, d. h. keine Lagerung am Bahnhof. Wenn Sie einen Bahnhof als Zustelladresse angeben, müssen Sie das Fahrrad direkt in Empfang nehmen. Es gibt jedoch auch Fahrradstationen die Ihnen einen Service als Zustell- oder Abholadresse bieten, Infos dazu bei der Radfahrer-Hotline: ✆ 01805/151415.

Für die Verschickung von Fahrrädern besteht Verpackungspflicht. Verpackungen können Sie bei der Bahn AG entweder leihen oder um € 5,10 kaufen. Bestellung beim Kauf des Kuriergepäck-Tickets. Nähere Informationen erhalten Sie bei der Radfahrer-Hotline (s. o.) oder bei der „ADFC-Entwicklungsagentur für Radstationen", ✆ 0211/6870811.

Die direkte Fahrradmitnahme ist in Deutschland nur in Zügen möglich, die im Fahrplan mit dem Radsymbol 🚲 gekennzeichnet sind. Sie benötigen dazu lediglich eine Fahrradkarte und es muss genügend Laderaum im Zug vorhanden sein. Der Preis beträgt für alle Entfernungen in Zügen des Fernverkehrs € 8,– (mit Bahn Card € 6,–) und bis 100 km in Zügen des Regionalverkehrs und bei Besitz eines Baden-Württemberg-Tickets/Schönes-Wochenende-Tickets € 3,– (pro Tag und Rad).

Im Landkreis Rottweil ist die Fahrradmitnahme in Nahverkehrszügen auf allen DB-Strecken von Mo-Fr ab 9 Uhr, Sa, So, Fei kostenlos.

Die Reservierung eines Fahrradstellplatzes ist vor allem in Zügen des Fernverkehrs zu empfehlen (bei gleichzeitigem Kauf einer Fahrradkarte kostenlos).

Rad & Bahn

Die Orte im Neckartal sind bis auf wenige Ausnahmen durch eine Bahnlinie verbunden, in diesen Regionalzügen können Fahrräder im Personenabteil mitgenommen werden. Im Ballungsraum um Stuttgart, den man als Radler möglicherweise umgehen möchte, bieten sich die Schnellbahnzüge des VVS als einfachste Möglichkeit der Radbeförderung an. Sie verbinden Plochingen, Marbach bzw. Bietigheim mit Stuttgart.

Rad & Schiff

Schifffahrten stellen immer eine reizvolle Ergänzung einer Reise dar, in manchen wenigen Bereichen am Neckar sind sie zusätzlich die beste Möglichkeit dem Autoverkehr zu entkommen. So zum Beispiel zwischen Neckarsteinach und Heidelberg in der Odenwald-Passage. Den ersten Personenschiffen begegnen Sie zwischen Bad Cannstatt und Lauffen, welche sich allerdings lediglich für eine Rundfahrt eignen, da sie keine Fahrräder befördern. Auf der Strecke Heilbronn–Gundelsheim dürfen Sie ihr Fahrrad jedoch mitnehmen. Von Eberbach und Neckarsteinach brechen dann bereits Schiffe nach Heidelberg auf. Von dort steht einer Fahrt zum Rhein nach Mannheim und Worms nichts mehr im Wege. Nähere Informationen zu Schiffsreisen finden Sie im Datenblock des jeweiligen Ortes.

Übernachtung

Im oberen Teil des Neckars bis Tübingen finden Sie ein kleineres Angebot an Beherbergungsbetrieben vor, was jedoch angesichts geringer Touristenströme ausreichend erscheint. Teurer ist die Übernachtung dann im Ballungszentrum Stuttgart. Entlang der darauffolgenden Weinstraße bis Heilbronn scheinen Angebot und Nachfrage hingegen auseinanderzuklaffen: hohe Besucherzahlen sorgen besonders an Wochenenden für schnell ausgebuchte Quartiere. In diesem Bereich sollten Sie sich am besten schon gegen Mittag telefonisch eine Unterkunft reservieren. Keine Engpässe sind indes entlang der beliebten Burgenstraße im Odenwald zu erwarten.

Reisezeit

Das Neckarland gehört, abgesehen vom Oberlauf bis Tübingen und der Odenwald-Passage, zu den wärmebegünstigten Gebieten Deutschlands. Der Frühling hält mit dem Beginn der Apfelblüte auf der schwäbischen Weinstraße (Stuttgart bis Heilbronn) und Heidelberg neckarabwärts bereits Ende April Einzug. Bioklimatisch ist das obere Neckartal, zwischen Schwarzwald und Schwäbischer Alb gelegen, schonend. Besonders erlebnisreich ist die Reise am Neckar also im Frühjahr, aber auch während der Weinlese im Herbst, wenn das Obst reif ist und das Weinlaub sich golden färbt, oder in der hohen Zeit der „Besenwirtschaften", wenn die Wengerter den Besen über die Haustür hängen und zum jungen Wein in ihre Häuser einladen.

Alles für die Tour

Der Neckartal-Radweg stellt im derzeitigen Ausbaustadium bis auf einige Varianten keine besonderen Ansprüche an Ihr Fahrrad. Nachdem aber immer wieder einige – wenn auch kurze – Anstiege überwunden werden müssen, sollte das Fahrrad zumindest über eine dreistufige Gangschaltung verfügen. Den besten Reisekomfort bieten Tourenräder und Trekkingbikes, robuste Mountainbikes sind, bis auf ein paar hundert Meter der Strecke, eher Luxus.

Da vermutlich kein Rad auf Dauer von Pannen verschont bleibt und auch während der Reise Radpflege nötig ist, empfiehlt es sich, immer eine Grundausrüstung an Werkzeug und Zubehör dabei zu haben: Ersatzschlauch, Flickzeug, Reifenheber, Universalschraubenschlüssel, Luftpumpe, Brems- und Schaltseil, Speichenschlüssel, Schraubendreher, Öl, Kettenfett, Schmiertuch und Kleinteile, wie Ersatzbirnen und Schrauben.

Radreiseveranstalter/Gepäcktransport

TG-Neckar-Hohenlohe-Schwäbischer Wald, Am Markt 9, D-74523 Schwäbisch Hall, ✆ 0791/751385, Fax: 751642, www.kocherjagst.de

PRO Touristik – Rad & Berg Reisen, Schneidmühlstr. 26, D-69207 Sandhausen, ✆ 06224/51747, E-Mail: ProTouristik@t-online.de.

Bürger- und Verkehrsverein Tübingen, An der Neckarbrücke, D-72016 Tübingen, ✆ 07071/91360, Fax: 35070, E-Mail: mail@tuebingen-info.de, www.tuebingen-info.de.

Zu diesem Buch

Dieser Radreiseführer enthält alle Informationen, die Sie für Ihren Radurlaub entlang des Neckars benötigen: exakte Karten, eine detaillierte Routenbeschreibung, ein ausführliches Übernachtungsverzeichnis, Stadt- und Ortspläne und die wichtigsten Informationen zu touristischen Attraktionen und Sehenswürdigkeiten.

Und das alles mit der *bikeline*-Garantie: jeder Meter in unseren Büchern ist von einem unserer Redakteure vor Ort auf seine Fahrradtauglichkeit geprüft worden!

Die Karten

Eine Übersicht über die geographische Lage des Neckartal-Radweges gibt Ihnen die Übersichtskarte auf der vorderen inneren Umschlagseite. Hier sind auch die Blattschnitte der Detailkarten eingetragen.

Diese Detailkarten sind im Maßstab 1 : 50.000 erstellt. Dies bedeutet, dass 1 Zentimeter auf der Karte einer Strecke von 500 Metern in der Natur entspricht. Zusätzlich zum genauen Routenverlauf informieren die Karten auch über die Beschaffenheit des Bodenbelages (befestigt oder unbefestigt), Steigungen (stark oder schwach), Entfernungen sowie über kulturelle und gastronomische Einrichtungen entlang der Strecke. Komplizierte Stellen werden in der Karte mit diesem Symbol ⚠ gekennzeichnet, auf Gefahrenstellen werden Sie mit ⚠ hingewiesen. Beachten Sie, dass die empfohlene Hauptroute immer in Rot und Violett, Varianten und Ausflüge hingegen in Orange dargestellt sind. Die genaue Bedeutung der einzelnen Symbole wird in der Legende auf Seite 4 erläutert.

Höhen- und Streckenprofil

Das Höhen- und Streckenprofil gibt Ihnen einen grafischen Überblick über die Steigungsverhältnisse, die Länge und die wichtigsten Orte entlang der Radroute. Es können in diesem Überblick nur die markantesten Höhenunterschiede dargestellt werden, jede einzelne kleinere Steigung wird in dieser grafischen Darstellung jedoch nicht berücksichtigt. Die Steigungs- und Gefälleverhältnisse entlang der Route finden Sie im Detail mit Hilfe der Steigungspfeile in den genauen Karten.

Der Text

Der Textteil besteht im Wesentlichen aus der genauen Streckenbeschreibung, welche die empfohlene Hauptroute flussabwärts enthält. Das Symbol

Etappenplanungstabelle

	Entfernung in km zwischen den Orten	Entfernung in km insgesamt		Entfernung in km zwischen den Orten	Entfernung in km insgesamt
Villingen	0	0	Besigheim	19,5	229,5
Schwenningen	10	10	Lauffen	11,5	241
Rottweil	17,5	27,5	Heilbronn	13,5	254,5
Oberndorf	21,5	49	Bad Wimpfen	13	267,5
Sulz	11,5	60,5	Gundelsheim	7,5	275
Horb	18,5	79	Neckarzimmern	6,5	281,5
Rottenburg	23,5	102,5	Neckargerach	16,5	298
Tübingen	12	114,5	Eberbach	14,5	312,5
Nürtingen	30,5	145	Hirschhorn	10	322,5
Plochingen	14,5	159,5	Neckarsteinach	9	331,5
Esslingen	10,5	170	Neckargemünd	6	337,5
Stuttgart/Bad Cannstatt	11,5	181,5	Heidelberg	10	347,5
Ludwigsburg	17	198,5	Ladenburg	12	359,5
Marbach	11,5	210	Mannheim	13	372,5

— dient hierbei als Trennzeichen.
Unterbrochen wird dieser Text gegebenenfalls durch orange hinterlegte Absätze, die Varianten und Ausflüge behandeln.
Ferner sind alle wichtigen Orte zur besseren Orientierung aus dem Text hervorgehoben.

Gibt es interessante Sehenswürdigkeiten in einem Ort, so finden Sie unter dem Ortsbalken die jeweiligen Adressen, Telefonnummern und Öffnungszeiten.
Die Beschreibung der einzelnen Orte sowie historisch, kulturell oder naturkundlich interessante Gegebenheiten entlang der Route tragen weiterhin zu einem abgerundeten Reiseerlebnis bei. Diese Textblöcke sind kursiv gesetzt, und unterscheiden sich dadurch auch optisch von der Streckenbeschreibung.
Zudem gibt es kurze Textabschnitte in den Farben violett oder orange mit denen wir Sie auf bestimmte Gegebenheiten aufmerksam machen möchten:

Textabschnitte in Violett heben Stellen hervor, an denen Sie Entscheidungen über Ihre weitere Fahrstrecke treffen müssen; z. B. wenn die Streckenführung von der Wegweisung abweicht oder mehrere Varianten zur Auswahl stehen u. ä.

Textabschnitte in Orange stellen Ausflugstipps dar und weisen auf interessante Sehenswürdigkeiten oder Freizeitaktivitäten etwas abseits der Route hin.

Übernachtungsverzeichnis

Auf den letzten Seiten dieses Radtourenbuches finden Sie zu fast allen Orten an der Strecke eine Auswahl von günstig gelegenen Hotels und Pensionen. Dieses Verzeichnis enthält auch Campingplätze und Jugendherbergen. Ab Seite 140 erfahren Sie Genaueres.

Von der Quelle nach Tübingen

114,5 km

Der Neckar, der von den deutschen Flüssen am meisten Romantik zu bieten hat, beginnt seine Wanderung am Fuße der Baar, der Wasserscheide zwischen Rhein und Donau. In der engen, waldbedeckten Talgasse von Rottweil bis Rottenburg erlebt man fernab von Touristenströmen die beschaulichsten Partien der Neckartour. Mit seinem herrlichen Stadtensemble stellt die freie Reichsstadt Rottweil ein herausragendes Erlebnis dar. Ab Rottenburg fließt der Neckar erstmals in einem breiten Becken dahin und erreicht die „schwäbische Universitätsmetropole" Tübingen.

Von Villingen bis Horb ist die Beschilderung des Neckartal-Radweges sehr verlässlich. Darauf folgen vorläufig einige Lücken bzw. werden diese durch lokale Wegweiser überbrückt. Der Routenverlauf wechselt zwischen Rad- und Güterwegen mit nicht immer befestigter Oberfläche und verläuft streckenweise auch auf relativ ruhigen Landstraßen.

Villingen liegt zwar nicht am Neckar, aber die alte Zähringerstadt eignet sich – an der Bahnlinie Offenburg-Konstanz und am Rande des Schwarzwaldes gelegen – optimal als Startpunkt der Neckarroute.

In **Villingen** vom Bahnhof nach rechts weg ~ nach 150 Metern zur Fußgänger- und Radfahrerbrücke, welche sich über die Gleise spannt.

Tipp: Sie sehen die Schilder des Radfernweges (grünes Fahrrad mit rotem Speichenkranz), die Sie dann ins nahe Schwenningen mit der Neckarquelle begleiten werden. Bevor Sie aber diese Route antreten, sind Sie gut beraten, einen kurzen Abstecher in die sehenswerte Altstadt von Villingen zu unternehmen.

Um ins Zentrum von Villingen zu gelangen geradeaus bis zur Kreuzung vor ~ dort links ab ~ vor dem **Bickentor** der **Klosterring**, dahinter erstreckt sich der geschlossene Ortskern ~ da die geradeaus führende Straße nur aus der Gegenrichtung befahrbar ist, biegen Sie rechter Hand auf den Radweg entlang des Ringes ein ~ in einem Halbbogen an der ehemaligen Stadtmauer bis zum **Obertor** ~ hier links über die **Obere Straße** in die Altstadt.

Tipp: Das Münster ist über eine kurze Seitengasse zur Rechten zu finden.

Am Ende der Oberen Straße zur Kreuzung mit der Bickenstraße ~ hier nach links zum Ausgangspunkt am Ring zurück.

Villingen
PLZ: 78050; Vorwahl: 07721

🛈 Tourist-Information, Niedere Str. 88, ✆ 822340

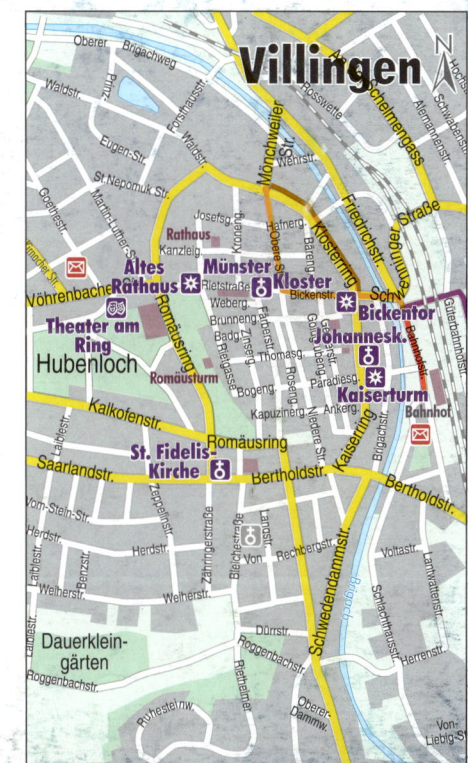

🏛 Franziskanermuseum, Rietg. 2, ✆ 822351, ÖZ: Di-Sa 10-12 Uhr, So/Fei 13-17 Uhr. Bedeutende volkskundliche Sammlung: Älteste Schwarzwalduhren, Uhrenschilder, Schildermalerwerkstatt, „Schwarzwaldsammlung".

❋ **Münster „Unserer Lieben Frau"**, Münsterplatz. Frühgotische Basilika aus dem 13. Jh. (Vollendung der beiden Türme im 15. u. 16. Jh.). Das 18. Jh. brachte eine Barockisierung, die im 19. Jh. wieder zurückgedrängt wurde. Maßwerkfenster, schön profiliertes romanisches Doppelportal auf der Südseite.

❋ **Altes Rathaus**, Münsterplatz. Stammt aus 1534 mit spätgotischem Treppengiebel, im Inneren schöner Renaissancesaal mit Holztäfelung.

❋ **Bickentor mit ehem. Clarissenkloster**, Ecke Bickenstraße und Klosterring. Rest der Zähringer Stadtanlage, das Kloster wurde 1278 als 3. Orden des Hl. Franziskus gegründet. Beachtenswert sind zwei Holzskulpturen aus dem 15. Jh.

❋ **Rundfahrt mit Höllental- und Schwarzwaldbahn**. Villingen-Titisee-Freiburg-Offenburg-Triberg-Villingen mit mehr als 40 Tunnels, über 700 m Höhenunterschied inmitten einer Bilderbuchlandschaft und auf einer bahngeschichtlich bedeutenden Strecke.

Der noch fast intakte Ortskern von Villingen (1119) zeigt geradezu modellhaft das Städtekonzept der Zähringer, der Herren der Baar, das auch in Rottweil, Freiburg oder in Bern anzutreffen ist: In der Mitte liegt der Marktplatz, von dem vier streng geführte Hauptachsen ausgehen, die jeweils mit einem Torturm abgeschlossen sind und das „Zähringerkreuz" bilden.

Die Stadtmauer bewährte sich im Dreißigjährigen Krieg gegen die protestantischen Truppen, aber auch im spanischen Erbfolgekrieg 1704, als 30.000 französische Soldaten tagelang vergeblich kämpften. Von 1326 bis 1803 gehörte Villingen zum habsburgischen Österreich und wurde von Innsbruck und Wien aus regiert. An der Grenze zwischen Baden und Württemberg gelegen, haben sich die einstigen Rivalen Villingen und Schwenningen 1972 zu einer Kreisstadt zusammengeschlossen. Die früheren Fehden sind längst vergessen, eine natürliche Trennung jedoch blieb: Während Schwenningen am Neckar liegt, der bekanntlich in den Rhein mündet, wird Villingen von der Brigach, dem Quellfluss der Donau, durchströmt.

Heimatmuseum Schwenningen

Von Villingen nach Schwenningen — 10 km

Die **Neckartal-Route** beginnen Sie also in der Nähe vom Bahnhof Villingen ⌇ auf der Spannseilbrücke über die Gleise ⌇ ⚠ drüben vor dem Landratsamt rechts halten ⌇ ein schmaler Weg führt durch eine Parkanlage um das Gebäude herum ⌇ an der nächsten Wegkreuzung geradeaus weiter und unter der Bundesstraße durch ⌇ gleich danach rechts ⌇ an der Straßenkreuzung geradeaus.

Bei den letzten Häusern von Villingen leicht bergauf ⌇ ⚠ auf der Höhe dann rechts Richtung **Kobsbühl** ⌇ an der nächsten Kreuzung geradeaus auf der Landstraße Richtung Schwenningen.

Hinter der waldbedeckten europäischen Wasserscheide (Brigach/Donau – Neckar/Rhein) erstreckt sich die fruchtbare Hochmulde der Baar zwischen Schwarzwald und Schwäbischer Alb.

Hagen
Nordstetten
.740
Drachenloch
St. Jakob
.765
Wieselsberg
Herdenen
Hagen
Kalkgrube
Krankenhaus
745.
L 423
Riesenburg
Schopfelestal
Schopfelenwald
Römerstraße
Schopfelesbaum
Hebental
B 523
B 27
650
4,5
2
1
N
Neckar
Landeplatz Schwenningen
.720
Luftfahrtmuseum
2,5
Schwenningen
Saubühlkönig
.775
Hölzlekönig
L 173
Hölzlekönigin
178
B 523
Münster
710
Bertholdshöfe
Villingen
.745
5
Oberlen
775.
690.
Waldfriedhof
Roter Berg
ehemalige Burg
Mühlhausen
Neckarquelle
.795
B 27
700.
755.
Kugelmoos
Türnleberg
B 523
Zollhaus
5
Neckarursprung
NSG
Schwenninger Moos
Kugelbühl
745.
Teufelsloch
Hinterbühl
Drachenloch
Stille Musel
Wittmannstal
Frohnholz
Kurklinik
.785
Eckbühl
Erlenhof
Elsenberg
Lindenhof
B 33
Greit
Marbach
Stallberg
775.
L 178
700.
ehemalige Warenburg
Brigach

2 Kilometer weiter bei der Siedlung **Zollhaus** über die Gleise ~ hinter den Häusern nach links an der T-Kreuzung bei der großen Pappel erneut links ~ auf einem Schotterweg zum Fichtenwald ~ einfach rechts halten ~ zur Linken die Gleise ~ am Rande des Schwenninger Mooses wieder auf Asphalt ~ links Richtung Neckarquelle.

Tipp: Das Naturschutzgebiet Schwenninger Moos lädt rechter Hand zu einem gemütlichen Spaziergang ein. Auch dieses Feuchtareal scheidet die Gewässer zwischen Neckar und Donau.

Nach dem Sportplatz auf dem Radweg zum **Eissportzentrum** ~ hier wechselt der Radweg auf die linke Straßenseite ~ bei der Brücke, die über die Bahn führt, rechts ab ~ nach 200 Metern die Straße überqueren.

Tipp: Die Kastanienallee führt durch den **Stadtpark Möglingshöhe,** wo linker Hand der **Quellstein von 1581 die Neckarquelle** markiert.

Der Fluss beginnt seine 367 Kilometer lange Wanderung wahrlich im Stillen, als Rinnsal. Auch dieses verschwindet bald wieder, denn der junge Neckar ist innerhalb Stadt noch verdolt, verläuft also unterirdisch.

Nach Durchquerung des Stadtparks an der Querstraße links über die Bahn ~ auf der anderen Seite rechts halten ~ vor zum **Bahnhof** von Schwenningen wo sich auch die **Tourist-Information** befindet.

Tipp: Zur Ortsmitte geht's linksherum durch die Friedrich-Ebert-Straße. Bei der zweiten Kreuzung rechts ab in die Gasse, „In der Muslen". Diese führt dann zum Muslenplatz mit dem Heimat- und Uhrenmuseum.

Schwenningen
PLZ: 78054; Vorwahl: 07720

Tourist-Information, im Bahnhof Schwenningen, ÖZ: Mo-Fr 9-17, Sa 9-12 Uhr, ✆ 821209

Heimat- und Uhrenmuseum, Kronenstr. 16, ✆ 822371, ÖZ: Di-So 10-12 Uhr und 14-18 Uhr. Neben den Sammlungen zur Stadtgeschichte Wand- und Standuhren, Nachbildung einer Uhrmacherwerkstatt, Sonnen- und Sanduhren, Industrieuhren des 19. Jhs.

Uhrenindustriemuseum, Bürkstr. 39, ÖZ: Di-So 10-12 und 14-18 Uhr. Das Museum will nicht nur fertige Antworten liefern, es lässt auch lokale Industriegeschichte spielerisch und besuchernah erleben.

Internationales Luftfahrtmuseum, Landeplatz, ✆ 66302, ÖZ: Mo-So 9-19 Uhr. Ein Querschnitt der internationalen Luftfahrtgeschichte ist hier zum „Anfassen" ausgestellt. Eine Auswahl: Messerschmitt 109, Grunau Baby, Skyder, Mig 15, Starfighter.

Freilichtmuseum Mühlhausen, 3 km östlich, ✆ 31662, ÖZ: So 14-17 Uhr u. n. V. Darstellung des Bauernhofs als Selbstversorgungsbetrieb vor der Technisierung der Landwirtschaft, u. a. eine Korbflechterei und eine Milchkammer zu sehen.

Pfarrhaus, Muslenplatz. Der stattliche Fachwerkbau stammt aus 1747, seine ursprüngliche Struktur kam bei der Renovierung 1980 wieder zum Vorschein.

🟢 **Neckarquelle**, Stadtpark Möglingshöhe. „Da ist des Neccars Ursprung" – Herzog Ludwig von Württemberg lässt 1581 hier einen Quellstein setzen, dessen Nachbildung heute zu sehen ist.

🟢 **Naturschutzgebiet Schwenninger Moos**. Von 1748 bis 1948 wurde in diesem Hochmoor Torf gestochen. Dabei entstanden Wasserflächen, die heute mit den herrlichen Birken-, Erlen- und Kiefernbeständen den besonderen Reiz dieses Gebietes ausmachen. Kleinodien der Flora wie der Echte Stumpfstendel, das Fleischrote Knabenkraut, die Heidenelke und Trollblume sind hier ebenso zu finden wie einer der letzten Standorte der Arnika.

Bis zum 19. Jahrhundert fand das Dorf Schwenningen lediglich als Ort am Neckarursprung Erwähnung. Es lag an der „Schweizerstraße", die schon Goethe bei seiner Reise nach Italien benutzte.

Nachdem 1822 im benachbarten badischen Dürrheim ein Salzlager erschlossen wurde, ließ der württembergische König Wilhelm I. bald auch in seinem Land nach Lagerstätten suchen, was in der Nähe Schwenningens auch von Erfolg gekrönt war. Als nach einem „Salzkrieg" die Schweiz in Rheinfelden eine eigene Saline errichtete, hatte das Salzbergwerk Wilhelmshall bei Schwenningen keine Wettbewerbschance mehr und wurde 1866 geschlossen. Mit dem Anschluss an die Eisenbahnlinie Rottweil–Villingen 1869 erfolgte wieder ein Entwicklungsschub, gleichzeitig wurde dadurch Württemberg mit Baden verbunden. Binnen kurzer Zeit hat sich Schwenningen zur Uhrmacherwerkstatt Deutschlands hochgearbeitet.

Durch den Bau der Eisenbahn wurde der unterirdische Zufluss der Neckarquelle größtenteils abgeschnitten. Eine Reihe von „Irrungen und Wirrungen" um den genauen Ort der Quelle begann. Bis vor kurzem galt noch das Schwenninger Moos als Neckarursprung. Das wie ein Schwamm mit Wasser vollgesogene Schwenninger Moos liegt auf der europäischen Wasserscheide und fließt auch ins Badische zur Donau hin ab. Heute befindet sich der Quellstein des Neckars wieder an dem bereits 1581 bezeugten Platz im Stadtpark Möglingshöhe.

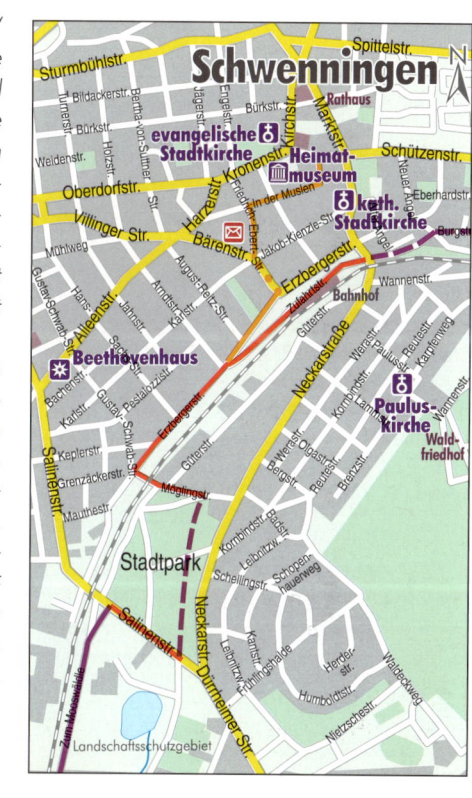

Von Schwenningen nach Rottweil　　17,5 km

Die Radroute geht geradeaus am **Bahnhof Schwenningen** vorüber ~ an der Kreuzung mit der **Herdstraße** zuerst rechts ~ unmittelbar vor der Bahnunterführung links ~ 100 Meter weiter abermals nach links und über die querende **Burgstraße** ~ danach in gleicher Richtung auf dem rot leuchtenden Schotterweg weiter ~ an der **Eberhardstraße** rechts ~ nach 400 Metern knickt die Asphaltstraße nach links ab, der Radweg geht hier jedoch geradeaus weiter ~ hinter dem Hochhaus bei der Querstraße kurz links ~ bei der größeren Landesstraße rechtsherum dem Radstreifen folgen.

Schwenningen verlassen ~ nach gut einem Kilometer begegnen Sie erstmals dem **Neckar** ~ bei der merkwürdig, zweistämmig gewachsenen Eiche rechts abzweigen ~ in der Folge die Straße unterqueren ~ eine 180°-Drehung aufwärts und talseitig über die Strassenbrücke zurück ~ über den Neckar und parallel dann parallel zum Fluss auf dem Güterweg weiter ~ direkt am Flugplatz vorüber.

Tipp: Hier am Flugplatz können Sie einige der ausgestellten Maschinen des Luftfahrtmuseums betrachten.

Kurz darauf weicht der Weg einem Betriebsgelände aus, behält aber die Richtung bei ~ allmählich engt sich die Fahrbahn ein ~ weiter auf einem Forstweg ~ kurz begleitet der mittlerweile unbefestigte Weg den Neckar ~ zur Rechten die Gleise ~ nach etwa 2 Kilometern entlang der Bahn die B 523 unterqueren ~ danach geradeaus auf dem Wirtschaftsweg.

*Die offenen Felder geben den Blick gen Osten auf die fernen Höhen der weiten **Schwäbischen Alb** frei.*

700 Meter weiter rechts ab und unter der Autobahn hindurch ~ weiter in den nächsten Ort Deißlingen.

Deißlingen

Im Ort links ab in die größere **Schwenninger Straße** ~ im Verkehr der Hauptstraße in Kurven bergab ~ den jungen Neckar überqueren ~ weiter auf der Durchfahrtsstraße leicht bergauf ~ rechts an der Pfarrkirche vorüber ~ nach der S-Kurve ans Ortsende.

Tipp: Ein Begleitradweg führt zwar entlang der Landstraße weiter, Sie haben es aber im nächsten Ort einfacher, wenn Sie hier hinter dem Sportplatz nach links auf den Güterweg einbiegen. Dieser erreicht im Abstand zur Landstraße nach einem Kilometer Lauffen.

Details aus der Stadt Rottweil

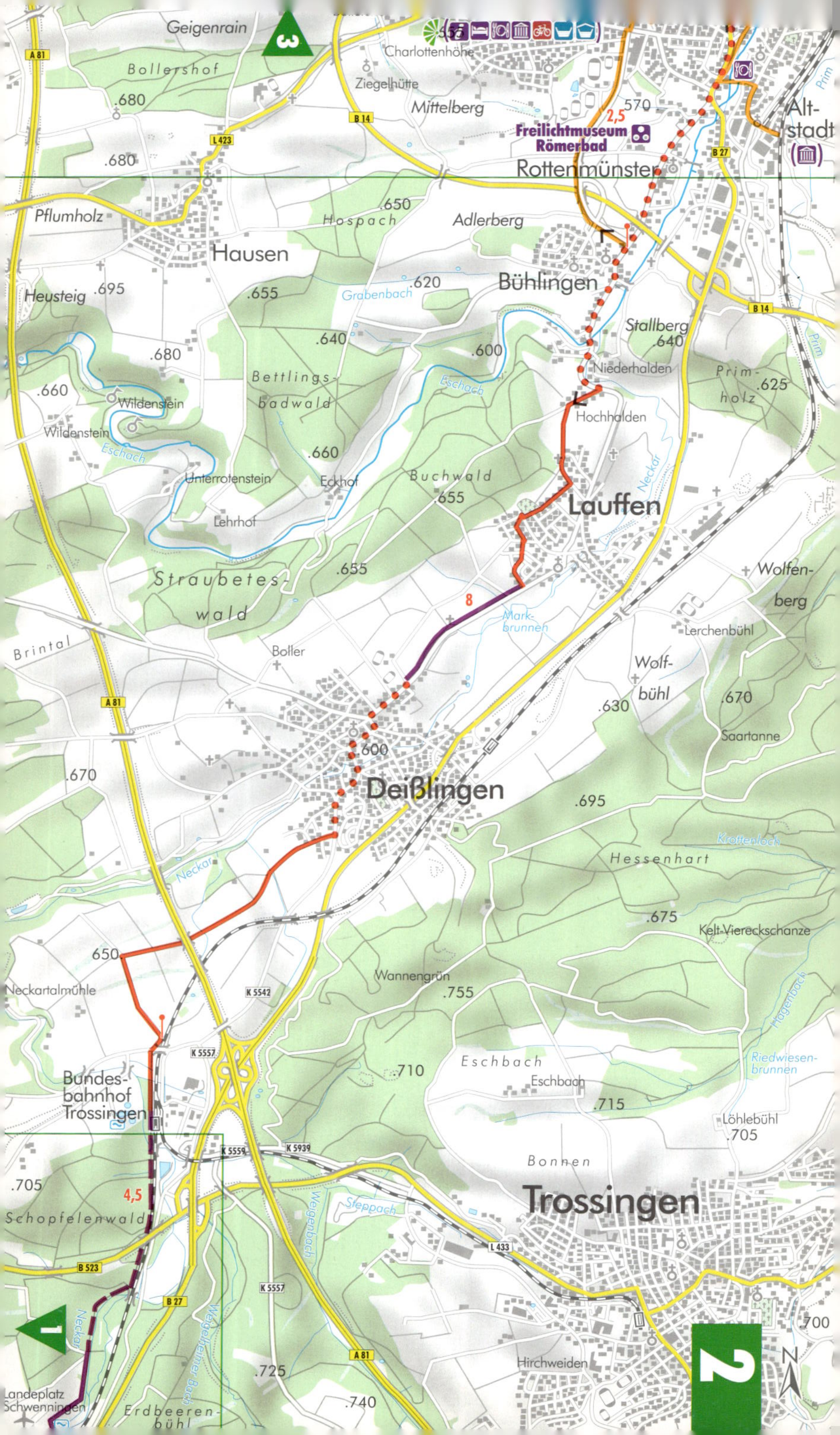

Geigenrain
3
Charlottenhöhe
Ziegelhütte
Mittelberg
Bollershof
.680
.680
2,5
570
Freilichtmuseum
Römerbad
Alt-
stadt
Rottenmünster
Pflumholz
Hausen
.650
Hospach
Adlerberg
Bühlingen
Heusteig
.695
.655
Grabenbach
.620
Stallberg
.640
.680
.640
.600
Eschach
Niederhalden
Prim-
holz
.625
.660
Wildenstein
Wildenstein
Eschach
Bettlings-
badwald
Hochhalden
.660
Unterrotenstein
Eckhof
Buchwald
.655
Lauffen
Neckar
Lehrhof
Straubetes-
wald
.655
Wolfen-
berg
8
Mark-
brunnen
Lerchenbühl
Brintal
Boller
Wolf-
bühl
.630
.670
Saartanne
.600
.670
Deißlingen
.695
Kroftenloch
Hessenhart
Neckar
.675
Kelt-Viereckschanze
650
Neckartalmühle
Wannengrün
.755
Hagenbach
Bundes-
bahnhof
Trossingen
Eschbach
Eschbach
.710
.715
Riedwiesen-
brunnen
Löhlebühl
.705
Bonnen
.705
4,5
Schopfelenwald
Steppach
Weigenbach
Trossingen
1
Neckar
2
.700
Weigelheimer Bach
Hirchweiden
.725
Landeplatz
Schwenningen
Erdbeeren-
bühl
.740
A 81
B 14
L 423
B 27
K 5542
K 5557
K 5559
K 5939
L 433
B 523

Lauffen

Zu Ortsbeginn gleich in die erste Gasse links ↝ bei der nächsten Gelegenheit rechts, bis die Straße in eine breitere mündet ↝ geradeaus am Friedhof vorüber ↝ an der T-Kreuzung gegen Ortsende links in den **Panoramaweg** ↝ an der Querstraße rechts und zur Landstraße hinunter ↝ nach links Richtung Rottweil.

Tipp: Wer Stärkung nötig hat, kann hier noch vor der Stadt im **Gasthaus Rößle** einkehren.

An dieser Stelle, vor der Mündung der Eschach, rauschte der Neckar einst als fünf Meter hoher Wasserfall über eine bemooste Tuffbank nieder, ehe der Kalk als Baumaterial für die Rottweiler Hochbrücke gebrochen wurde. Das Dorf Lauffen erhielt seinen Namen von diesem alten Wasserfall. Die Eschach, deren Einzugsgebiet dreimal so groß ist wie das des jungen Neckars, macht ihren berühmten Vorfluter erst richtig zum Fluss.

Im Verkehr über die Eschach ↝ zur Linken den Vorort von Rottweil, **Bühlingen**, passieren.

Bühlingen

Tipp: An der Kreuzung vor der in schwindelnder Höhe querenden B 14 lassen die Wegweiser zwei Richtungen für die Weiterfahrt ins Zentrum von Rottweil gelten: Geradeaus folgt die **Hauptroute** einfach weiter der verkehrsreichen Durchzugsstraße. Von ihr können Sie dann zum **Salinenmuseum** und zum **Bahnhof Rottweil** abzweigen.

Die Route über den **Adlerberg** hingegen folgt eher Radwegen und führt Sie auch am Freibad vorüber. Ohne die Mühen eines Anstiegs lässt sich diese hochgelegene Stadt leider nicht erobern, und zudem gibt es im engen Flusstal bis zur romantischen Neckarburg kein Weiterkommen. Die beiden Routen treffen unmittelbar vor der Rottweiler Innenstadt wieder aufeinander.

Variante Adlerberg 2,5 km

Um also auf ruhigeren Wegen in die Stadt Rottweil zu gelangen vor der B 14 links ab ↝ auf den linksseitigen Radweg entlang der Auffahrt zur Bundesstraße ↝ danach geht's über die Bundesstraße ↝ geradeaus nach einem Kilometer an die Ortstafel von **Rottweil** ↝ beim Parkplatz rechts halten, um zur Vorfahrtsstraße zu gelangen ↝ hier fahren Sie in der ursprünglichen Richtung weiter ↝ die Kreuzung

Stadtansicht Rottweil

mit der **Heerstraße** hinter sich lassen ↝ an der nächsten Kreuzung links und geradewegs ins Zentrum von Rottweil ↝ ab der Kreuzung befinden Sie sich wieder auf der Hauptroute.

Für die Hauptroute ab dem Vorort **Bühlingen** auf der verkehrsreichen Straße bleiben ↝ unter der B 14 hindurch ↝ das Krankenhaus Rottenmünster passieren.

Tipp: An der Kreuzung beim Hotel-Restaurant Bären können Sie nach rechts zum

Salinenmuseum abbiegen, es befindet sich im Ortsteil **Altstadt** in etwa 2 Kilometern Entfernung.

Wer dem Rad- und Gehweg, der auf der rechten Seite von der Straße abzweigt, folgt, gelangt in Neckarnähe zum Bahnhof.

Auf dem weiteren Weg ins Zentrum von Rottweil steht leider kein Radweg zur Verfügung ~ die Straße, später **Königstraße** beschreibt einen Linksbogen ~ leicht bergauf ~ auf dem Hochplateau in die **Hochbrücktorstraße** weiter ~ die Route führt am Marktbrunnen vorüber ~ vor der **Dominikanerkirche** links ~ am **Nägelesgraben** verlässt der Neckartal-Radweg die Stadt wieder.

Rottweil

PLZ: 78628; Vorwahl: 0741

Tourist-Information, Altes Rathaus, ✆ 494280

Rottweil – Brunnen mit Schwarzem Tor

Stadtmuseum, Hauptstr. 20, ✆ 9429634, ÖZ: Di-Sa 10-12 und 14-17 Uhr, So 10-12 Uhr. Stadtgeschichtliche Sammlung mit Schwerpunkt in der späten Reichsstadtzeit - Ausstellung traditionsreicher Rottweiler Narrenkleider.

Dominikanermuseum, Am Kriegsdamm, ✆ 7862, ÖZ: Di-So 10-13 und 14-17 Uhr. Zweigstelle des Württembergischen Landesmuseums mit den Abteilungen Römische Geschichte, Holzplastik der Spätgotik und Dominikanerforum.

Salinenmuseum „Unteres Bohrhaus", Primtalstr. 19, ✆ 494330, ÖZ: Mai-Sept., So u. Fei 14.30-17 Uhr und n. V. Zu sehen sind Arbeitstechnik, Gerätschaft und Produkte der 1824 errichteten und 1969 geschlossenen Saline Wilhelmshall.

Kunstsammlung Lorenzkapelle, Lorenzg. 17, ✆ 9429633, ÖZ: Di-So 14-17 Uhr. Gewährt Überblick über das schwäbische Kunstschaffen zwischen 1300 und 1550, Steinfiguren bedeutender Meister (Multscher, Syrlin d. Ä.).

Puppen- und Spielzeugmuseum, Hauptstr. 49, ✆ 942 21 77. ÖZ: Mi-Fr 10-12.30 u. 14-17.30 Uhr, Sa 14-17 Uhr, So/Fei 11-17 Uhr. Thema: Private Sammlung von Porzellanpuppen, Puppenküchen, etc.

Freilichtmuseum Römerbad, beim Stadtfriedhof, römische Badeanlage aus der Zeit 110/120 n. Chr.

Heilig-Kreuz-Münster, Münsterplatz. Entstanden im 13. bis 16. Jh., Schiff und Chor zählen zu den schönsten im schwäbischen Raum. Im 17. Jh. barockisiert, ab 1840 regotisiert mit wertvoller, teilweise angekaufter Innenausstattung. Sehenswert: das überlebensgroße Kruzifix vermutlich von Veit Stoß, der Apostelaltar des Cord Bogentrik oder die originellen Zunftlaternen.

Dominikanerkirche, Friedrichsplatz. Mit der Erbauung 1268 erstes gotisches Bauwerk der Stadt, in der Barockzeit umgestaltet. Teil der Rokokoausstattung ist das große Deckengemälde von J. Wannenmacher (1755), das die Belagerung durch die Franzosen (1643) darstellt.

Hochturm, Hochturmg. Der 54 m hohe massive Vierkantturm war Teil der staufischen Befestigungsanlage, erbaut im 13. bis

Altstadt Schänke (Bitburger)

Neckarstraße 2
78628 Rottweil
Tel.: 0741/23017
Fax: 0741/23118

Bekannt durch gute Küche **direkt** am Neckar Radweg. Preiswerter Mittagstisch!!!
Einfach mal wieder gutbürgerlich schwäbisch essen!!
Mittwoch Ruhetag. Küche geöffnet 11.30 - 14.00 Uhr sowie 17.00 - 22.30 Uhr!!!

16. Jh. Prächtige Aussicht auf die Dächer der Stadt und die umliegende Dreistufenlandschaft zwischen Schwäbischer Alb und Schwarzwaldvorland. Schlüssel abzuholen in der Tourist-Information und Sa, So im Café Schädle, Rathausg. 2.

✉ **Solebad „Aquasol"**, Brugger Str. 11, ✆ 27070. ÖZ: Mo 13-22 Uhr, Di-So 10-22 Uhr. Das erste Sole-Außeninhalatorium Deutschlands mit 25-m-Becken, gespeist von den nahen Salinen.

🚲 **Fahrrad Kaiser**, Balingerstr. 9-11, ✆ 8919
🚲 **Zweirad Meßmer**, Marxstr. 42, ✆ 13146

Die „schönste Stadt Neckarschwabens" und die älteste Baden-Württembergs liegt hoch über dem Neckar. Uneinnehmbar für marodierende Militärs aller Zeiten, kam Rottweil vor allem durch Markt und Handel zu Ansehen. Vom Rottweiler Getreidemarkt zogen kornbeladene Planenwagen bis nach Straßburg, Freiburg und in die Schweiz. Heute noch gehören neben den bunt verzierten Erkern die vielen Aufzüge unter den Zwerchgiebeln der Kornspeicher zum charakteristischen Bild des historischen Stadtkerns.

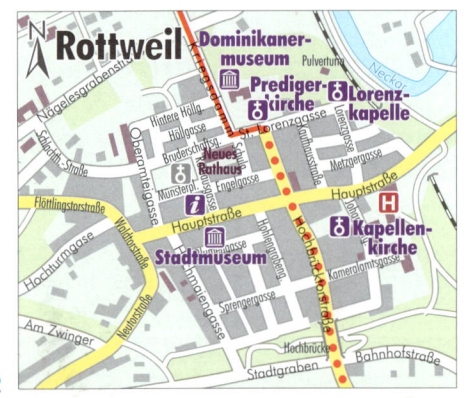

Die prestigeträchtigen Bauten wie zum Beispiel das Heilig-Kreuz-Münster oder das Rathaus mit dem Prunk seiner Wappenscheiben demonstrieren Selbstbewusstsein und Wirtschaftskraft der ehemaligen Reichsstadt. Seine Beziehungen entlang der „Schweizerstraße" unterstrich Rottweil, als es sich 1463 mit den Eidgenossen verband. Die eigentümliche Traufenstellung der Häuser und der „Eidgenoss" auf dem Marktbrunnen erinnern noch an den „Ewigen Bund".

Der Dreißigjährige Krieg hat auch Rottweil schwer getroffen, Handel und Gewerbe waren ruiniert. Eine konservative Agrarstadt entstand, in der nicht mehr gebaut, sondern Vorhandenes im barocken Stil umgestaltet wurde. Hinter der Fassade behäbiger Bürgerlichkeit oder gar als ihr notwendiges Gegenstück, hat sich die Tradition des Rottweiler „Narrensprunges" (Umzug) erhalten. Holzgeschnitzte Larven und Narrenkleidle, Glocken und Peitschenknallen, aber auch das ungenierte Aufsagen der Narren haben die „Fasnet-Verbote" der Obrigkeit überdauert.

Von Rottweil nach Horb   51,5 km

Nach der Dominikanerkirche und dem Dominikanermuseum am Kreisverkehr links

Rindenhof
Römische Villa
Harrenberg
Sandbühl
Waldhof
Bendelbach
.635 Hörnle
525
Schalmenhalde
.635
Wäldlesreute
Herrenzimmern
Schloßhäusle
Ruine Nußburg
Hellesberg
.655
Hahnenburg
650
Villingendorf
620.
655.
675.
Tann
.685
Eichwald
Eichwälde
Kautenwald
.640
Schlichem
Ruine Irslingen
Butschhof
Ramsteiner Mühle
Böhringer Mühle
Wenthof
.635
600.
Irslingen
Steinigen
.620
Tannbühl
Tann
Talhausen
.500
Tierstein
500.
Bahnhof Talhausen
Hohenstein
Ruine Hohenstein
Neckar
Pappelsee
Dietingen
N.S.G
.585
Ruine Neckarburg
530
.575
Bergle
Esch
7,5
.625
Beckenhölzle
Tierstein
.610
Kaltenberg
.590
Hasler-Wasen
Marktenhöhe
Haslerhof
Wettebach
Spreling
B 27
Römerhof
Schafwasen
Spitalmühle
605.
Ruine Bernburg
Neckar
Neckartal
Hegneberg
3
.545
Schwarzer Felsen
Münster
Krankenhaus
Rottweil
Alt-stadt
2,5
570.
Prim
Zimmern ob Rottweil
Geigenrain
Bollershof
Bollershof
.675
.555
Charlottenhöhe
Ziegelhütte
Mittelberg
Freilichtmuseum Römerbad
Rottenmünster
ehemalige Saline
Hausen
L 423
B 14
A 81
4,5
5
4
2
3

in den **Nägelesgraben** ~ dann nach rechts in die **Oberndorfer-Straße** ~ eine Senke durchfahren ~ etwa einen Kilometer weiter nach rechts auf einen Weg ~ nach einigen Obstgärten zu einer Kreuzung ~ nicht geradeaus zur Bundesstraße, sondern rechts halten ~ gleich nach Eintritt in den Wald links in den Weg Richtung Neckarburg ~ ein paar hundert Meter nach der Lichtung auf Asphalt ~ hier rechts ~ mit einem kräftigen Gefälle zur ehemaligen Neckarschleife.

Auf dem Umlaufberg inmitten der lieblichen Umgebung thront die mächtige **Ruine Neckarburg**.

Obstgärten begleiten den Weg, der alsbald einem Biolandhof ausweicht ~ über die Bahn ~ drüben dem Weg nach links folgen und unterhalb der Ruine weiter.

Tipp: Wer in dieser beschaulichen Umgebung eine Rast einlegen will, findet geradeaus eine pittoreske, überdachte Holzbrücke und einladende Plätze am Neckarufer.

Pfeilergleich sprießen die Mauertorsi der Neckarburg aus dem Wald. 793 schon taucht die Veste als „Nehhepurc" aus der Alemannenzeit auf. Das Wasser des Neckars hat sich hier von einer seiner Doppelschleifen zurückgezogen und das wacholderbedeckte „Bergle" als Umlaufhügel in dem Trockental zurückgelassen. Aber nicht nur bei der Neckarburg, auch unterhalb von Schloss Hohenstein, an der Ruine der Schenkenburg und am Käpfle bei Altoberndorf hat der Fluss klassische Formen von Umlaufbergen aus dem Muschelkalk herausgefräst. Sie bilden die eigentliche Signatur dieser Tallandschaft.

Hinter der Ruine treffen Sie erneut auf den jungen Neckar ~ der Weg beschreibt hier eine Schleife und führt wieder auf die linke Bahnseite hinüber ~ danach auf geschottertem Untergrund direkt am Flussufer weiter unter der mächtigen Brücke der Autobahn Stuttgart–Bodensee hindurch.

Hinter dem **Viadukt** auf Betonpflaster weiter ~ die schmale ruhige Straße schwenkt vor einer Schafweide nach links ~ die Route führt an der Abzweigung nach Hohenstein bei einem Brücklein geradeaus vorüber ~ zwischen Fluss und Straße tritt jetzt die Bahn, und der Güterweg geht in eine breitere Anrainerstraße über ~ nach etwa 1,5 Kilometern endet die Talstrecke ~ nach einem starken, aber kurzen Anstieg an die Bundesstraße ~ links geht es nach Villingendorf, die Route führt jedoch hier nach rechts.

Villingendorf
Von hier aus weiter nach Talhausen.

Talhausen
In Talhausen über die Brücke nach rechts über den Neckar ~ unmittelbar nach Überquerung links abzweigen ~ nun parallel zur Bahn auf einem asphaltierten Weg ~ es geht über den Steg bei einer kleinen Furt ~ weiter auf dem Weg ~ nach rechts ab über eine kleine Brücke ~ hinter der Brücke links halten.

Auf dem Weg von Talhausen nach Epfendorf weitet sich das Tal allmählich und behält seinen Charakter bis Rottenburg bei.

Epfendorf
In Epfendorf beginnt ein Radweg, der zunächst an der Bahnlinie entlangführt ~ den

Neckar überqueren ~ der Radweg begleitet nun ein Stück die L421 ~ am Ufer des Neckars entlang nach **Altoberndorf** ~ an der Kreuzung rechts in die **Untere Straße** ~ gleich darauf erneut rechts und über den Neckar.

Somit das Dorf verlassen ~ hinter dem **Sportplatz** linker Hand durch einen niedrigen Tunnel die Kreisstraße unterfahren ~ auf der anderen Seite zum **Irslenbachweg** und nach links schwenken ~ im Ortsteil **Irslenbach** den namensgebenden Wasserlauf überqueren und danach links halten ~ es ist die **Kienzlestraße** – ein Name, der in der Heimat dieser Uhrenmacherfamilie nicht zufällig ist.

Irslenbach

✳ **Finnen-Bahn**, ist eine dem Waldboden nachempfundene Laufstrecke aus Rindenmulch. Neu erstellt im Jahr 2002.

Nach Ortsende auf einem Radweg weiter, der für kurze Zeit ohne Asphaltdecke verläuft.

Tipp: Nach den Sportanlagen (Finnen-Bahn) bietet sich die Möglichkeit über einen Holzsteg nach links zum **Freibad** auf der anderen Neckarseite abzuzweigen. Bei der Minigolfanlage können einzelne Radfahrer und Gruppen nach Anmeldung ein kleines Zelt aufschlagen. In der Zeltplatzgebühr ist der Eintritt in das Städtische Freibad inklusive.

Andernfalls erreichen Sie nach den Sportanlagen über die **Teckstraße** bald Oberndorf ~ geradewegs in die Ortsmitte ~ bei der Neckarbrücke zweigt ein Radweg von der Straße ab und führt am Neckarufer unterhalb hindurch.

Tipp: Für den Besuch in Oberndorf fahren Sie hingegen über die Brücke und überqueren auch die Bahn und die Bahnhofstraße. Gleich danach können Sie nach links zum Kloster abbiegen. Die **Klosterstraße** führt dann weiter zum **Heimat- und Waffenmuseum.**

Oberndorf am Neckar

PLZ: 78727; Vorwahl: 07423

ℹ **Stadtverwaltung**, ✆ 770

🏛 **Waffenmuseum**, Klosterstr. 14, ✆ 77-0, ÖZ: Mi 14-16 Uhr, Sa 14-16 Uhr, So 10-12 Uhr, Gruppen n. V. Die Sammlung geht auf die Königlich Württembergische Gewehrfabrik 1811-74 zurück, als noch ein Wasserrad am Neckar die Blasebälge und Schmiedehämmer antrieb. Später wurden im Mauser-Werk auch Waffen produziert, die an fast allen Fronten beider Weltkriege eingesetzt wurden.

🏛 **Heimatmuseum**, Adresse und ÖZ: wie Waffenmuseum. Die Abteilungen zeigen Werden der Siedlung und des Umlandes seit der Frühgeschichte, wobei auch die Zeit des Nationalsozialismus nicht ausgespart wird (Zeitungsausschnitte, Rathausprotokolle, Fotos usw.).

⛪ **Augustinerklosterkirche**. Das Kloster war eine Gründung des hohen Mittelalters, heute jedoch berühmt für die barocken Fresken in der Kirche von Johann Baptist Enderle (1725-98).

Bekannt wurde Oberndorf zunächst durch den „Schwarzwälder Boten" – nach dem „Schwäbischen Merkur" das auflagenstärkste Blatt des Landes –, der seit 1835 hier herausgegeben wird. Die Herausgeberin Amalie Brandecker gilt als Erfinderin des Zeitungsromans.

Für die 1811 gegründete Waffenfabrik hatte man den Neckar hochwassersicher verlegt und sich seiner Triebkraft bedient. Nach der Übernahme des Werkes durch die Brüder Mauser brachte es der hiesige Hinterlader zur Standardwaffe des Heeres. Zusammen mit der Pulverfabrik in Rottweil galt dieser Teil des

Sulz am Neckar

Wasserschloss Glatt

oberen Neckars damals als „des deutschen Reiches Waffenkammer".

Der Neckartal-Radweg verlässt das Städtchen über die **Hölderlinstraße** am rechten Neckarufer ~ nach etwa einem Kilometer wendet sich die Straße dem Hang zu ~ dem geschotterten Radweg folgen, der gleich darauf nach links abzweigt ~ leicht über dem Fluss erhöht gemütlich dahin ~ der Weg endet in einer Spitzkehre der **Dammstraße** ~ leicht bergab ~ an der größeren Straße rechts in den Stadtteil Aistaig.

Aistaig

✺ Ein originelles **Brunnendenkmal** erinnert hier an die Neckarflößer.

Bei der Neckarbrücke der **Schulstraße** nach rechts folgen ~ auf ruhiger Landstraße ins offene Tal hinaus.

Aus den bewaldeten steilen Hängen ragen stellenweise nackte Gesteinspartien heraus. Die schroffen Felszinnen, Kanzeln und Kalktürme verraten die gestaltende Kraft des Wassers, das solange an den Talwänden nagt, bis sie rissig werden, sich spalten und absacken.

Bei der Weggabelung auf Höhe der Kläranlage in den Weg zur Linken ~ die schmale Straße umfährt das Staubecken eines Baches ~ weiter am Rande des Neckartals entlang ~ nach einem Kilometer weiter auf geschottertem Güterweg ~ leicht bergauf in einen Waldweg ~ nach gut einem Kilometer mündet der Waldsportpfad in einen anderen Forstweg ~ die Route behält dabei die Richtung bei und erreicht kurz darauf Sulz ~ geradeaus auf der **Weilerstraße** weiter ~ an der Minigolfanlage und am Sole-Freizeitbad „Susolei" vorüber.

Tipp: Wenn Sie hingegen von der Weilerstraße nach rechts abbiegen, kommen Sie zur **Burgruine Albeck** und etwas weiter zum **Naturschutzgebiet Eichwald** mit den bis zu 40 Meter hohen Mammutbäumen. Sie müssen bei der Hinfahrt mit starken Steigungen rechnen – auf der Rückfahrt können Sie dann Ihr Fahrrad einfach bergab rollen lassen.

In Sulz auf die verkehrsbelastete **Obere Hauptstraße** ~ danach quer über den **Marktplatz** mit dem Alten Rathaus ~ geradeaus in die Holzhauser Straße.

Sulz am Neckar
PLZ: 72172; Vorwahl: 07454
ℹ Städtisches Verkehrsamt, ✆ 96500

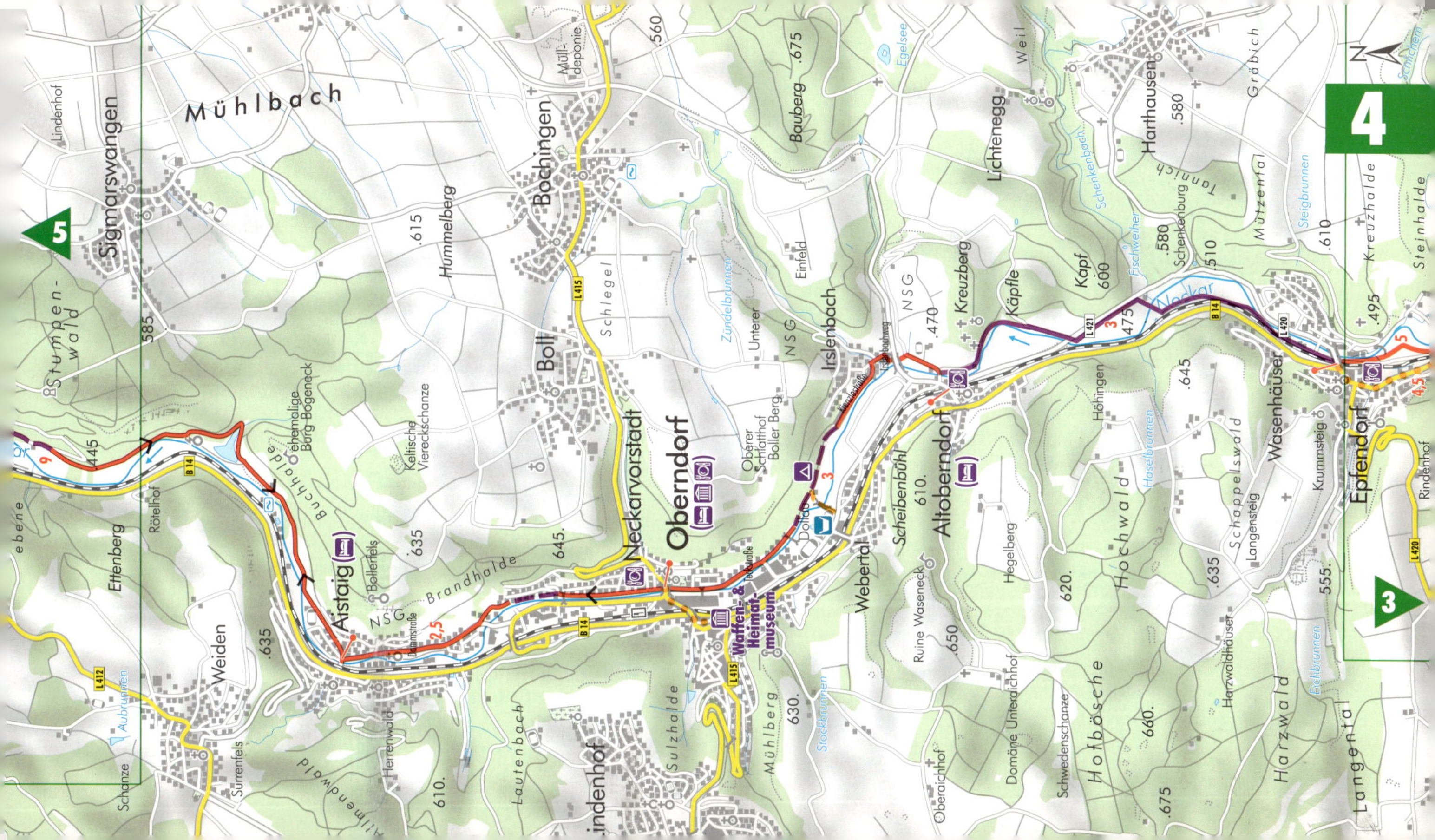

4
5
3
Mühlbach
Sigmarswangen
Lindenhof
Stumpenwald
Bochingen
Hummelberg
Müll-deponie
Bauberg
Egelsee
Weil
Lichtenegg
Harthausen
Gräbich
Schenkenbach
Schenkenburg
Tannich
Mützental
Steigbrunnen
Kreuzhalde
Steinhalde
Schlegel
Zündelbrunnen
Einfeld
Unterer
NSG
Irslenbach
Kreuzberg
Käpfle
Kapf
Fischweiher
Neckar
Boll
ehemalige Burg Bogeneck
Keltische Viereckschanze
Neckarvorstadt
Oberndorf
Oberer Schlatthof
Boller Berg
Dollau
Scheibenbühl
Altoberndorf
Höhingen
Haselbrunnen
Hochwald
Schappelswald
Langensteig
Wasenhäuser
Krummsteig
Epfendorf
Rindenhof
Buchhalde
Ettenberg
Rötelhof
Aistaig
Bollerfels
Brandhalde
Dammstraße
Webertal
Hegelberg
Ruine Waseneck
Waffen- & Heimat-museum
Weiden
Aubrunnen
Schanze
Surrenfels
Herrenwald
Allmendwald
Lautenbach
Lindenhof
Sulzhalde
Mühlberg
Stockbrunnen
Oberaichhof
Domäne Unteraichhof
Schwedenschanze
Hofbösche
Harzwaldhäuser
Harzwald
Eichbrunnen
Langental
B 14
L 415
L 412
L 420
L 421

🏛 **Galerie im Alten Rathaus**, Marktplatz. Dauerausstellung des Orientmalers Gustav Bauernfeind.

⚔ **Burgruine Albeck**. Die relativ gut erhaltene Anlage aus staufischer Zeit (1240) gilt als eine der schönsten Burgruinen des Schwarzwaldes und ist der Typ einer Zungenburg, deren Grundriss der natürlichen Bergform folgt.

🌲 **Naturschutzgebiet Eichwald** und **Waldlehrpfad**, westlich von Geroldseck. Hauptattraktion ist eine Gruppe von bis zu 40 Meter hohen Mammutbäumen, gepflanzt vor 100 Jahren vom Forstmeister des württembergischen Königs.

Seine Gründung und auch den Namen verdankt Sulz dem Salz. Vermutlich haben schon Römer und Alemannen die Salzquelle genutzt, die sich im Mittelalter inmitten des Marktplatzes ergoss. Nach dem Hochwasser im Jahr 1742 wurde eine steinerne Gewölbebrücke errichtet und über sie die hochprozentige Sole aus dem Marktplatzschacht zu den Gradierhäusern geleitet. Der Antrieb dazu kam vom Mühlrad am Neckar. An den mit Stroh oder Dornen bestückten Wänden der Gradierhäuser setzten sich die für die Siedung unbrauchbaren Bestandteile beim Herabtropfen – gradieren – ab; Wasser verdunstete, und dadurch erhöhte sich der Salzgehalt der Sole.

Auf der **Holzhauser Straße** kurz vor der Kreuzung mit der **Bergfelder Straße** links auf den Betriebsweg, der zum Klärwerk am Ufer führt ~ danach wird der Weg schmaler und führt gemütlich am Fluss entlang ~ nach etwa 2,5 Kilometern auf einer hölzernen Brücke den Neckar überqueren ~ auf der anderen Seite führt dann ein gekiester Weg an der Bahnböschung entlang.

Vor den ersten Häusern von **Fischingen** auf Asphalt nach rechts und eine Querstraße passieren ~ an einem ehemaligen Gasthof, und dem Fußballplatz vorüber ~ vor zur Bundesstraße und entlang dieser in den Ort hinein.

Fischingen

Der Name Fischingen geht vermutlich auf einen herrschaftlichen Fischteich („piscina") im frühen Mittelalter zurück.

Auf Höhe der Neckarbrücke die Hauptstraße und die Bahn überqueren ~ danach gleich wieder rechts ab ~ der Ort besitzt hübsche Häuser, nach dem letzten geht die Route auf einem fein geschotterten Wirtschaftsweg weiter ~ an der nächsten Weggabelung am Waldrand bleiben, nicht aufs offene Feld hinaus ~ geradeaus halten, bis Sie nach 700 Metern und einer Linkskurve zu einer weiteren Kreuzung kommen ~ hier geht die Hauptroute rechts ab nach Horb.

Tipp: In der anderen Richtung aber lässt sich mit einer kleinen Runde das Wasserschloss von Glatt mit Bauernmuseum entdecken. Zudem zweigt hier der Drei-Täler-Radweg durch den Schwarzwald bis nach Straßbourg am Rhein ab. Eine genauere

Blick auf die Habsburgerstadt Horb

5
6
4
Winterhalde
Sommerhalde
Buchhalde
630.
545
460
.510
Blaufuß
Schnaithof
.535
Taugstein
Bühlhof
Untere Mühle
Mühlheim
.415
Hopfau
Sommerhalde
.435
Glatt
eunthausen
L 409
B 14
Schillerhöhe
Eckhof
Renfrizhausen
Marienhof
Pfauhof
.610
Lindentäle
Neckar
Hirschen
Hursch
Holzhausen
Mühlbach
Niederdobel
.565
Stockenberg
Steingarten
achfeld
435.
.540
Bubenbrunnen
Schlatt
A 81
Sulz
Römisches Kastell
Schaltenberg
.595
Viehhaus
.530
Heubühl
Weiten-
brunnen
.480
Brand
berg
obeltal .435
550
Burgruine Albeck
Mühlbach
.430
Kastell
Goldbrunnen
aner
ne
Eichwald
Riedelhalde
.555
.565
L 409
Keltische Viereckschanze
.575
Künkelesbühl
Ziegelhütte
Domäne Geroldseck
Bergfelden
665.
B 14
.515
Berghof
Hubertushof
.580
.545
Dickeber
Weilerhof
Mühlbach
Dürrholz-
ebene
Stumpen-
wald
Amthof
Rötenmühle
Neckar
Stückenbühl
Bannstauden
9
Lindenhof
Ettenberg
L412
.445
585
Sigmarswangen
Vöhringen
Tonau

Beschreibung finden Sie im *bikeline*-Radtourenbuch Drei-Täler-Radweg.

Abstecher zum Wasserschloss 2 km

Unterwegs nach Glatt schaffen hochstämmige Fichten Hochgebirgsstimmung ~ nach einigen hundert Metern wieder auf Asphalt ~ zu Ortsbeginn von Glatt in einem scharfen Winkel nach rechts ab ~ nach 300 Metern abermals rechts, dem **Spätengartenweg** folgend ~ als nächstes bei einer prächtigen Linde links in die **Unterdorfstraße**, die direkt zum Schloss führt.

Der Bau des Wasserschlosses erhebt sich in unmittelbarer Nähe zum Rathausplatz und bildet mit ihm ein hübsches Ensemble.

Glatt
PLZ: 72172; Vorwahl: 07482
- **Kurverwaltung**, ✆ 807714 o. 235
- **Kultur- und Museumszentrum mit Bauernmuseum**, im Wasserschloss, ✆ 807714 o. 235.
- **Wasserschloss**. Die stattliche Anlage mit vier runden Türmen, und von Wirtschaftsbauten umrahmt, stammt aus der Mitte des 16. Jhs. Das hufeisenförmige Schloss selbst ist durch wehrhafte Mauern und einem Tor aus 1533 abgeriegelt. Die Schlosskapelle trägt reiches Stuckwerk aus dem 17. Jh.

Die Rückfahrt zur Hauptroute erfolgt am einfachsten und am schnellsten auf der mäßig befahrenen **Kreisstraße** ~ zu ihr gelangen Sie über die **Unterdorfstraße** ~ nach zirka 1,5 Kilometern, wenn links der Wald aufhört, die Abzweigung zur Linken nehmen, die zum Klärwerk führt ~ damit befinden Sie sich wieder auf der Neckarroute.

Auf der Hauptroute geblieben an der Kreuzung vor Glatt rechts ~ auf Asphalt zur Landstraße hinunter ~ hier nach links ~ das Flüsschen Glatt überqueren ~ 300 Meter weiter dem Weg nach rechts zur Kläranlage folgen ~ das Werk rechtsherum umfahren ~ danach auf fein geschottertem Weg in sanften Kurven an einer Schafsweide vorüber.

In diesem Talbereich gibt der Neckar dem harten Gestein des „Gäus" nach und wendet sich für etwa 75 Kilometer gegen Osten.

Obstgärten kündigen den nächsten Ort, Dettingen, an ~ an der Querstraße rechts.

Dettingen

In der Ortsmitte über den Neckar ~ drüben nach links Richtung Horb ~ bis dorthin bleibt die Route dicht an der Bahn ~ wieder einmal an der Kläranlage vorüber ~ danach auf Asphalt weiter.

Tipp: *In der Ferne jenseits des Flusses taucht die Silhouette von Horb auf, die historischen Bauten machen Lust auf einen ausgiebigen Kulturspaziergang.*

In Horb am Bahnhof vorüber ~ danach knickt die Straße vor der Post nach links ab ~ eine Ampel erleichtert die Überquerung der **Nordstetter Straße** ~ drüben zweigt der Neckartal-Radweg noch vor der Brücke rechts ab und führt zum Ufer hinunter.

Tipp: *Einen Besuch der Horber Innenstadt sollten Sie sich nicht entgehen lassen, auch wenn dies mit ein wenig Mühe verbunden ist.*

Hierzu den Neckar überqueren und der **Neckarstraße** nach rechts folgen ~ links in die **Hirschgasse** ~ über die nächste Gasse zur Linken, genannt **Burgstall**, erreichen Sie

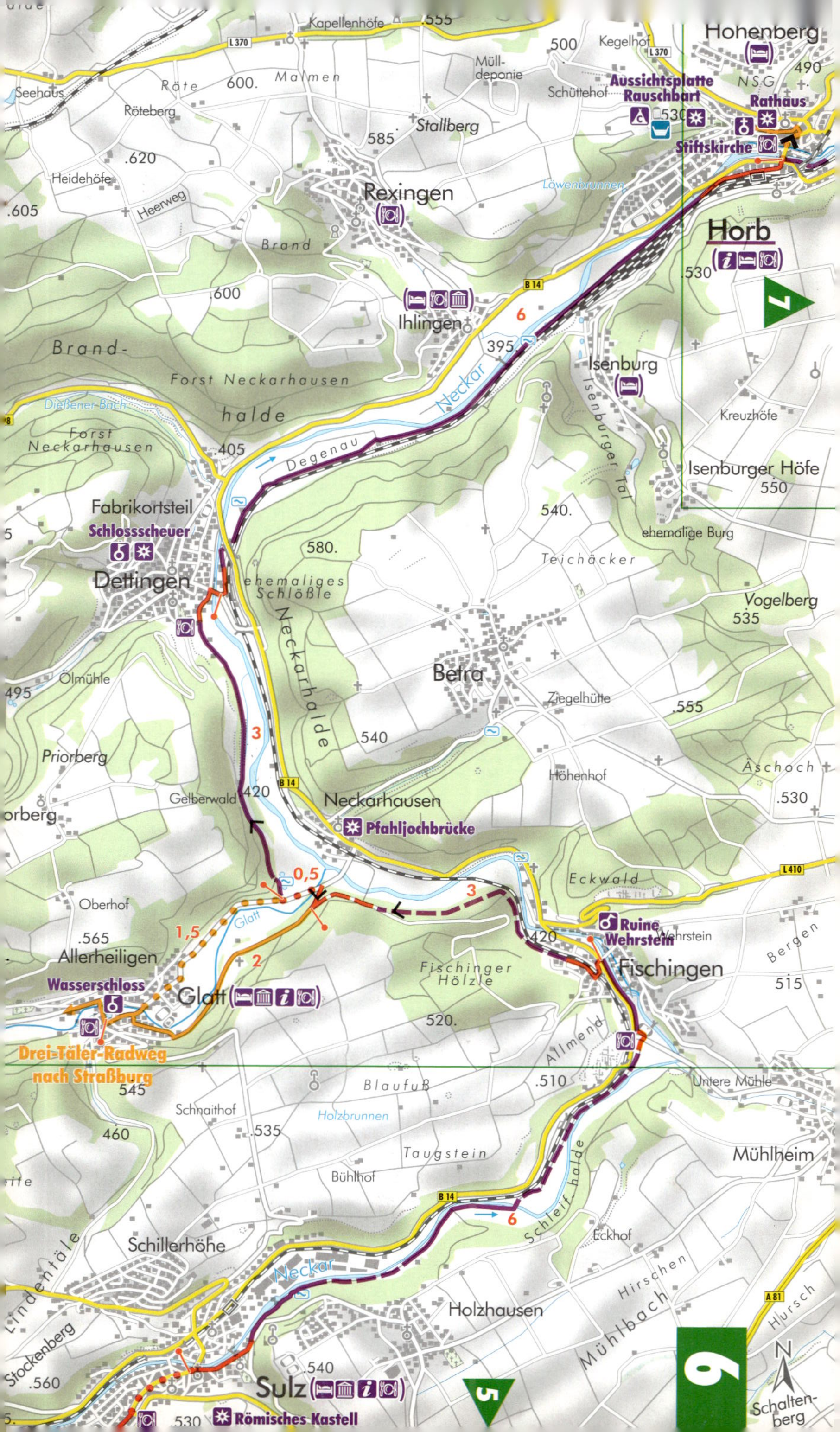

Horb
Hohenberg
NSG
490
Rathaus
Stiftskirche
Aussichtsplatte Rauschbart
530
Kegelhof
L 370
500
Müll-deponie
Schüttehof
Löwenbrunnen
Kapellenhöfe
555
Seehaus
Röte
600.
Malmen
Röteberg
Stallberg
585
.620
Heidehöfe
Heerweg
.605
Rexingen
Brand
.600
Ihlingen
B 14
6
395
Neckar
Isenburg
Isenburger Tal
Kreuzhöfe
Isenburger Höfe
550
7
Brand-
Forst Neckarhausen
halde
Dießener Bach
Forst Neckarhausen
405
Degenau
Fabrikortsteil
Schlossscheuer
Dettingen
580.
ehemaliges Schlößle
Neckarhalde
540.
ehemalige Burg
Teichäcker
Vogelberg
535
Betra
Ziegelhütte
.555
Ölmühle
495
3
540
Priorberg
Gelberwald
420
Neckarhausen
Pfahljochbrücke
Höhenhof
Äschoch
.530
Eckwald
L410
0,5
Oberhof
.565
1,5
Glatt
2
Allerheiligen
Wasserschloss
Glatt
Ruine Wehrstein
Wehrstein
420
Fischingen
Bergen
515
Fischinger Hölzle
520.
Allmend
Drei-Täler-Radweg nach Straßburg
545
Blaufuß
.510
Untere Mühle
Schnaithof
Holzbrunnen
.535
460
Taugstein
Mühlheim
Bühlhof
B 14
6
Schleifhalde
Eckhof
Schillerhöhe
Lindentäle
Neckar
Hirschen
Mühlbach
A 81
Hursch
Holzhausen
Stockenberg
.560
.540
Sulz
530
Römisches Kastell
5
6
N
Schaltenberg

den gepflasterten **Marktplatz**, wo das farbenprächtig bemalte Rathaus aus der Stadtgeschichte erzählt ~ am Ende des Marktes wacht als höchster Punkt die Stiftskirche über der Altstadt.

Horb am Neckar
PLZ: 72160; Vorwahl: 07451

- Stadtinformation, Marktpl. 12, ✆ 3611
- Heilig-Kreuz-Kirche. Die einstige Kollegiatsstiftskirche wurde von 1314 an als dreischiffiger gotischer Hallenbau begonnen und wurde nach einem Brand 1730 barock wieder aufgebaut. Ihr Kleinod ist die „Horber Madonna" (um 1430), eine künstlerisch bemerkenswerte Statue aus Kalkstein, Werk eines unbekannten Meisters.
- Liebfrauenkapelle, Gutermannstraße. Erwähnenswert ist der in reichster Spätgotik ausgeführte Flügelaltar von 1520.
- Rathaus, Marktplatz. Das Rathaus stammt von 1765 und trägt an seiner Fassade das „Horber Bilderbuch". Die Bildnisse von 1927 veranschaulichen örtliche Geschichte und bürgerliche Tugenden.
- Haus „Hoher Giebel", Neckarstr. 74. Das alemannische Fachwerkhaus wurde vermutlich 1622 als Sitz des vorderösterreichischen Vogtes Heinrich Adam von Ow errichtet und gliedert sich in sechs Stockwerke. Heute befindet sich hier das Stadtmuseum und die städtische Musikschule.
- Schurkenturm mit Burggarten. Der einstige Bergfried mit seinen 2,60 m starken Außenmauern ist Überrest des um 1400 errichteten herrschaftlichen Schlosses Hohenberg.
- Steinhaus, Hirschgasse. Der vermutlich im 14. Jh. entstandene Bau mit gotischem Staffelgiebel diente dem Kloster Reichenbach als Speicher wie auch als Kelter. Im Inneren schöne Fachwerkkonstruktion.

Zwischen dem Neckar und dem Vorland des Schwarzwaldes sitzt auf einem schmalen Muschelkalkriff das Städtchen Horb, dessen Name von „horw", was soviel wie Sumpf bedeutet, abgeleitet wird. Das feuchte Tal veranlasste wohl auch die Bewohner der mittelalterlichen Stadt, ihre Häuser weiter den Berg hinaufzubauen. Die Habsburger haben am längsten über die Geschicke von Horb bestimmt und sein Gesicht geprägt. Im 15. Jahrhundert belebten Tuchweberei, Tuchhandel, Kunstgewerbe und Weinbau das Städtchen. Durch den Dreißigjährigen Krieg und Stadtbrände zurückgeworfen, begann die Neuzeit für Horb erst mit dem durch Napoleon veranlassten Anschluss an Württemberg.

Kurpark Bad Niedernau

Tipp: In Horb kreuzt die Fernroute Heidelberg–Schwarzwald–Bodensee den Neckar-Radweg. Bis Bieringen gibt es vorläufig kaum Wegweiser zur Orientierung. Für ein kurzes Stück übernehmen die **R 3-Schilder** die „Führung".

Von Horb nach Tübingen   35,5 km

Die Fahrt nach Tübingen am rechten Neckarufer fortsetzen ~ unter der Bahn hindurch.

Bis Rottenburg zeigt sich das obere Neckartal mit seinen kleinen Dörfern und den naturnahen Landstrichen noch einmal von seiner schönsten Seite, ehe sich das Landschaftsbild

7
8
6
Alter Bahnhof
Lange
Furche
Eckenweiler
B 14
L 360
A 81
Burgsteigle
Ruine Staufenberg
Oberer Eutinger Talhof
Eutinger Tal
Talmühle
.490
Zelgle
Rohrdorf
Hanfwegle
.500
Lützental
Beim Schalkbrunnen
Buchenberg
Bildechingen
.510
Kulturdenkmal Ruine Urnburg
Weitingen
Breite
.520
Haugenstein
Steighof
495
Mühlen
Säge
Schwindelstein
.505
.480
Auchtert
Wilhelmshöhe
500.
Vogtäcker
.505
Rauschbart
375.
.375
L 360
Weinberg-halde
Neckar
L 370
Auwald
NSG
.495
Weitinger Mühle
Weilerbrunnen
4
Weitenburg
Weitenburg
490
B 14
6
395
4
L 370
Eyach
Bahnhof Eyach
Börstingen
365.
Rathaus
L 370
B 32
Egelstal
500.
Ahldorf
Ruine Frundeck
Frundeckhof
Golfplatz
430
410.
.485
Horb
Waldbühlhof
Hau
520.
Fronholzhof
ehemalige Burg
510.
Hag
Katzensteig
Nordstetten
Weitenbrunnen
Markstallhof
Felldorf
Bierlingen
B 32
L 459
Hohenfichtehof
Heidegrundhof
L 392
.520
Hebsack
550.
L 395
Plattenhöfe
.530
L 360
L 396
Kreuzhöfe
Muldenhof
Taberwasen
Kohlberg
Waldeckhof
Birklehof
Schopflenbrunnen
Dreilindenhof
Härle
Starzach
Hummelberg
A 81
L 395
Eyach
ger Höfe
550
.541
Dettensee
.400
.490

grundlegend ändert. Der Fluss kann hier ob seiner Größe nicht mehr übersehen werden. Er wird mehr und mehr von Kugelweiden, Schilffahnen und Erlenspalieren begleitet.

Einen knappen Kilometer nach Horb wechselt die Route auf die andere Bahnseite ~ beim Gehöft **Egelstal** über einen Steg und die Fahrt auf einem Anliegerweg fortsetzen ~ nach einer kleinen Anhöhe auf dem Weg oberhalb einer Siedlung vorüber ~ darauffolgend geht die Neckartal-Route bei der querenden Landstraße links ab ~ noch vor dem Bahnübergang in den asphaltierten Güterweg zur Rechten.

Vom Auwald „beschattet" auf dem gut befahrbaren Weg über einen kleinen Hügel ~ auf der Lichtung gabelt sich der Weg ~ hier den linken Weg nehmen ~ 200 Meter weiter erneut den linken Weg ~ nach einer Kurve erscheint plötzlich die kolossale Brücke der A 81 bei **Eyach** über den Neckar und die Bahn ~ rechts weiter in Richtung Börstingen ~ vor Börstingen geradeaus weiter, dann links, rechts und in einem Bogen zur L370 ~ weiter entlang der **L370** bis Sulzau ~ ab Sulzau

Rottenburg

vorerst auf mässig befahrener Straße weiter nach Bieringen.

Bieringen

Hier folgen Sie der Hauptstraße, die mit einer S-Kurve den Ort passiert ~ angenehm am Talboden dahin.

Tipp: Die ersten weißen Radwegschilder der Stadt Rottenburg am Neckar tauchen auf.

In Obernau bei der Kirche rechts Richtung Rottenburg halten.

Obernau

🏛 **Historischer Tante-Emma-Laden**, ÖZ: April-Okt.,1. So im Monat.

Obernau besaß bis Ende des 19. Jahrhunderts einen Badebetrieb. Die kohlensäurehaltigen Mineralquellen werden heute als Heilwasser abgefüllt.

Kurz nach Ortsende von Obernau dem ausgeschilderten Weg folgen, der vor der Neckarbrücke links abzweigt.

Bad Niedernau

In Bad Niedernau hat sich die Kurtradition erhalten. Die Mineralquellen und die freien Gasaustritte, wie etwa an der Neckarbrücke, sind Ausdruck vulkanischer Tätigkeiten. „Der ganze Boden des Neckartals vom Katzenbach bis zur Eyach strömt von Kohlensäure über", schrieb einst ein berühmter Jurageologe aus Tübingen.

Seit der Römerzeit wird hier im „schwefelduftenden Wiesengrund" und in den „kochenden Sulzen" gebadet. Seine Glanzzeit erlebte der Badeort nach 1800, als er zum Treffpunkt des gehobenen Tübinger Bürgertums wurde. Die heilende Wirkung einer Brunnenkur mit dem Säuerling aus Bad Niedernau genossen hier auch die Herren Uhland, Kerner, Schwab, Silcher oder Auerbach.

Rottenburg am Neckar
St.-Theodor-Kapelle
Eratskirche
NSG
8
9
7
Wolfenhausen
.515
Buß
Neustetten
Remmingsheim
.485
Kloster Liebfrauenhöhe
Stetter Feld
Stetterbrunnen
490
Stäble
Hummelsberg
Bühl
Hetzel
Weggental
425
Rommelstal
Dom St. Martin
L 361
L 370
Eckenweiler
Nellingsheim
Katzenweil
Bronnenmühle
Odenbrunnen
.515
Lüsse
Seltenbach
.445
Papiermühle
Hammerwasen
Ehingen
.495
Hennental
Telle
Altstadt
Reischen
.440
Beim Schalkbrunnen
Breite
Withau
Obernau
350
L 389
Schadenweiler Ho
Egelsee
425
Bad Niedernau
500.
Vogtäcker
.505
485.
Bieringen
Weilerburg
555
Bühl .480
Jucker
Weitenburg
Schwalldorf
Weiler
Börstingen
365.
Golfplatz
410
Golf-
Ruine Siegburg
Sulzau
Neckar
Katzenbach
Schloßfelsen
.560
Höllstein
Kohlensäurequellen
Golfplatz
Welscher Weg
Römerquelle
Sieben Täler
Katzenbacher Ziegelhütte
Katzen-steig
Eutentalquelle
Gemeindewald
365.
Wehhald
Starzel
Hochmark
Elbenloch
460
Dettingen
Bierlingen
.495
Erddeponie

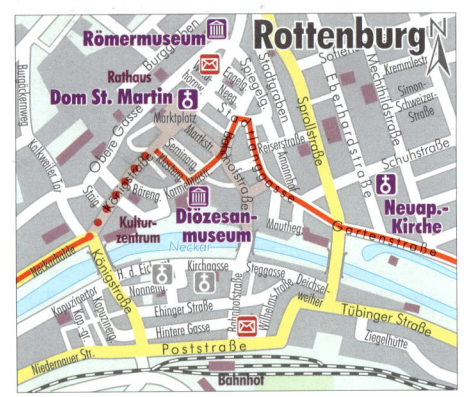

Auf der Hauptroute vom Autoverkehr abgewandt auf ruhigeren Wegen auf den Hang zu.

Tipp: Möchten Sie Bad Niedernau aufsuchen, so fahren Sie nach dem Bahnhof rechts über die Gleise und die Brücke.

Ab dem Bahnübergang bei Bad Niedernau weiter links der Bahn, Rottenburg entgegen ~ der Weg streift die Bronnenmühle ~ nach dem Steinbruch an eine breitere Querstraße.

Tipp: Wer die kühlende Nässe sucht, erreicht hier schnell das nahe Freibad, welches rechts hinter den Bahngleisen zu finden ist.

In Rottenburg rechts halten, um weiter der Hauptroute zu folgen ~ nach rechts in die **Klostergasse** ~ darauffolgend bei der **Karmeliterstraße** links, diese wird kurze Zeit zur Fussgängerzone.

Rottenburg am Neckar

PLZ: 72108; Vorwahl: 07472

WTG Rottenburg am Neckar mbH, Marktpl. 24, ☏ 916236

Sumelocenna Museum, Römisches Stadtmuseum, Stadtgraben, ☏ 165371, ÖZ: Di-Fr 10-12 Uhr und 14-16.30 Uhr, Sa, So/Fei 10-16.30 Uhr. Das Museum veranschaulicht anhand von Grabungsfunden und -ausschnitten die Geschichte der „civitas Sumelocennensis" sowie römisches Alltagsleben (u. a. Reste einer großen öffentlichen Toilettenanlage).

Diözesanmuseum, Karmeliterstr. 9, ☏ 169180 od. ☏ 169182, ÖZ: Di-Fr 14-17 Uhr, Sa 10-13 u. 14-17 Uhr, So/Fei 11-17 Uhr. Im Langhaus der ehem. Karmeliterkirche seit 1996 öffentlich zugängliche Dauerausstellung. Die Sammlung umfasst einen der größten Bestände mittelalterlicher Kunst in Baden-Württemberg. Sie zeigt religiöse Kunst, spätgotische Tafelbilder, Skulpturen, Reliquiengläser und kirchliches Kunsthandwerk.

Dom St. Martin, Marktplatz. Kathedralkirche aus dem 15. Jh. mit schlankem, durchbrochenem Turmhelm, Maßwerk und zwei Kreuzblumen. Seit 1828 Bischofssitz.

Bischöfliches Palais, Eugen-Bolz-Pl. 1. Seit dem Mittelalter Sitz der Herren von Bubenhofen, nach 1663 vom Jesuitenorden zur heutigen Form ausgebaut. Seit 1821 Sitz der Diözese.

Wallfahrtskirche Weggental, 1,5 km westlich. Erbaut 1682-95 nach Plänen des Vorarlbergers Michael Thumb, Stuckdekoration von Prospero Brenno und Johann Georg Brix. Wallfahrt zur Schmerzhaften Mutter Gottes seit 1517.

Stiftskirche St. Moriz, Morizplatz. Erbaut um 1300-23 mit überaus bedeutender Freskenausstattung, figürliche Grabdenkmäler aus dem 14. Jh. der Grafen von Hohenberg.

Marktbrunnen, Marktplatz. Die spätgotische Bildsäule, eine der schönsten Brunnensäulen Südwestdeutschlands, entstand nach 1482 als Symbol der Zugehörigkeit der Stadt zu Vorderösterreich, das Original befindet sich in der St.-Moriz-Kirche (Nr. 39).

Rottenburg – Stadtgraben

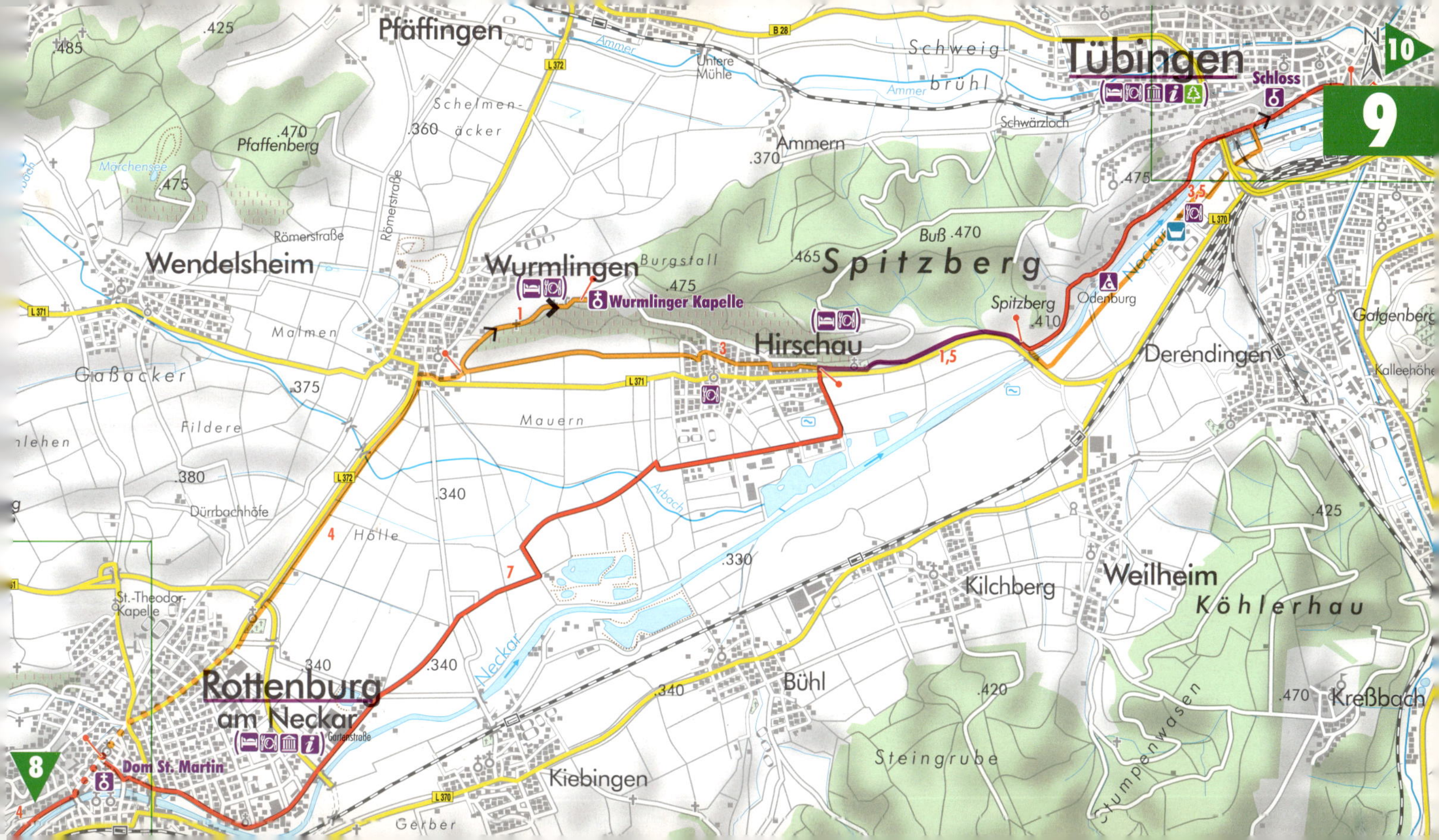

Pfäffingen
Tübingen
Schloss
Schweig
brühl
Ammer
Untere Mühle
Schwärzloch
Ammern
Schelmen-
äcker
Pfaffenberg
Märchensee
Römerstraße
Wendelsheim
Wurmlingen
Wurmlinger Kapelle
Burgstall
Spitzberg
Buß
Odenburg
Hirschau
Derendingen
Galgenberg
Kalleehöhe
Malmen
Gaßacker
Mauern
Fildere
Dürrbachhöfe
Hölle
Arbach
Neckar
St.-Theodor-Kapelle
Rottenburg am Neckar
Gartenstraße
Dom St. Martin
Kilchberg
Weilheim
Köhlerhau
Bühl
Kiebingen
Steingrube
Stumpenwasen
Kreßbach
Gerber
B 28
L 372
L 371
L 370
9
10
8

✳ **Kulturzentrum Zehnt**, Bahnhofstr. 16. Die 1645 erbaute ehemalige herrschaftliche Zehntscheune zieren als Fassadenschmuck zwei Doppeladler-Reliefs des 18. Jhs. Es beherbergt auch das Sülchgau-Museum mit heimatgeschichtlicher Schau.

✳ **Stadtgraben**. Gut erhaltener Teil der ostseitigen Stadtbefestigung mit Doppelmauer, Graben, Zwinger und zwei Türmen.

Die Furt durch den Neckar an der Schwäbischen Pforte, wo der Neckar aus dem engen waldreichen Tal ins Tübinger Becken eintritt, wurde schon früh als günstiges Siedlungsgebiet erkannt. Eine glanzvolle Zeit erlebte Rottenburg unter der Erzherzogin Mechthild, die hier nach 1450 residierte und dem Humanismus die erste Heimstatt am Neckar gab.

Das 1821 gegründete Bistum Rottenburg konnte auf einer starken katholischen Tradition aufbauen und machte die Stadt zur Hochburg der Katholiken im Land. Trotz bedeutender gotischer Kirchen präsentiert sich Rottenburg heute als eine barock geprägte Stadt der Klöster, Adelshöfe und Bürgerhäuser. Wirtschaftlich brachte nach dem Niedergang des Weinbaus die Kultivierung von Hopfen den notwendigen Ausgleich. Noch Ende des vorigen Jahrhunderts gab es auf den Rottenburger Hopfenfeldern Rekordernten von 18.000 Zentnern. Heute allerdings findet man in dieser Gegend den Hopfen nur mehr sehr vereinzelt.

Von der Stadtmitte aus der Fußgängerzone kommend, rechts ab in die **Stadtlanggasse**, die alsbald zur Gartenstraße wird ~ so verlassen Sie die Stadt.

Tipp: Es führt eine schnellere Variante von Rottenburg entlang der Hauptstraße über Wurmlingen nach Hirschau. Sehenswert ist die Wurmlinger Kapelle. Die Hauptroute hingegen führt auf ruhigen Wegen in Neckarnähe weiter.

Variante über Wurmlingen 7 km

Für die Variante bleiben Sie innerhalb Rottenburgs auf der verkehrsreichen **Königstraße** ~ am Dom St. Martin vorüber ~ die Königstraße führt aus dem Zentrum heraus, und an deren Ende rechts Richtung Tübingen ab der nächsten geregelten Kreuzung geradeaus auf der **Sülchenstraße** weiter ~ erst nach Ortsende beim Friedhof auf den Radweg Richtung Tübingen ~ vorbei an der Wurmlinger Kapelle.

Wurmlingen

🛈 **Wurmlinger Kapelle**. Durch Ludwig Uhlands Gedicht „Droben stehet die Kapelle" (1805) weithin bekanntes Kirchlein auf einem markanten Bergkegel über Wurmlingen. Romanische Krypta (12. Jh.), barocke Innenausstattung (nach 1680).

Die sonnenverwöhnten Südhänge des Spitzberges sind von Weinterrassen überzogen, von oben grüßt die weißgetünchte Wurmlinger Kapelle herab. Sie hat die Phantasie zahlreicher Dichter – von Uhland bis Lenau – beflügelt.

Tipp: An dieser Stelle können Sie zur vielbesungenen Kapelle hinauffahren, indem Sie links abzweigen. Der steile Anstieg macht sich

Schloss Hohentübingen

jedenfalls bezahlt, da sich vom Berglein ein prächtiger Ausblick ins Tal bietet.

Über den Kleingärten zeigt sich die blockige Struktur des Muschelkalks einmal mehr und verleiht der Strecke südländisches Flair. Auch die ersten kleinen Rebflächen zeigen sich zaghaft zwischen den Siedlungen.

Nachdem Sie Rottenburg über die **Gartenstraße** verlassen haben, der hier detaillierten Beschilderung über die kleinen Wege folgen, bis Sie ins Ortsgebiet von **Hirschau** gelangen ~ hier weiter auf der **Industriestraße** und dieser in einem Linksbogen folgen ~ bald darauf an die Bundesstraße.

Tipp: Die Variante über Wurmlingen trifft hier mit der Hauptroute zusammen.

Die Bundesstraße überqueren ~ auf der gegenüberliegenden Straßenseite hinter einem Gitter rechts auf den kleinen Weg ~ dieser asphaltierte Radweg verläuft dann weiter auf der linken Straßenseite hinter Büschen entlang.

Hinter Rottenburg ändert sich das Gesicht der Landschaft grundlegend. Aus der engen Felsengasse des Muschelkalks tritt der Neckar

Tübingen – Häuserzeile

in die von sanftgerundeten Keuperhöhen umgrenzte Ebene des Tübinger Beckens ein. Die Niederungen hat der einst pendelnde Fluss mit Lehm und Kies aufgefüllt. Heute begleiten Baggerseen und feuchte Talsenken den Neckar, eine wahre Oase für Zugvögel. Hinter Tübingen verengt sich dann das Tal nochmals trichterförmig.

Tübingen, der würdige Abschluss der ersten Etappe am Neckar, liegt nur noch 8 Kilometer entfernt.

Nach der Rechtskurve, knapp vor dem Neckarkanal dem querverlaufenden Güterweg nach links folgen ~ nach dem Campingplatz am Neckarufer durchfahren Sie eine vornehme Vorstadt.

Tipp: Das Freibad, das auf der anderen Neckarseite liegt, können Sie über einen Steg zirka 800 Meter nach dem Campingplatz erreichen.

Die Stadteinfahrt verläuft auf der **Neckarhalde** ~ beim Fußgängertunnel unterhalb des Schlossberges geradeaus in eine Wohnstraße.

Schloss Hohentübingen thront in beachtlicher Höhe auf einem steilen Felsen. Die Häuser werden allmählich schmucker, und angenehme urbane Stimmung kommt auf.

Tipp: Nach einem leichten Anstieg zum Eingang der belebten Fußgängerzone und zu einer Kreuzung: Von hier aus können Sie über die Burgstiege zur Linken das Schloss erklimmen.

Durch das **Wienergässle** führt die Route zum Markt weiter ~ vom Marktplatz in Tübingen rechter Hand über die **Kirchgasse** zum **Holzmarkt** mit der Stiftskirche ~ nach der Kirche rechts ab in die **Neckargasse** ~ weiter zur stark befahrenen **Mühlstraße** hinunter geradeaus verlässt die Route die Innenstadt von Tübingen.

Tipp: Rechtsherum ist die Eberhardsbrücke bereits zum Greifen nahe, die einen schönen Blick auf die malerische Neckarfront mit dem Hölderlinturm erlaubt.

Tübingen

PLZ: 72072; Vorwahl: 07071

- **Verkehrsverein**, An der Neckarbrücke, ✆ 91360
- **Hölderlinturm**, Bursag. 6, ✆ 22040, ÖZ: Di-Fr 10-12 Uhr und 15-17 Uhr, Sa,So/Fei 14-17 Uhr. Das Haus war einst Teil der Stadtbefestigung, hier lebte der Dichter Friedrich Hölderlin von 1806-43 beim Ehepaar Zimmer. Heute ständige Ausstellung „Hölderlin in Tübingen" und Sitz der Hölderlin-Gesellschaft.
- **Stadtmuseum im Kornhaus**, Kornhausstr. 10, ✆ 2041711, ÖZ: Di-Fr 15-18 Uhr, Sa,So 11-18 Uhr. Im ehemaligen Kornhaus zeigt eine Dauerausstellung Tübinger Geschichte, außerdem Wechselausstellungen sowie ein Geräuscharchiv.
- **Museum Schloss Hohentübingen**, Burgsteige 11, ✆ 2977384, ÖZ: Mai-Sept., Mi-So 10-18 Uhr, Okt.-April, Mi-So 10-17 Uhr. Es sind die berühmte Antikensammlung des Archäologischen Instituts, Ägyptische Grabkammer, Vogelherdfiguren aus der Frühgeschichte und die umfangreiche Münzsammlung zu sehen.
- **Kunsthalle**, Philosophenweg 76, ✆ 96910, ÖZ: Di-So 10-18 Uhr. Zu sehen sind Wechselausstellungen von internationalem Rang.
- **Schloss Bebenhausen**, ✆ 602802, Führungen: Di-Fr stündl. 9-12 Uhr und 14-16 Uhr, Sa,So/Fei 10-12 Uhr und 14-16 Uhr. Ehemaliges Jagdschloss der württembergischen Könige, hervorgegangen aus dem Gästehaus des Klosters 1807-11. Die Privatgemächer sind unter Verwendung der Renaissancevertäfelung im historischen Stil ausgestattet.
- **Schloss Hohentübingen**, Burgsteige 11. Das Schloss stammt in seiner heutigen Form aus dem 16. Jh. und galt als eine der stärksten Befestigungen Deutschlands. Sehenswertes Renaissanceportal im Stil eines römischen Triumphbogens (um 1600) und schöner Ausblick ins Neckar- und Ammertal.
- **Stiftskirche**, Holzmarkt. Spätgotischer Bau mit Grablege des Hauses Württemberg und im Inneren mit hervorragender Ausstattung: original geschnitzte Holzbänke, reich verzierter Taufstein, spätgotische Steinkanzel und Altar des Dürer-Schülers Hans Schäufelein.
- **Evangelisches Stift**, Klosterberg. Das ehemalige Augustinerstift ist seit der Reformation Ausbildungsstätte evangelischer Theologen. U. a. studierten hier zeitgleich Hegel, Hölderlin und Schelling.
- **Zisterzienserkloster Bebenhausen**, 6 km nördlich, ✆ 602802, ÖZ: Di-Fr 9-12 Uhr und 14-17 Uhr, Sa, So/Fei 10-12 Uhr und 14-17 Uhr. Gründung des ursprünglich für Prämonstratensermönche bestimmten Klosters, das zu den besterhaltenen Süddeutschlands gehört, erfolgte um 1183/84. Besonders sehenswert der netzgewölbte Kreuzgang mit reicher Laubwerkornamentik (Ende 15. Jh.) oder der steinerne Glockenturm der Klosterkirche, durchbrochen mit filigranem Maßwerk (1407-09).
- **Marktplatz**. Das architektonische Ensemble wird durch den Neptunbrunnen und das Renaissancerathaus dominiert. Letzteres verfügt über prächtige Sgraffitomalereien an der Fassade, eine um 1511 geschaffene, kunstvolle astronomische Uhr und einen Sitzungssaal mit alemannischem Fachwerk.
- **Alte Burse**, Bursagasse. Berühmtes studentisches Wohnheim und heute noch Sitz der philosophischen Fakultät, errichtet 1478-82. Um 1800 im Stil des Klassizismus umgebaut. Einst lehrte hier der Humanist Philipp Melanchthon.
- **Stockerkahnfahren** auf dem Neckar, gefahren wird mit schmalen, bis zu zwölf Meter langen Holzbooten, ähnlich einer Gondel. Nähere Informationen und Buchung beim Verkehrsverein Tübingen, ✆ 91360.
- **Botanischer Garten**, Hartmeyerstr. 123. In freiem Gelände werden die Gebirgvegetationen der Erde, speziell die Flora der Schwäbischen Alb, gezeigt; in den Gewächshäusern (ÖZ: Mo-Fr 8-16.30 Uhr, Sa, So/Fei 10-12 Uhr und 13.30-16.30 Uhr) sind die Vegetationen aller Klimazonen zu bestaunen, Arboretum.

Die Tübinger Neckarfront mit dem anhei-

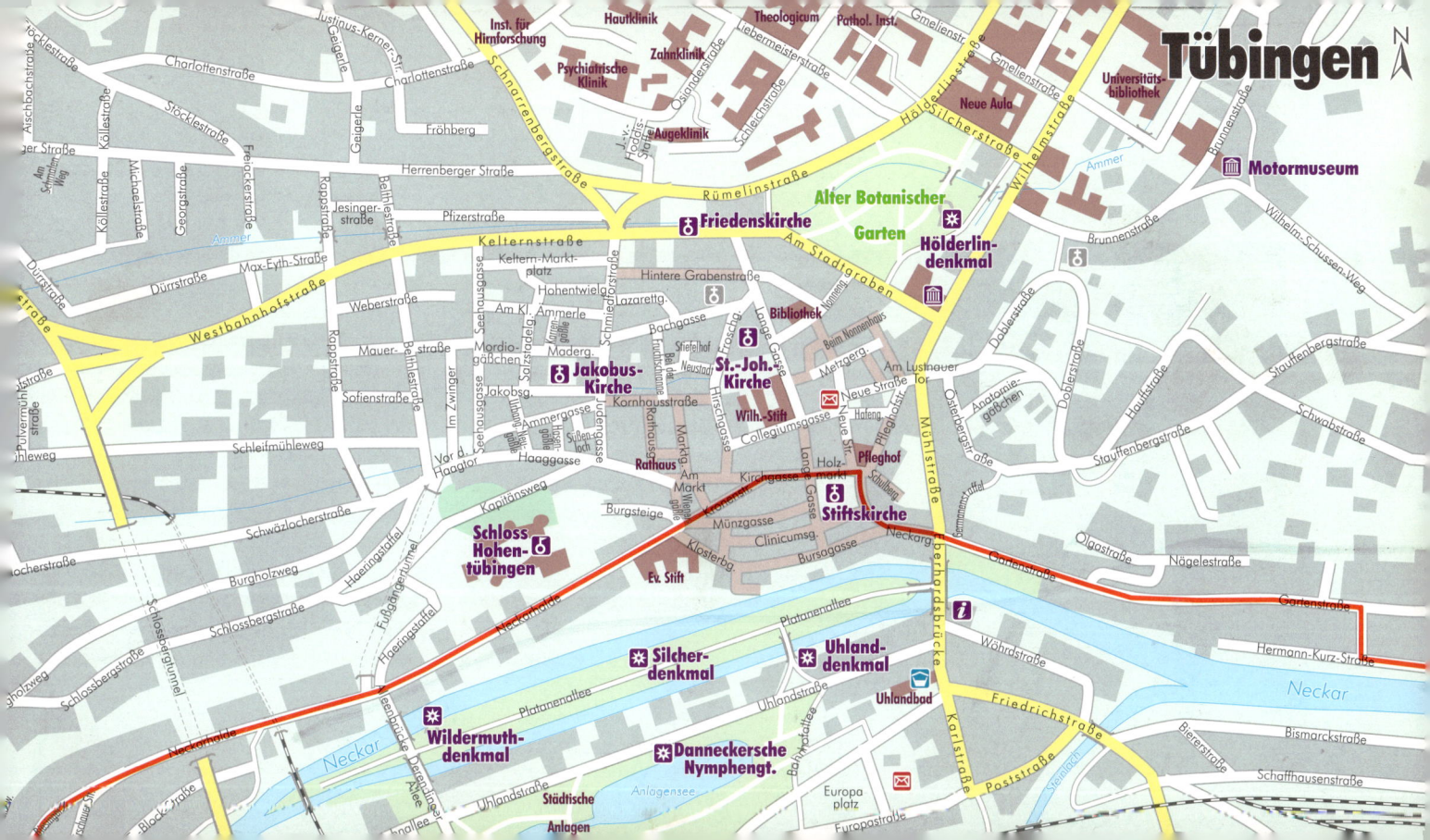

Tübingen

melnden Dächergewoge, der Alten Aula, dem Hölderlinturm und der Stiftskirche strahlt heute noch ein verträumtes Kleinstadtidyll aus. Die Genies von Tübingen, so der Flüsseporträtist Alfons Paquet, „bedurften nicht der Meerfahrt. Ein kleiner Fluss genügte ihnen, um die alte ewige Melodie des Wassers zu vernehmen". Der Verfasser der ersten deutschen Landeskunde, Sebastian Münster, erinnert sich noch in seiner Kosmographie an die Studienzeit am Neckar. Wilhelm Schickhardt konstruierte hier 1623 die erste verlässliche Rechenmaschine der Welt. Der Tübinger Stiftsstipendiat Johannes Kepler wurde später für seine Erkenntnisse von den ehemaligen Lehrern als „Schwindelhirnlein" beschimpft. Mörike entwarf hier seine Trauminsel Orplid, und Uhlands Wohnhaus stand einst an der Eberhardsbrücke.

1477 gründete Graf Eberhard im Bart, Sohn der Rottenburger Erzherzogin Mechthild, die Universität Tübingen. Seine Mutter, gebürtige Heidelbergerin, hatte zwei Jahrzehnte zuvor schon bei der Gründung der Alma mater in Freiburg mitgewirkt. Nur wenig jünger ist die zweite, traditionelle Stätte schwäbischer Gelehrsamkeit, das 1548 eingerichtete Tübinger Stift. Die Anstalt diente als staatliche Erziehungsstätte für den protestantischen Theologennachwuchs. Zu Ruhm gelangte sie durch die aufsässigen und oft abtrünnigen „Stiftler", zu denen – sogar in einem Jahrgang – auch Schelling, Hegel und Hölderlin zählten.

Einen schweren Aderlass für die ehrwürdige Landesuniversität bedeutete die Gründung der Hohen Schule Karl Eugens, die als geistige Kadettenanstalt des aufgeklärten Absolutismus fungieren sollte. 1791 war die Zahl der Studenten auf 188 zurückgegangen. Im Stift verbreitete sich trotzdem der Geist der Rebellion, viele „Stiftler" begeisterten sich für die Ideale der Französischen Revolution. Um 1830 wurde wegen „demagogischer Umtriebe" sogar der Belagerungszustand über Tübingen verhängt. Heute weist Tübingen eine der höchsten „Studentendichten" unter den deutschen Universitätsstädten auf.

Von Tübingen nach Heilbronn

140 km

Bevor sich der Neckar vom Panorama der Alb verabschiedet und sich in den Gärten der schwäbischen Weinstraße verliert, muss er noch den industriell geprägten Verdichtungsraum um Stuttgart durchströmen. Diese Region bietet nicht nur Technikliebhabern – etwa im berühmten Mercedes-Benz-Museum – Sehenswertes, die ehemalige Reichsstadt Esslingen vermag fast jeden zu begeistern. Danach zieht sich die Industrie mit einem Schlag aus dem Tal zurück und überlässt das Terrain dem Wein. Von Rebterrassen umgeben, markieren die Schillerstadt Marbach, Besigheim mit der berühmten Enzpartie oder Lauffen wie Perlen den Neckar.

Ein Ausflug durch den Schönbuch lässt Sie vor Stuttgart noch einmal frische Waldluft schnuppern. Die Industrieregion können Sie auf Neben- und Uferradwegen relativ angenehm passieren, und die Strecke ist bis Heilbronn größtenteils ausgeschildert.

Von Tübingen nach Nürtingen 30,5 km

Tübingen auf der ruhigen **Gartenstraße** verlassen, die von der **Mühlstraße** in Flussrichtung weiterführt ↝ hinter der **Jugendherberge** rechts über die **Hermann-Kurz-Straße** wieder zum Neckarufer ↝ bei einem Wehr macht der Weg einen Schwenk in eine Parkanlage, kehrt aber bald zum Ufer zurück ↝ Richtung Kirchentellinsfurt geschottert weiter.

Lustnau

In Lustnau zunächst dem Neckarufer treu bleiben ↝ um die einmündende Ammer zu überwinden ein Stückchen landeinwärts fahren und dann zum Neckar zurückkehren ↝ die Schilder weisen nach Kirchentellinsfurt ↝ die nächste Neckarbrücke nehmen und ans andere Ufer wechseln ↝ dabei bietet sich der Gehsteig zum Fahren an ↝ kurz darauf weist ein Radschild Neckartalradweg nach links ↝ diesem Weg folgen ↝ unter der Bundesstraße hindurch ↝ den weiteren Schildern folgen ↝ vor der Straße mit mässig starkem Verkehr nach links.

Am Marktplatz in Tübingen

Tipp: Möchten Sie nach Kirchentellinsfurt so fahren Sie nach links auf die mässig stark befahrene Straße. Im Ort finden Sie für alle Fälle in der Bahnhofstraße ein Radfachgeschäft.

Kirchentellinsfurt
Bürgermeisteramt, ✆ 07121/90050

Auf dem Radweg entlang der **B297** an Baggerseen vorüber ↝ unter einer Unterführung hindurch ↝ an der nächsten Kreuzung rechts in die **Donaustraße** nach Altenburg.

Altenburg

Kurz darauf in der Linkskurve rechts ab in die **Lechstraße** ↝ der Straße nach rechts folgen ↝ nach einer starken Linkskurve steil bergauf in der **Illerstraße** ↝ aus dem Ort heraus ↝ nach einem Kilometer nach Oferdingen.

Oferdingen

Hier angelangt, den Schildern folgen von der Straße **Besterwasen** auf die **Pliezhäuserstraße** ↝ hier an der Vorfahrtsstraße nach rechts ab ↝ im nächsten Rechtsknick der Straße links ↝ dem Straßenverlauf weiter in Richtung **Neuer Friedhof** folgen ↝ auf der **Mittelstädterstraße** bleiben, auch der Abzweigung nach links folgen ↝ den Ort auf einer Landstraße steil bergab verlassen ↝ weiter in Kurven ↝ über den **Buchbach** ↝ danach leicht hinauf ↝ nach links auf die Vorfahrtsstraße ↝ den Radschildern nach Mittelstadt folgen.

Mittelstadt

Weiter auf der **Stadtstraße** ↝ an der nächsten Vorfahrtsstraße nach links und direkt wieder rechts ab ↝ nun in die **Heerstraße** einbiegen (in Richtung Friedhof) ↝ die Straße nennt sich bald darauf **Bempflinger Straße** ↝ ein Stück steil hinauf ↝ die Straße zweigt

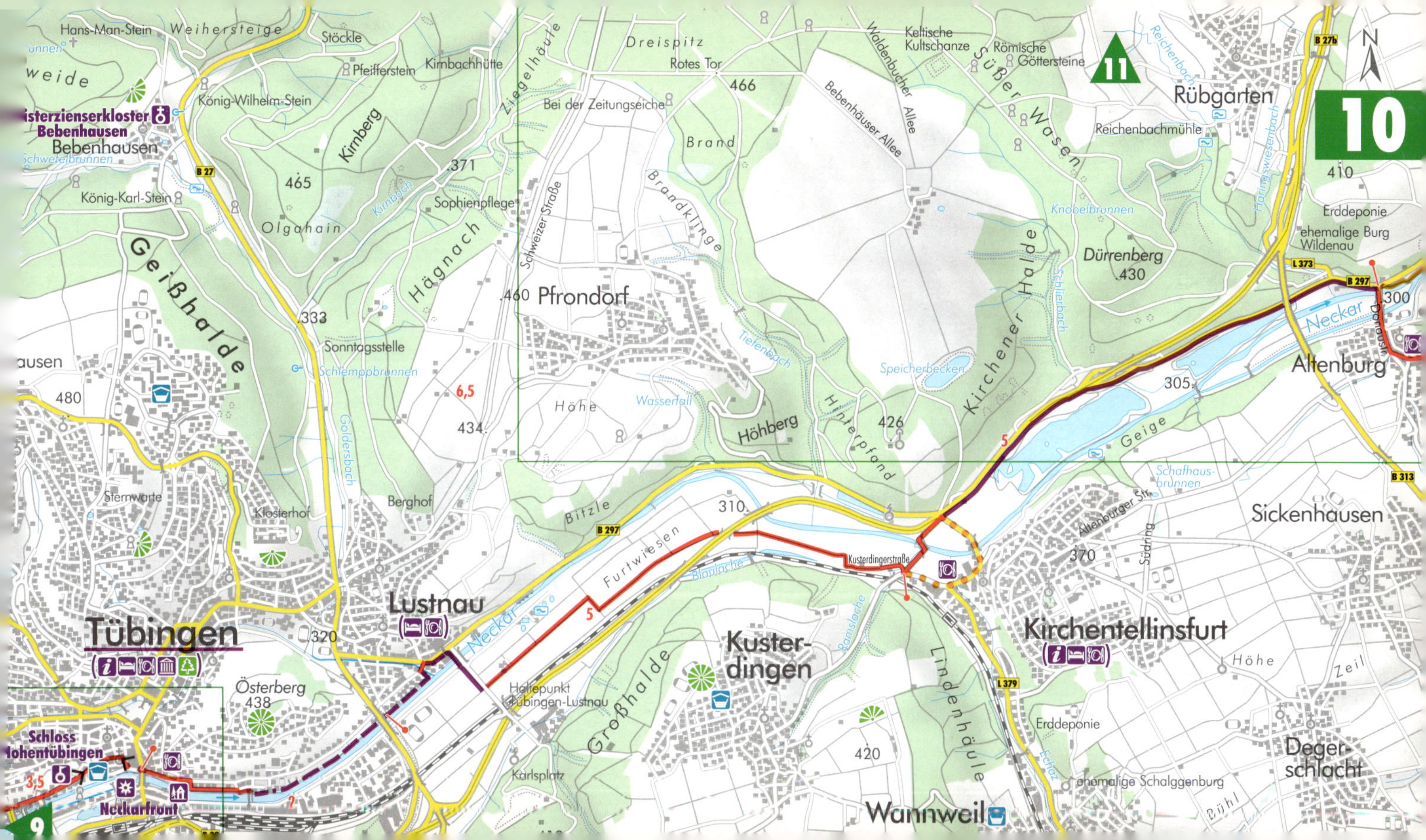

Hans-Man-Stein
Weihersteige
Stöckle
Pfeifferstein
Kirnbachhütte
König-Wilhelm-Stein
Zisterzienserkloster Bebenhausen
Bebenhausen
Schwefelbrunnen
Kirnberg
B 27
465
371
König-Karl-Stein
Kirnbach
Sophienpflege
Olgahain
Hägnach
Geißhalde
333
Sonntagsstelle
Schlemppbrunnen
480
6,5
434
Goldersbach
Sternwarte
Klosterhof
Berghof
Ziegelhäule
Dreispitz
Rotes Tor
466
Bei der Zeitungseiche
Brand
Brandklinge
Schweizer Straße
460
Pfrondorf
Tiefenbach
Höhe
Wasserfall
Höhberg
Hinterpfand
426
Waldenbucher Allee
Bebenhäuser Allee
Keltische Kultschanze
Römische Göttersteine
Süßer Wasen
Speicherbecken
Kirchener Halde
Knobelbrunnen
Dürrenberg
430
Schlierbach
11
Reichenbach
Rübgarten
B 27b
Reichenbachmühle
Häringswiesenbach
10
410
Erddeponie
ehemalige Burg Wildenau
L 373
B 297
300
Neckar
Altenburg
305
Geige
B 313
5
Bitzle
310
B 297
Furtwiesen
Blaulache
Kusterdingerstraße
Altenburger Str.
370
Südring
Sickenhausen
Schafhausbrunnen
Lustnau
Tübingen
320
Österberg
438
Haltepunkt Tübingen-Lustnau
Großhalde
Kusterdingen
Ramslache
Lindenhäule
Kirchentellinsfurt
Höhe
Zeil
L 379
Erddeponie
420
Echaz
ehemalige Schalggenburg
Degerschlacht
Bühl
Wannweil
Karlsplatz
Schloss Hohentübingen
Neckarfront
3,5
2
9

nach rechts ab, Sie fahren hier jedoch links in die **30-Zone** am Ortsende ganz rechts halten, dem Schild folgend.

Weiter auf einem Landwirtschaftsweg ~ an Obstwiesen vorüber in Richtung Waldrand ~ linker Hand einige Schrebergärten passieren ~ der Asphalt endet kurz vor Eintritt in den Wald ~ bei der Schranke geht dieser in einen unbefestigten Waldweg über ~ durch den Wald weiter und der Rechtskurve folgen ~ bis zur Abzweigung ~ dort im Prinzip geradeaus weiter ~ nach Austritt aus dem Wald linksherum auf dem Schotterweg ~ bergab in Richtung Tal ~ die Siedlung nun zur Rechten ~ der Weg wird wieder asphaltiert ~ geradeaus weiter bergab auf der Straße **In der Steige**.

Neckartenzlingen

Im Ort zum **Marktplatz** ~ ⚠ diesen geradeaus überqueren in die **Schulstraße**, nicht

Tübingen – Rathaus

dem Schild nach links folgen ~ nach dem Linksbogen und der kleinen Brücke dem Schild zum Friedhof folgen ~ nach dem Ende des Fußweges auf die Straße ~ direkt am Neckar entlang in Richtung der Sportplätze ~ links halten ~ an den Tennisplätzen vorüber ~ der Weg ist asphaltiert wird dann aber unbefestigt ~ wenig Verkehr ~ an der nächsten Abzweigung kein Schild vorhanden ~ hier weiter geradeaus ~ der Linkskurve folgen ~ kurz vor dem Neckar der Rechtskurve in den gekiesten Weg ~ die Brücke unterqueren ~ geradeaus zum See.

Tipp: Dieser Badesee, der **Aileswasensee**, lädt zu einem erfrischenden Bad ein.

Auf geschottertem Weg direkt am Ufer entlang ~ das Holzhaus umradeln ~ vor zur Schranke und zum Parkplatz des Freibades ~ hier beginnt auf der linken Straßenseite ein Radweg ~ an den Sportplätzen vorüber

~ vor zur Ampel und zur Stoppstraße nach Neckartailfingen.

Neckartailfingen

- **St.-Martins-Kirche**. Die kleine romanische Basilika ist unter Hirsauer Einfluss im 12. Jh. entstanden und ist wegen der Klarheit der Formensprache und der Harmonie der blockhaften Baukörper von einiger Bedeutung. Die erhaltene alte Dachformation stellt eine Seltenheit dar.

Tipp: Wer hier die Martinskirche auf der anderen Neckarseite besichtigen möchte, überquert dazu die Brücke nach links ab über den Fluss. Von hier aus können Sie auch noch Aichtal einen Besuch abstatten um das Naturtheater zu besichtigen.

Aichtal-Grötzingen
PLZ: 72631; Vorwahl: 07127
- **Stadtverwaltung**, Rathaus Aich, ✆ 58030
- **Heimat- und Schulmuseum**, ✆ 58030
- **Häfnermuseum**, in Neuenhaus am Kirchplatz, ✆ 58030.
- **Naturtheater**, am historischen Galgenberg 0,5 km südlich. Von Anfang Juni-Anfang Sept. wird im von Amateuren betreuten Freilichttheater samstags Unterhaltungstheater und sonntags Kinder- und Familientheater geboten.
- **sehenswerte Innenstadt**, mit gotischer Kirche und Pfarrhaus.

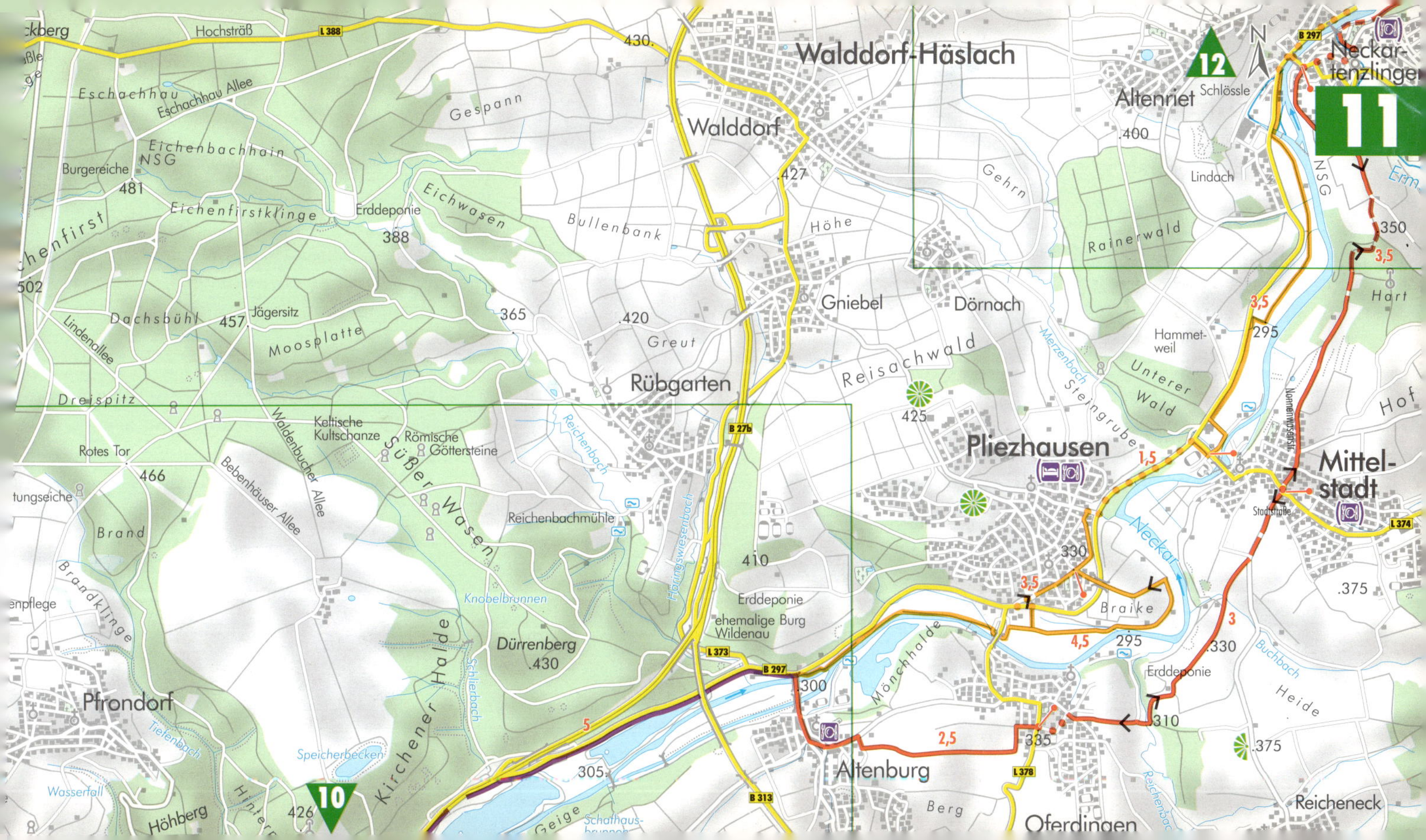

Walddorf-Häslach
Walddorf
Gniebel
Dörnach
Rübgarten
Pliezhausen
Altenriet
Neckar-tenzlingen
Mittel-stadt
Altenburg
Oferdingen
Pfrondorf
Reicheneck
Hochsträß
L 388
430
Eschachhau
Eschachhau Allee
Gespann
Eichenbachhain
NSG
Burgereiche
481
Erddeponie
Eichenfirstklinge
388
Eichwasen
Bullenbank
427
Höhe
502
Dachsbühl
457
Jägersitz
Moosplatte
Lindenallee
365
.420
Greut
Reisachwald
425
Dreispitz
Keltische Kultschanze
Römische Göttersteine
Rotes Tor
466
Waldenbucher Allee
Bebenhäuser Allee
Süßer Wasen
Reichenbach
Reichenbachmühle
Häringswiesenbach
B 27b
410
Brand
Brandklinge
Knobelbrunnen
Kirchener Halde
Dürrenberg
.430
Schlierbach
Erddeponie
ehemalige Burg Wildenau
L 373
B 297
300
5
Tiefenbach
Speicherbecken
Wasserfall
Höhberg
426
10
305
Geige
Schafhaus-brunnen
B 313
Mönchhalde
2,5
335
L 378
Berg
Schlössle
12
11
.400
Lindach
Gehrn
Rainerwald
350
3,5
Hart
295
Hammet-weil
Merzenbach
Steingrube
Unterer Wald
Hof
Nonnenwiesenstr.
1,5
Stadtstraße
L 374
Neckar
330
Braike
4,5
.375
3
.330
Buchbach
Heide
310
.375
Reichenbach
Erms

Zur Weiterfahrt auf der Hauptroute überqueren Sie jedoch die Straße, mit dem Verkehr nach links abbiegend ↝ direkt wieder rechts ab in die **Bahnhofstraße** ↝ kein Radweg vorhanden ↝ dem Rechtsschwenk der Straße aus dem Ort heraus folgen ↝ direkt hinter dem Ortsschild links ab Richtung **Reitanlage** ↝ bis zur Reitanlage auf einem Betonplattenweg ↝ auf Höhe der Pferdekoppeln knickt ein kleiner unbefestigter Weg ab, dem Sie folgen ↝ direkt wieder linksherum nun am Ufer des **Beutwangsees** entlang.

Tipp: Leider ist in diesem ehemaligen Freibad (Beutwangsee) das Baden nicht erlaubt, da das Wasser verunreinigt ist.

Bei dem alten DLRG-Haus macht der Weg nun eine Rechtskurve um den See bis zu dem Radschild und dem Wegweiser in Richtung Ausfahrt ↝ diesen Schildern nach links folgen ↝ der Asphaltweg führt über eine kleine Kuppe zur Straße ↝ direkt nach der Brücke links, dem Schild Neckartalradweg folgen ↝ auf der Straße nun ein Stück Richtung Neckarhausen.

Nürtingen – Rathaus und Marktstraße

Neckarhausen

Tipp: Um nach Neckarhausen zu kommen, bleiben Sie auf dieser Straße und überqueren die Brücke, um in den Ort zu gelangen.

Um weiter auf der Hauptroute zu bleiben, bei der nächsten Gelegenheit wieder rechts ab ↝ in der **Zone 30** kurz darauf links in die Straße **In der Autmut** ↝ bei der Weggabelung wiederum den linken Weg nehmen ↝ weiter links vom Neckar auf dem asphaltierten Uferweg ↝ kurz vor den Sportplätzen den Schildern nach links auf einen Schotterweg folgen ↝ dieser führt am Ufer entlang unter der Straßenbrücke hindurch weiter in Richtung Nürtingen ↝ der Radweg wird nun nach oben zur **Steinbachstraße** geleitet ↝ direkt links bei den Pflöcken über die Brücke ↝ auf diesem Weg nahe am Ufer bleiben ↝ vor zur **Alleenstraße**, hier auf der linken Straßenseite auf dem Radweg bleiben ↝ weiter zur Stadtbrücke.

Tipp: Um die Stadt Nürtingen einmal zu durchfahren, halten Sie sich noch vor Erreichen der Brücke rechts und biegen in die Schlossgasse ein.

Von der **Schlossgasse** weiter in die **Marktstraße** ↝ diese endet in der **Brunnsteige** ↝ hier nach links abbiegen und in die Fußgängerzone ↝ am oberen Ende der Brunnstraße nach links über die **Neckarsteige** zur Brücke zurück ↝ damit ist Ihre Altstadtrundfahrt hier beendet.

Nürtingen

PLZ: 72622; Vorwahl: 07022

ℹ **Bürgermeisteramt**, Marktstr. 7, ☎ 75381

🏛 **Stadtmuseum**, Wörthstr. 1. Literaturbiographische Ausstellung über Hölderlin, der in Nürtingen aufwuchs.

⛪ **Stadtkirche St. Laurentius**, Schlossberg. Die spätgotische Hallenkirche von 1506 zeigt außen drei Renaissance-Trep-

Aichtal
Grötzingen
Bauernwald
Aich
Neuenhaus
Steinenberg
Rathaus
Naturtheater
Bergwirtshaus
Kleinbergle
Galgenberg
Schillerhöhe
St. Laurentius
13
12
Neckarhausen
Nürtingen
In der Armut
Neckar
Beutwangsee
Harlanden
Stoppstraße
Neckartailfingen
Schlaitdorf
Bei den Schirmen
Schaichberg
Altes-wasen-see
Hägnetsäcker
Raidwangen
Reuthof
Reiger-wäldle
Enzenhart
Keltische Viereckschanze
Höllenbach
Reusch
Altdorf
Großbettlingen
Altenriet
Neckartenzlingen
In der Steige
Rainerwald
Lindach
11
Erms
Sauhag
Ebnelhau
Nettelbach
Autmut
Reutenwald
Sallener
Finsterbach
B 312
B 27
B 297
B 313
L 1185
L 1208a
L 1208b
K 1228
K 1256
K 1229
K 1230
K 1257
K 1235
K 1237
K 1236
K 1233
K 1231
K 1239

Nürtingen entwickelte sich auf einem alten Umlaufberg des Neckars. Die Lage am Fluss, die engen Gässchen, malerische Winkel, steile Treppchen und schmucke Fachwerkhäuser sind charakteristisch für das Ortsbild. Neben der spätgotischen Stadtkirche finden Sie am Schlossberg hervorragend renovierte Häuser aus dem Mittelalter.

Die Nürtinger Lateinschule genoss seit alters her einen ausgezeichneten Ruf im Ländle. Auch Hölderlin und Schelling haben dort die Schulbank gedrückt. Hölderlins Leben ist mit der Neckarstadt eng verknüpft. Die Vorfahren des Dichters sind seit dem 16. Jahrhundert als Fischer und Bader „an der Nekkarbruck" nachgewiesen. Das Familienwappen zierte der Holunderbaum, mundartlich „Holder" genannt.

Nun die Ampel überqueren und nach links auf die **Stadtbrücke** ∼ den rechtsseitigen Radweg benutzen ∼ hinter der Brücke dann nach rechts ∼ auf einem kleinen Weg wieder nach unten auf den Raduferweg ∼ auf diesem nun weiter auf Stuttgart zu radeln.

Nürtingen – Marktbrunnen

Von Nürtingen nach Stuttgart　　36,5 km

Vor der Brücke bei Oberensingen einer schmalen Steg passieren ∼ rechts halten um unterhalb der Brücke durchzufahren ∼ gemütlich entlang einer Pappel- und Weidenreihe, bis sich der Weg am Ortsrand vor **Zizishausen** dem Verlauf der Landstraße anschließt ∼ nach 200 Metern diese überquerer ∼ danach dem Wegweiser in einer schräg in den Ort abzweigenden Seitengasse folger ∼ oberhalb der Kirche wird Zizishausen nur durchfahren ∼ wieder zurück in Flussnähe berührt die Route kurz die **Uferstraße**, geh

pentürme, im Inneren ein Netzgewölbe im Chor sowie Lesepult und Taufstein. Sehenswert die Kopie eines Flügels des Nürtinger Altars (1516).

- **Kreuzkirche**, Schillerplatz. Errichtet nach 1455 im Stil der Spätgotik, heute Veranstaltungsort (Ausstellungen, Konzerte und Vorträge).
- **Blockturm**, am unteren Ende des Kührains. Erhebt sich nebst den letzten Resten des ehemaligen Mauerringes und diente früher als Gefängnis, in dem Verbrecher in den Block eingespannt wurden.
- **Marktstraße**. Die Häuser der Nordseite erscheinen im Stil des Barock seit 1750, Südseite hingegen mittelalterlich.

aber sogleich etwas nach links versetzt in der Nebenstraße weiter.

Zizishausen

Zizishausen endet nun ~ ein Radweg begleitet die Kreisstraße durch eine industriereiche Region ~ einer schnellen Durchfahrt steht bis Plochingen nichts mehr im Wege ~ vorbei am Gewerbeareal von **Unterensingen** 4 Kilometer lang dem Begleitradweg treu bleiben ~ einige Querstraßen unterqueren ~ zwischen **Köngen** und **Wendlingen** über eine ampelgeregelte Kreuzung wieder zum Neckar, der hier von zwei direkt nebeneinanderliegenden Brücken überspannt wird.

Die alte Köngener Bogenbrücke aus braunem Keupersandstein verdient Ihre Aufmerksamkeit, denn es handelt sich um die wohl schönste Brücke weit und breit.

Wendlingen am Neckar

PLZ: 73240; Vorwahl: 07024

🛈 Stadtverwaltung, ✆ 943-0

✻ **Brücke von Köngen**. Errichtet 1602 von Heinrich Schickhardt, um 1900 wurde die ursprünglich vierbogige Brücke um zwei Joch verlängert, später noch einmal verbreitert. In

Vom Fischereigrund zum Industriefluss

Nicht der Ackerbau, sondern der Fischfang war der Grund, warum die Menschen am Neckar sesshaft wurden. Empfindliche Verluste erlitt die Fischfauna des Neckars und die seiner Nebenflüsse durch die Flößerei. Die in den Klausen aufgestauten Schwellwasser schwemmten den Laich weg und zerstörten ihn. So wird 1781 berichtet: „Fische gibt es wenig, weswegen die Universität Tübingen, da sie noch unter dem Papsttum stand, dieses Fischmangels halben der Fastenspeisen überhoben und davon freigesprochen wurde."

Nach dem Rhein-Ruhr-Gebiet hat sich die Neckarregion zum zweitgrößten industriellen Kraftfeld der BRD entwickelt. Ohne den kanalisierten Neckar wäre dies nicht möglich gewesen. Der Fluss dient als Wasserstraße, liefert eine halbe Milliarde Kilowattstunden elektrische Energie sowie Kühlwasser für weitere Dampf- und Kernkraftwerke.

Schon im Mittelalter wurde der Fluss von den Gewerbetreibenden als Energiespender genutzt. Und auch während der Industrialisierung hat nicht die auf teure Kohleimporte angewiesene Dampfmaschine, sondern das Wasserrad und dann die Turbine der jungen Industrie Württembergs den Auftrieb gegeben.

Keßler baute in Esslingen seine Lokomotiven und Dampfmaschinen, kurioserweise mit Hilfe von Wasserturbinen; nur bei niedrigem Wasserstand des Neckars wurde eine aufgebockte alte Lokomotive aus Manchester angeheizt. Gerade der Mangel am fossilen Energieträger Kohle war ausschlaggebend dafür, dass im Herzen Schwabens die später so krisensichere Feinindustrie aufgebaut wurde.

Pläne, dem Land das „Tor zum Meer" zu öffnen, sind bereits 500 Jahre alt. Doch stand ihnen die mächtige Reichsstadt Heilbronn mit ihrem Wasserprivileg im Weg. Als man sich in der Zwischenkriegszeit daran machte, den „reißenden Fluss" zu einer Schiffahrtsstraße für 1200-Tonnen-Schiffe auszubauen und nebenbei auch die Hochwasser in den Griff zu bekommen, regte sich vor allem in Heidelberg Widerstand. Schließlich wurde 1968 als letzte Etappe der Verbauung der Hafen von Plochingen eröffnet. 26 Staustufen haben den Neckar in eine Kette stehender, sauerstoffarmer Miniaturseen verwandelt. Die Kraftwerke mit Durchlaufkühlung heizen den Neckar konstant auf und es herrscht so reger Schiffsverkehr, dass neben den Frachtkähnen gerade noch Platz für die Ausflugsdampfer bleibt.

ihrer Wirkung wetteifert sie mit der berühmteren Pliensaubrücke bei Esslingen.

Bei der **Köngener Brücke** auf den gut befahrbaren Kiesweg wechseln und damit am linken Ufer.

Von der „Natur aus zweiter Hand" bekommen Sie leider nicht viel mit. Der Fluss hat seit seinem Austritt aus dem engen Tal viel Kies abgeladen. Eine Reihe von Baggerseen entstand, die heute gerne von seltenen Vögeln bevölkert werden.

An der Landstraße rechts Richtung **Wernauer Bad** ~ dort geht es vorbei ~ auf der Straße bis zu der Ampelkreuzung.

Tipp: Doch vielleicht legen Sie vorher noch einen Zwischenstopp ein, kühlen sich im Bad ab oder unternehmen einen Spaziergang durch das Vogelparadies. Außerdem gibt es hier ein nettes Restaurant und eine Übernachtungsmöglichkeit.

Wernau am Neckar
PLZ: 73249; Vorwahl: 07153
Stadtverwaltung, Kirchheimer Str. 69, ✆ 9345-28
Naturschutzgebiet „Wernauer Baggerseen", vor dem Freibad. Die letzten größeren freien Wasserflächen der Industrieregion Stuttgart entwickelten sich zu einem Biotop für etwa 65 brütende und 130 rastende Vogelarten, für ganze Reiherkolonien, aber auch für den Eisvogel. Spaziergang auf gekennzeichneten Wegen.

Von links bekommt der Neckar die autobahnähnliche B 313 als Geleit ~ unter der nächsten Brücke hindurch und weiter auf dem unbefestigten Uferweg ~ 700 Meter weiter, auf der Höhe eines Feuerwehrlagers dem Naturschutzgebiet ausweichen und daher das Ufer verlassen ~ weiter auf einer breiten Zufahrtsstraße parallel zur Bundesstraße.

Für die Landesgartenschau, die 1998 in Plochingen stattfand, wurden die Neckarauen neu gestaltet und zum Teil wieder renaturiert. An der Neckarbrücke oberhalb des Fischerheims (über die Alternative an der Bahn entlang zu erreichen) holt eine archimedische Schraube Wasser aus dem Neckar und speist einen Wasserkanal, der am anderen Ende des Gartenschaugeländes wieder in den Neckar führt.

Dort geradeaus auf den Radweg nach Plochingen ~ ⚠ vor dem Kreisverkehr kurz auf der Straße ~ dann aber direkt wieder rechts ab auf den Radweg und dem Schild nach Plochingen folgen ~ die Autobrücke unterqueren ~ den Weg hinabfahren ~ weg von der Straße an die Schienen einer kleinen Bummelbahn ~ über die Rasengittersteine und die Schienen in Richtung Ufer geradeaus ~ kurz vor dem Ufer nach links, durch den Tunnel.

Tipp: Nun ist schon die nächste Brücke in Sicht und es entfaltet sich hier ein schöner Blick auf die Silhouette von Plochingen mit St. Blasius-Kirche, dem Kirchberg und dem Regenturm von Friedensreich Hundertwasser.

Die Brücke wird überquert, um nach Plochingen hinein zu gelangen ~ am Ende des Steges gibt es für Radler nach links hinab eine Umfahrung, über die man nach unten gelangt ~ unten angekommen führt ein Tunnel links unter der Bahn und der Straße hindurch ~ am Ende des Tunnels links halten und bis zur Straße vorfahren ~ geradeaus über die Straße direkt am bunten Hundertwasser-Regenturm

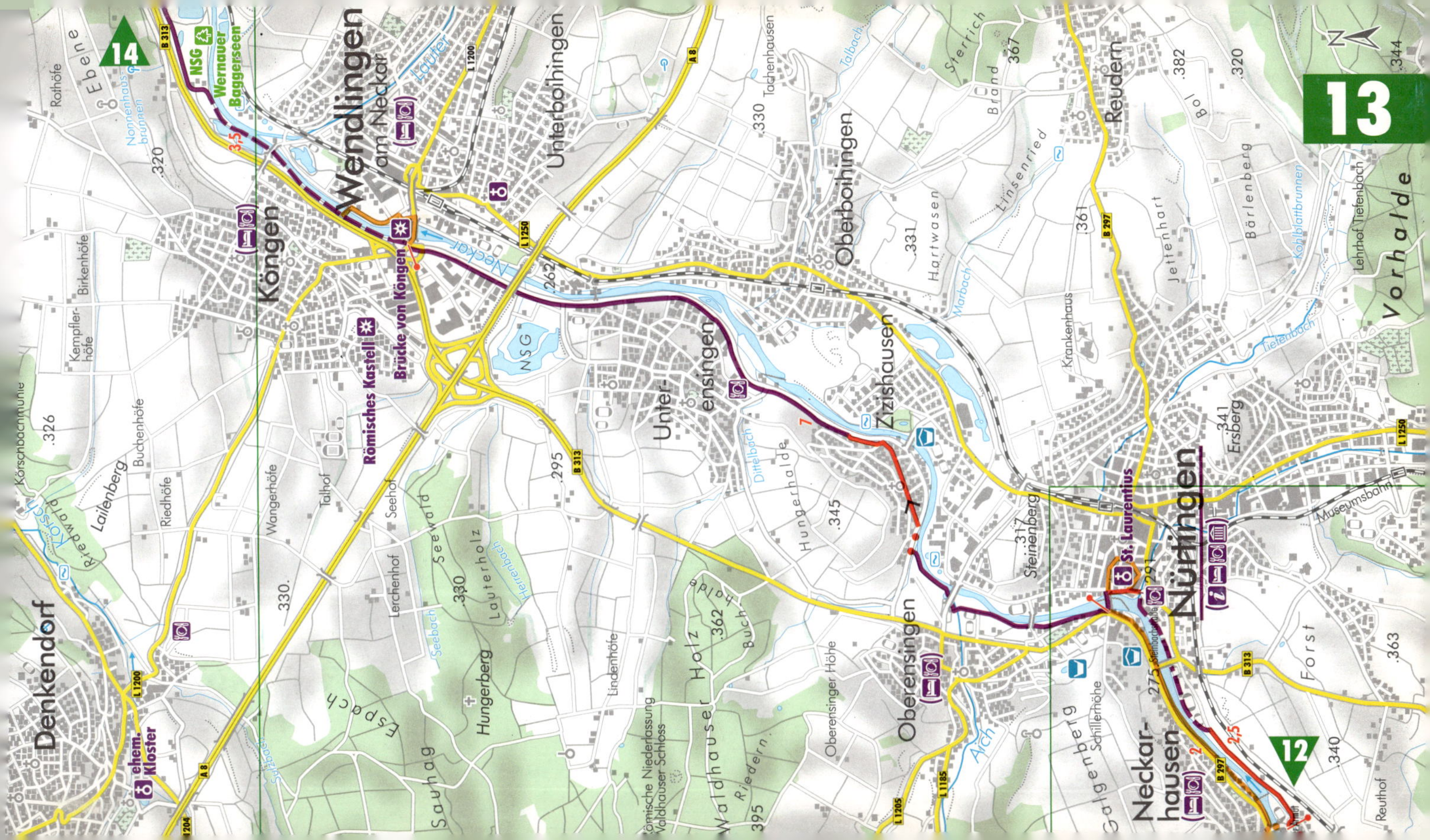

13
14
12
Wendlingen am Neckar
Köngen
Unterboihingen
Oberboihingen
Unterensingen
Zizishausen
Oberensingen
Nürtingen
Neckarhausen
Denkendorf
Reudern
Vorhalde
NSG Wernauer Baggerseen
Römisches Kastell
Brücke von Köngen
St. Laurentius
ehem. Kloster
Neckar
Lauter
Aich
Körsch
Talbach
Marbach
Tiefenbach
Kohlblattbrunnen
Dittelbach
Seebach
Herrenbach
Sulzbach
Museumsbahn
Rothöfe
Ebene
Nonnenhausbrunnen
Birkenhöfe
Kempflerhöfe
Buchenhöfe
Riedhöfe
Lailenberg
Riedwald
Körschbachmühle
Wangerhöfe
Talhof
Seehof
Lerchenhof
Seewald
Lauterholz
Hungerberg
Sauhag
Espach
Lindenhöfe
Waldhauser Holz
Riedern
Buchhalde
Hungerhalde
Oberensinger Höhe
Römische Niederlassung Waldhauser Schloss
Steinenberg
Galgenberg
Schillerhöhe
Forst
Reuthof
Tachenhausen
Hartwasen
Linsenried
Krankenhaus
Brand
Sterrich
Bol
Bärlenberg
Jettenhart
Ersberg
Lehnhof Tiefenbach
NSG
B 313
B 297
A 8
L 1200
L 1250
L 1185
L 1205
326
320
330
295
262
345
362
395
331
361
367
382
320
344
341
317
291
275
340
363
3,5
7
2
2,5

vorüber ~ bei der nächsten Gelegenheit rechts ab in den Ort ~ die Fußgängerzone durchqueren und vor zur Straße **Am Fischbrunnen**.

Plochingen ≈km 202
PLZ: 73203; Vorwahl: 07153
- Bürgermeisteramt, ✆ 70050
- **Stadtkirche**. Ein spätgotischer Bau von 1481-88 mit kräftigem Turm und interessanter Kanzelsäule um 1530. Die zinnenbekrönte Hofmauer erinnert an die Funktion als Wehrkirche.
- **Ottilienkapelle**, ältestes Gebäude Plochingens aus dem Jahr 1328, im Inneren erhaltene Teile des originalen mittelalterlichen Fliesenfußbodens, an der Westseite eine der genauesten Sonnenuhren der Region.
- **Marktplatz**, historischer Ortskern, umrahmt von alten Fachwerkbauten wie dem Alten Rathaus, dem Frühmesserhaus, Marktbrunnen.
- **Kichberg** mit denkmalgeschütztem Gebäudeensemble.
- **Hundertwasserhaus**, Wohn- und Geschäftshaus aus dem Jahr 1992-94, Fassade von Friedensreich Hundertwasser.

Seit 1968 ist Plochingen Endhafen des Neckarkanals. Beim Hafenbau musste der Neckar etwas südwärts verlegt werden, ein Teil des alten Flussbogens blieb als Kühlwasserkanal für das Wärmekraftwerk Altbach erhalten. Ab Plochingen bringen die Flaggen der niederrheinischen, holländischen, belgischen und französischen Reedereien ein Stück ungewohnte Exotik in die schwäbische Flusslandschaft. Eine Besonderheit, die man sich auf keinen Fall entgehen lassen sollte, ist der von dem berühmten Wiener Künstler Friedensreich Hundertwasser gestaltete große Innenhof eines Wohn- und Geschäftsgebäudes mit dem Regenturm, der von vier goldenen Kugeln gekrönt wird.

Tipp: Wenn Sie die Fahrt nach Stuttgart lieber mit der Bahn zurücklegen wollen, so erreichen Sie den Bahnhof in Plochingen über die erste Seitengasse nach rechts.

Erstmals gibt es am Neckar auch einen Hafen zu sehen. Ab Plochingen ist der Fluss

Plochingen – Hundertwasserhaus

schiffbar, daher werden in diesem Radtourenbuch im Folgenden bei jedem Ort die Flusskilometer angegeben.

Von der Fußgängerzone führt ein beschilderter Radweg geradeaus in Richtung **Altbach**.

Ab nun gibt es zwischen den Orten kaum mehr freie Flächen, alles scheint mit Stuttgart verwachsen zu sein. Auch die Industrieanlagen mehren sich, die Landschaft ist von Schornsteinen, Stromleitungen und Eisenbahnschienen geprägt. Kein Wunder, denn nach dem Ruhrgebiet ist die Region um Stuttgart das größte Industriezentrum Deutschlands. Die ersten Weinhänge über Altbach verleihen der Szenerie allerdings eine schwäbisch-südländische Note.

Altbach
Der Radweg geleitet entlang der Verbin-

14
Pliensaubrücke
Pliensauturm
15
Oberesslingen
Oberhof
L 1150
380
400
Erddeponie
Baltmannberg
Balkeshau
Plochinger Ebene
Halden
Schachenbach
330
440
L 1201
Pliensau-Vorstadt
Neckar
Eisberg
350
3
Egert
260
Dammweg
Landhausstraße
3,5
Wilhelmstraße
Zell
Altbach
Mettenhaldenstraße
L 1192
Hammerschmiede
Zollberg
B 10
Schliff
Sirnau
NSG
Nothalde
4
250
320
Berkheim
Erlenhau
Erlenbrunnen
L 1204
ehemalige Körschburg
Plochingen
Nellingen
Deizisau
Klosterhof
Grundhöfe
Waldhäuschen
Landesgartenschaugelände von 1998
L 1201
Spiethhof
Talhau
Fils
L 1192
B 10
Körnizhäuser Mühle
Alteichwald
Körsch
Rot
Erlenhöfe
345
Plochinger Kopf
Denkendorf
330
Körschbachmühle
326
Rothöfe
324
Riedwald
Lailenberg
Kempflerhöfe
Birkenhöfe
Ebene
Rentebrunnen
ehemaliges Kloster
L 1200
Buchenhöfe
Nonnenhausbrunnen
320
L 1207
Wamseler
Riedhöfe
B 313
NSG Wernauer Baggerseen
NSG
Erlachsee
L 1204
A 8
Falbenbrunnen
Köngen
13
3,5
Wernau

dungsstraße durch **Altbach** ↝ kurz vor dem Rathaus die ampelgeregelte Kreuzung nach links überqueren ↝ über einige flache Treppen ↝ unter der Unterführung in den **Heinrich-Mayer-Park**.

Weiter in Richtung **Kraftwerk**, vor dem Gebäude rechts und weiter entlang des Kraftwerks ↝ das kleine Industriegebiet durchqueren ↝ auf der Brücke über den Neckararm ↝ danach scharf links in einen Schotterweg ↝ durch ein Naturschutzgebiet entlang des Neckars bis **Oberesslingen**.

Oberesslingen

Hier den Fußgängersteg zur Neckarinsel und eine große Straßenbrücke unterqueren.

Tipp: Zwischen Fluss und Radweg befindet sich nun das Neckarfreibad.

Der **Kurt-Schumacher-Straße** folgen ↝ gleich nach dem Bad links ↝ über den Hammer-Kanal, der in Esslingen die Neckarübergänge speist.

Tipp: Das Rad schieben Sie am besten über die Brücke und gelangen links um den Spitz herum wieder zum Neckar.

Nach dem Unterqueren eines Fußgängerstegs und einer großen Stadtbrücke erreichen Sie die Ortsmitte von Esslingen ↝ nun auf der Rampe zum **Pliensauturm** hoch.

Er ist als letzter von den drei ursprünglichen Türmen der gleichnamigen Brücke erhalten. Der einst so bedeutende Neckarübergang trägt heute „nur" noch Fußgänger. Die Stadt wird von kleinparzellierten Weinbergen eingefasst und lässt einiges erwarten.

Tipp: Ins Zentrum dieser besonders sehenswerten Stadt Esslingen gelangen Sie am einfachsten die Rampe hinunter und dann rechts in die Bahnhofstraße.

Am Schelztorturm vorüber zur Stadtkirche St. Dionys und zum **Marktplatz** ↝ auf dem Radweg der Inneren Brücke die „Lagunen" von Esslingen überqueren ↝ die Pliensaustraße bringt Sie wieder zurück zur Pliensaubrücke ↝ von hier führt eine Rampe auch zum nahen Bahnhof.

Tipp: Rechnen Sie in Esslingen mit einem längeren Aufenthalt, da die Stadt sehr viel an Sehenswertem zu bieten hat.

Esslingen am Neckar ≈km 193
PLZ: 73728; Vorwahl: 0711

ℹ **Stadtinformation**, Marktpl. 2, ✆ 39693969

🏛 **Stadtmuseum**, Hafenmarkt 7, ✆ 35 123 240, ÖZ: Di, Fr, Sa 14-17 Uhr, Do 10-12 Uhr und 14-19 Uhr, So 10-17 Uhr.

⛪ **Stadtkirche St. Dionys**, Marktplatz. Sie geht auf eine romanische Basilika (8./9. Jh.) zurück und erhielt ihre heutige Gestalt im 13. Jh. Besonders erwähnenswert die Glasmalereien der hochgotischen Chorfenster, die als die ältesten und vielleicht bedeutendsten im süddeutschen Raum gelten.

⛪ **Frauenkirche**, Augustinerstraße. Mit Baubeschluss von 1321 ist sie die früheste gotische Hallenkirche Südwestdeutschlands und war Vorbild für süddeutsche Reichsstädte.

Plochingen – Ottilienkapelle

Vollendung zu Beginn des 16. Jhs., sehenswert der reiche Bilderschmuck an den Portalen oder der Westturm mit filigranem Maßwerk.

* **Münster St. Paul**, Marktplatz. Die früheste deutsche Kirche des Bettelordens entstand 1233-68 und wurde von dem berühmten Albertus Magnus geweiht. Die Architektur besticht durch Einfachheit: sie kommt ohne Turm und Plastiken aus und wurde zum Vorbild für zahlreiche schwäbische Kirchen.
* **Burg**, Burgsteige hinter dem Marktplatz. Erstmals 1314 mit Hochwacht und Dickem Turm erwähnt, war die Anlage nie herrschaftlicher Sitz, sondern Teil der Stadtbefestigung. Schöner Blick auf die Stadt mit den Rebhängen des Schönenbergs.
* **Altes Rathaus**, Rathausplatz. Mit seinem Fachwerkgiebel auf der Südseite gilt es als bemerkenswertes Denkmal des reichsstädtischen Bürgertums. Ursprünglich um 1420 als Kauf- und Steuerhaus der Stadt errichtet, im späten 16. Jh. im Stil der Renaissance umgebaut (astronomische Uhr auf der Fassade). Neuere Rathausuhr und Glockenspiel von 1927.
* **Pliensaubrücke**. Die teilweise noch erhaltene Neckarbrücke mit dem Torturm (Teil der Stadtbefestigung) entstand bereits 1286 und ist damit eine der ältesten nachrömischen Brücken in Europa.
* **Fachwerk**, Hafenmarkt 4-10. Die älteste bekannte Fachwerkhäuserzeile Deutschlands stammt aus den Jahren 1328-31.

Die Pliensaubrücke, ein Werk der Stauferzeit, gilt als Schlüssel zur Geschichte von Esslingen. Alte Veduten zeigen anstelle der heutigen, im Stadtbild zur betongestützten Nebensächlichkeit verkommenen Brücke einen gut 200 Meter langen, von massigen Pfeilerköpfen und elf Bogen getragenen Steinrücken, eingespannt zwischen zwei Brückentoren. Über dem Brücken-

57

HOTEL ROSENAU

Abendrestaurant
57 Zimmer Du/WC/Tel.
Fahrradabstellraum
Gartenwirtschaft
Kabel-TV
Parkplätze
Schwimmbad
Solarium

Plochinger Str. 65, 73730 Esslingen
Tel: 0711/31 54 560, Fax: 0711/31 61 344
direkt am Neckar-Fahrradweg
www.hotel-rosenau.de
info@hotel-rosenau.de

pflaster rollte einst ein Gutteil des Verkehrs zwischen Venedig und Flandern, Nordsee und Adria. Die Brückentore waren Stationen des berüchtigten Esslinger Zolls. Die dreifach übertürmte Neckarbrücke galt als Wahrzeichen der Stadt und war mit eigener Gerichtsbarkeit ausgestattet.

Ihrer wirtschaftlichen Bedeutung entsprechend mischte die freie Reichsstadt Esslingen auch in der Politik groß mit. Im Reichskrieg Heinrichs VII. brachen die Bürger in die Stammburg Wirtembergs ein und verwüsteten die Grafengruft in Beutelsbach. 1312 kapitulierten die wirtembergischen Städte, Stuttgart musste den Esslingern zuschwören, „ewiglich untertänig" zu sein. Als Vorstreiterin des Schwäbischen Städtebundes setzte Esslingen den Kampf gegen Wirtemberg auch nach der Niederlage von Döffingen 1388 fort, war jedoch nach einer Belagerung bald gezwungen, einen kostenpflichtigen Schirmvertrag zu schließen. Die selbständige Politik der Reichsstädte endete zugunsten des fürstlichen Flächenstaates der Neuzeit.

Der Stadt blieben als „natürliche" Domäne Weinbau und Weinhandel. Mit 600 Hekta erreichte das Rebareal im späten Mittelalte seine größte Ausdehnung, jeder Bürger be saß seinen Weinberg. Die Reichsstraße übe den Neckar war jahrhundertelang auch eine Straße des Weines. 1570 gewährte Kaiser Maximilian den Esslingern eine Erhöhung des Wegegeldes für die Erhaltung der Pliensaubrücke, eine Sternstunde für die Stadt. Um 1800 lebte Esslingen noch vom Handwerk und Weinbau, drei Jahrzehnte später war es bereits die am stärksten industrialisierte Stadt des Königreichs Württemberg. Die Pioniere der Textil- und Lederbetriebe, der Metallwarenfabriken und des Maschinenbaus kamen nicht aus dem eingesessenen Gewerbe. So war auch der Lokomotivbauer Keßler ein Heilbronner. All die frühen Industriebetriebe waren auf die Wasserkraft des Flusses angewiesen. Seine Kanäle und Wehrbauten bildeten „den wahren Grundstock der Stadt". Die Anteile an der Wasserkraft wurden in der Geschäftswelt, anderswo mit der Steinkohle vergleichbar, wie *heiße Aktien behandelt.*

Die Route führt von der **Pliensaubrücke** in Esslingen wieder zum Neckar hinunter ~ bald nach der Brücke auf geschottertem Weg zum riesigen Parkplatz des Mercedes-Werks ~ hier endet der Radweg ~ ein Stuttgart-Schild zeigt landeinwärts, meint aber nur, dass Sie leicht rechts versetzt den Parkplatz durchqueren sollen.

In Flussrichtung geht es dann entlang von Gleisen durch ein Werksgelände ~ vor dem Betriebsgelände bitte keine Scheu haben, das ist die offizielle Radroute ~ ⚠ vor der Autobahnzufahrt über die Gleise ~ danach unterhalb zu einer öffentlichen Straße vor ~ hier rechts einbiegen ~ ⚠ Achtung es herrscht hier reger Werksverkehr.

Schon nach 500 Metern die Kreuzung überqueren und rechtsherum dem Radweg nach Stuttgart folgen ~ der Bahn Entlang nach Untertürkheim ~ davor noch an der Unterführung zum **Obertürkheimer Bahnhof** vorüber.

Obertürkheim

Etwa 2 Kilometer unter einer Straße durch und den Weg auf der linken Straßenseite fortsetzen ~ in **Untertürkheim** heißt es dann – einem Schild gemäß – nach links in die **Lindenschulstraße** abbiegen.

Tipp: Am Eck lädt der Gastgarten „Linde" zum Halt ein, jedoch im Schatten von Kastanien.

Am Ende der Lindenschulstraße rechts halten ~ der Querstraße durch die Unterführung ausweichen ~ drüben dann in einer Schleife vor dem Inselbad wieder hoch.

Tipp: Hier können Sie zum Automobilmuseum aufbrechen, indem Sie sich rechts halten und nach der Schleuse des Seitenkanals nach links in die Werkstraße einbiegen.

Untertürkheim ≈km 186

PLZ: 70327; Vorwahl: 0711

🏛 **Mercedes-Benz-Museum**, im Werksgelände, Zugang über Tor I, ☎ 1722578, ÖZ: Di-So 9-17 Uhr, Eintritt frei. Die mit 160 Objekten bestückte Sammlung umfasst u. a. die beiden ersten Autos, die „Daimler-Motorkutsche" und den „Benz-Patent-Motorwagen", und den ältesten noch existierenden Lastwagen der Welt.

🏛 **Weinbaumuseum Uhlbach**, 2 km nordöstl. von Obertürkheim, Uhlbacher Pl. 4, ☎ 325718, ÖZ: April-Okt., Sa 14-18 Uhr, So/Fei 10-12 Uhr und 14-18 Uhr, Eintritt frei. Geschichte des Weinbaus, komplette Küferwerkstatt, Weinpressen, Trinkgefäße und Weinbehälter aus zwei Jahrtausenden, Weinprobierstube.

🏛 **Grabkapelle der Württembergischen Könige**, ÖZ: März-Okt., Mi 10-12 Uhr, Fr-So, Fei 10-12 u. 13-17 Uhr. Wurde 1820-24 von Salucci erbaut und beherbergt die Grabmäler von Königin Katharina (1819) und König Wilhelm (1864).

Zwischen Cannstatt und den beiden Winzerdörfern Ober- und Untertürkheim wurden einige wichtige Wegmarken der technischen

Revolution abgesteckt: 1845 rollten von hier die ersten Lokomotiven nach Cannstatt, 1885 schaffte der Sohn Gottlieb Daimlers mit dem Motorrad „die kolossale Entfernung" von Cannstatt nach Untertürkheim, 1911 starteten Hirth und Heinkel mit ihrer Flugmaschine, der „Rumpler-Taube", auf dem Cannstatter Wasen. Sie alle gehören zu den zahlreichen schwäbischen Tüftlern, die, besessen von der neuen Technik, in Hinterhöfen und Verschlägen ihre Ideen realisierten.

Tipp: Die offizielle Radroute führt am linken Ufer weiter, begleitet dabei jedoch auf einem Radweg die verkehrsreiche und wenig angenehme Bundesstraße. Sie können aber auch auf der rechten Seite weiterfahren.

Nach der Unterführung rechts über den Parkplatz des Inselbades ~ nach dem direkt daneben liegenden Stadtbad links ~ direkt zwischen Neckar und Daimlerwerk auf einem schmalen Weg weiter ~ nach den Werksanlagen wird der Weg breiter und führt direkt am Neckar entlang.

Tipp: An der König-Karl-Brücke können Sie aufs andere Ufer wechseln und ins Zentrum von Stuttgart radeln.

Für die Hauptroute am linken Ufer nach Überquerung des Neckars beim **Inselbad** in Untertürkheim rechts abzweigen.

Unterwegs können Sie im Herbst einige Wochen lang auf der Cannstatter Seite das Riesenrad sehen. Seit 1818 wird hier Ende September/Anfang Oktober das traditionelle Cannstatter Volksfest gefeiert, das jährlich mit seinem Vergnügungspark und großen Bierzelten rund Fünf Millionen Besucher anlockt.

Vor dem **Mineralbad Leuze** wendet sich dann der Weg vom Ufer ab ~ dieser Weg umfährt die moderne Anlage leicht bergauf.

Tipp: An der Kreuzung, in deren Mitte ein Trinkbrunnen, gespeist aus hiesigen Mineralwasserquellen, für die allgemeine Verköstigung steht, trennen sich erneut die Wege: Für die Stadteinfahrt nach Stuttgart, das bekanntlich nicht am Neckar, sondern am Nesenbach liegt, lenken Sie Ihr Rad nach links. Für die Weiterfahrt am Neckar, zunächst Richtung Bad Cannstatt, halten Sie sich rechts und fahren über die **König-Karls-Brücke** zum rechten Uferweg hinüber.

In die City von Stuttgart   8 km

Über die Grünanlagen des Schlossgartens in die Stadtmitte ~ über den Fluss führt die König-Karls-Brücke ~ auf der anderen Seite in einer Schleife zum Uferweg hinunter.

Tipp: Nach dem Trinkbrunnen werden Sie von zahlreichen Infotafeln in die Geschichte der Stadt und der Mineralquellen eingeführt.

Bei der Straßenbahnstation Mineralbäder die Gleise überqueren ~ im Unteren Schlossgarten unter die „Lustwandelnden" mischen ~ die Wege sind nicht beschildert, am besten immer eher links halten.

Tipp: Sollte Ihnen das angesichts der vielen Abzweigungen und Brücken nicht immer gelingen, passiert auch nichts, denn verirren kann man sich in dem schmalen grünen Keil, der bis ins Stadtinnere führt, nicht. Zudem gibt es am Wegrand Übersichtspläne über die gesamten Anlagen des „**Grünen U**" mit Schlossgarten und Rosensteinpark.

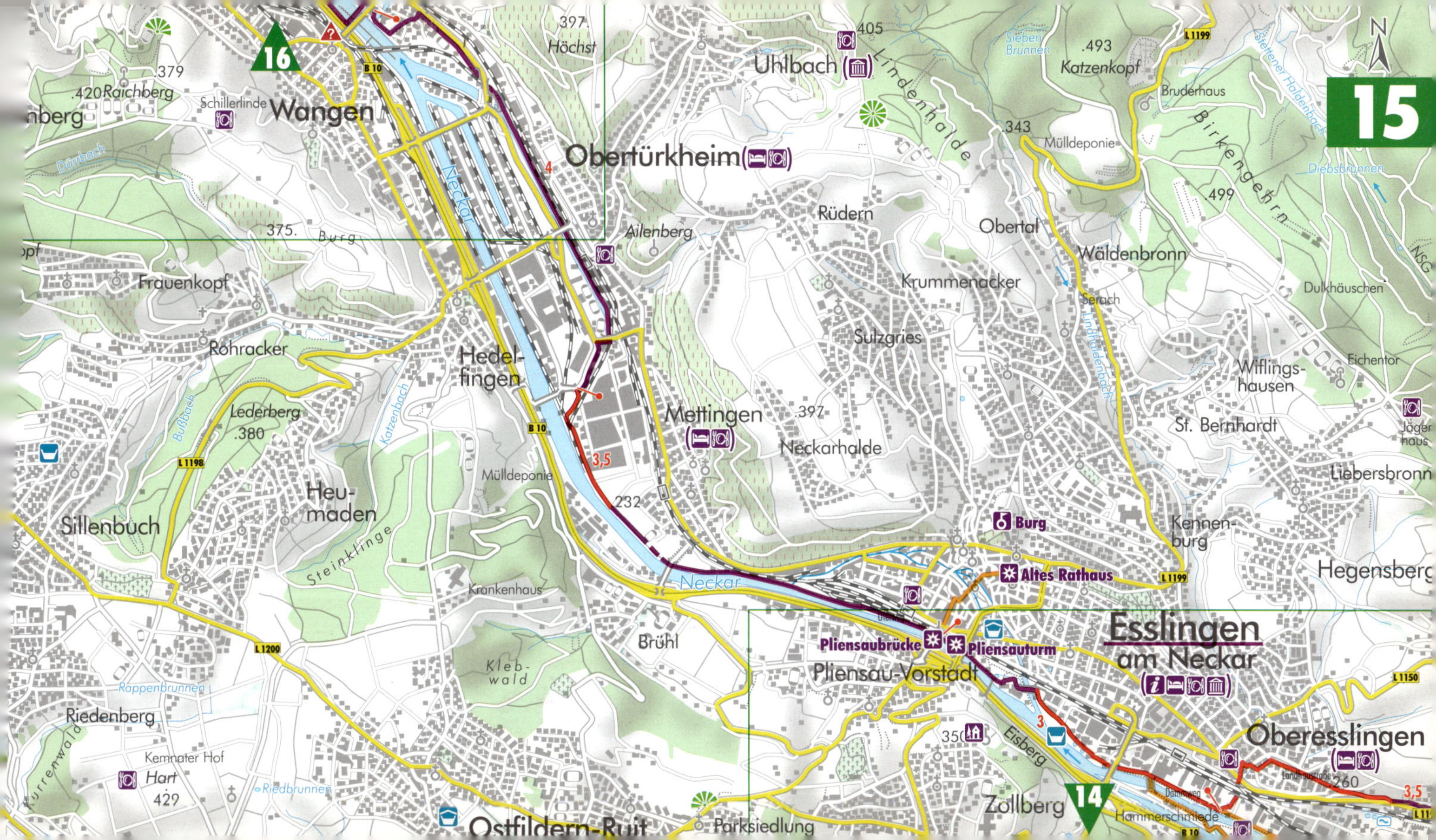
15
16
14
Wangen
Obertürkheim
Uhlbach
Hedelfingen
Mettingen
Esslingen am Neckar
Oberesslingen
Pliensau-Vorstadt
Pliensaubrücke
Pliensauturm
Altes Rathaus
Burg
Sillenbuch
Heumaden
Rohracker
Frauenkopf
Lederberg
.380
Raichberg
.420
.379
Schillerlinde
Höchst
397.
405
Lindenhalde
Katzenkopf
.493
Bruderhaus
Birkengehrn
Mülldeponie
.343
.499
Diebsbrunnen
Sieben Brunnen
Rüdern
Obertal
Wäldenbronn
Krummenacker
Sulzgries
Serach
Ailenberg
375.
Burg
Dürrbach
Neckar
Neckarhalde
.397
Wiflingshausen
Eichentor
St. Bernhardt
Dulkhäuschen
Liebersbronn
Kennenburg
Hegensberg
Mülldeponie
232
3,5
4
3
Krankenhaus
Steinklinge
Katzenbach
Bußbach
Brühl
Klebwald
Rappenbrunnen
Riedenberg
Kemnater Hof
Hart
429
Riedbrunnen
Ostfildern-Ruit
Parksiedlung
Zollberg
Eisberg
350
Hammerschmiede
Dammweg
260
B 10
L 1199
L 1198
L 1200
L 1150
Jägerhaus

Nach 1,5 Kilometern in dieser Oase zu einer Böschung hinauf ~ die **Schillerstraße** überqueren ~ danach im Park unverändert weiter.

Eine Ruine erinnert noch an den früheren Herrschaftsgarten, aber auch die Moderne meldet sich mit Skulpturen. Wer länger das bunte Treiben genießen will, der wird an einem der Teiche den richtigen Platz finden.

Tipp: Vor der Überquerung der Schillerstraße, lässt sich durch die Unterführung rechter Hand der Hauptbahnhof schnell erreichen. Gleich hinter dem Bahnhof erhebt sich der Kriegsberg, einer der besten Weinlagen Württembergs.

Im **Oberen Schlossgarten** den Weg am **Staatstheater** vorüber in die Innenstadt fortsetzen ~ vorne erhebt sich das **Neue Schloss**, heute Sitz des Finanz- und Kulturministeriums ~ am Neuen Schloss rechts zum **Kunstgebäude** (Galerie der Stadt Stuttgart, Württembergischer Kunstverein) und auf Stuttgarts schönsten Platz, den **Großen Schlossplatz**.

Tipp: Die offizielle Route führt jedoch links zwischen Landtagsgebäude und Neuem Schloss vorüber.

Schließlich den **Schlossgarten** verlassen ~ noch eine stark befahrene Straße überqueren und somit ans Ziel.

Tipp: Über den **Karlsplatz** mit dem Herrscherdenkmal kommen Sie zur **Dorotheenstraße**, die rechts zum **Schillerplatz** mit **Altem Schloss**, **Stiftskirche** und **Fruchtkasten** führt, ein ansehnliches Ensemble. Wenn Sie dann vor der Kirche nach links abbiegen, erreichen Sie durch die Fußgängerzone den **Marktplatz**.

Stuttgart

PLZ: 70173; Vorwahl: 0711

Stuttgart-Marketing GmbH, Postfach 70039, ✆ 22210

Touristik-Information, Königstr. 1A (gegenüber Hauptbahnhof).

Württembergisches Landesmuseum, Schillerpl. 6, Altes Schloss, ✆ 2793400, ÖZ: Di 10-13 Uhr, Mi-So 10-17 Uhr. Die Sammlung zeigt älteste Plastiken der Menschheit und die Grabbeigaben des Keltenfürsten von Hochdorf. Weitere bedeutende Bestände: der Talheimer Altar, Herzogliche Kunstkammer, Württembergischer Kronschatz, Kostüm-, Textil- und Uhrensammlung.

Linden-Museum, Hegelpl. 1, ✆ 20223, ÖZ: Di,Do-So 10-17 Uhr, Mi 10-20 Uhr. Eine der wichtigsten ethnologischen Sammlungen Mitteleuropas umfasst die Kulturräume aller Kontinente mit verschiedenen Schwerpunkten. Berühmt die Darstellung nordamerikanischer Büffeljäger um 1830, wechselnde Sonderausstellungen.

Staatliches Museum für Naturkunde, Schloss Rosenstein und Museum am Löwentor/Rosenstein 2, ✆ 89360, ÖZ: Di-Fr 9-17 Uhr, Sa, So/Fei 10-18 Uhr. Eines der bedeutendsten naturwissenschaftlichen Museen in Europa. Hervorzuheben in der zoologischen Abteilung: Beuteltier- und Insektensammlung, Vogelbestände mit vielen ausgestorbenen oder gefährdeten Arten. In der Paläontologie (am Löwentor): die Saurier der Trias- und Jurazeit, Fossilien aus Holzmaden oder Großsäugetiere der Eiszeit.

Staatsgalerie Stuttgart, Konrad-Adenauer-Str. 30-32, ✆ 47040250, ÖZ: Di,Mi,Fr-So 10-18 Uhr, Do 10-21 Uhr, jeden 1. Sa im Monat 10-21 Uhr. Erbaut 1984 vom englischen Architekten James Stirling. Der internationale Ruf der Galerie gründet auf den Leistungen der Schwäbischen Schule, der Sammlung französischer Gemälde des späten 19. und 20. Jhs. und der modernen Druckgraphik.

Galerie der Stadt Stuttgart, Württembergischer Kunstverein, Schlosspl. 2, ✆ 2162188, ÖZ: Di-So 11-18 Uhr, Mi 11-20 Uhr, Eintritt frei. Schwerpunkte der Sammlung: Weltweit größte Sammlung des Expressionisten Otto Dix, namhafte Werkkomplexe von Adolf Hölzel, K.R.H. Sonderborg, Dieter Roth, Dieter Krieg, Watter Stöhrer u. Joseph Konsuth.

Römisches Lapidarium, in den Kellergewölben des Neuen Schlosses (Eingang Außenseite rechter Flügel), ✆ 2793400, ÖZ: So 10-17 Uhr od. n. V. ✆ 0711/2793400. Teil des Landesmuseums, Ausstellung von steinernen Denkmälern aus der römischen Epoche Württembergs: Altäre, Göttersteine, Wegsteine, Reliefs u. v. a.

Stiftskirche, Schillerplatz. Der gotische Bau folgt einer romanischen Basilika (12./13. Jh.) und entstand in mehreren Phasen zwischen 1327 und 1531. Weitgehend erhalten das prächtige Apostoltor (15. Jh.) am südlichen Seitenschiff, im Inneren bemerkenswert die 11 Standbilder württembergischer Grafen aus der Renaissance und die Grabstätte des Gründerpaares aus dem 13. Jh.

Altes Schloss, Schillerplatz. Auf der Grundlage einer Wasserburg aus dem 13. Jh. entstanden die Haupttrakte 1553-70 im Stil der deutschen Renaissance. Beachtenswert der Schlosshof mit seinen dreigeschossigen Galerieumgängen. Nach schweren Kriegsschäden wiederhergestellt. Die Schlosskirche von 1560-62 ist eine der ältesten protestantischen Kulträume.

Neues Schloss, Schlossplatz. Wurde 1746 als repräsentative Barockresidenz für Herzog Carl Eugen von Württemberg angelegt. Nach über 60 Jahren vielfach unterbrochener Bauzeit war es 1807 fertiggestellt. Die hufeisenförmige Anlage zählt zu den letzten großen Stadtschlössern Süddeutschlands. 1746-1807 Stadtresidenz der württembergischen Herzöge und späteren Könige nach den Plänen Leopold Rettis. Heute Sitz des Finanz- und Kultusministeriums.

Schloss Rosenstein, Stuttgart-Berg. 1824-29 im Stil des Spätklassizismus errichtet, der Festsaal beherbergt den Relieffries „Die Jahreszeiten" von Konrad Weitbrecht und die biologische Ausstellung des Naturkundemuseums.

Hauptbahnhof, Arnulf-Klett-Platz. 1914-27 von Paul Bonatz im Stil der neuen Sachlichkeit erbaut, gehört der Bahnhof zu den bedeutendsten technischen Bauwerken der frühen modernen Architektur. Die neuen Baumaterialien Beton und Stahl sind mit Muschelkalk umkleidet, in der Monumentalität des Gebäudes wirkt noch die Idee des „Stadttores" nach.

Weißenhofsiedlung, Am Weißenhof (bei Messe Stuttgart). Die 1927 entstandene Siedlung (zur Ausstellung des Deutschen Werkbundes) war ein entscheidender Schritt im neuen Wohnbau. Die Architekten Le Corbusier, Josef Frank, Walter Gropius u. a. bewiesen damit, dass Architektur „funktional, rationell, helfend und doch schön sein kann". Im Zweiten Weltkrieg teilweise zerstört, in der Nachkriegszeit teilweise massiv baulich verändert, wurde das Bauensemble erst in den 80er und 90er Jahren des 20. Jhs. umfangreich instand gesetzt und saniert. Heute ist die äußere Erscheinung von 11 der ursprünglich 21 Häuser originalgetreu restauriert.

Stuttgart – Neues Schloss

Fernsehturm, Jahnstr. 120, ÖZ: tägl. ab 9 Uhr, letzte Auffahrt 22.30 Uhr. Zur Zeit seiner Errichtung im Jahr 1956 eine technische Sensation und heftigst umstritten, seitdem mit einer Höhe von 217 m zum weltweiten Vorbild geworden. Blick über die Weinberglandschaft des Neckartales, hinüber zur Schwäbischen Alb, zum Schwarzwald und gar zum Odenwald (mit Restaurants).

Das „Grüne U", Schlossgarten-Rosensteinpark-Höhenpark. Die für eine deutsche Großstadt einmalige, insgesamt 8 km lange integrierte Parklandschaft erstreckt sich U-förmig mitten in Stuttgart. Der langgestreckte Schlossgarten zwischen Neckar und Neuem Schloss wurde im unteren und mittleren Teil für die Bundesgartenschauen 1961 und 1977 und die Internationale Gartenbauausstellung IGA 1993 großzügig und abwechslungsreich umgestaltet.

Mineralbad Leuze, Am Leuzebad 2-6, ☎ 2164210. Wassertemperaturen 20°, 24°, 30° und 34°, Erlebnis- und Heilbad (Wassertretbecken).

Mineralbad Berg, Am Schwanenpl. 9, ☎ 9236516. Natürliches, kohlensäurehaltiges Heilwasser, Thermalbewegungsbad 34°.

Stella Erlebnis-Center Schwaben Quellen mit Music Hall, Spielbank, Saunalandschaft „Schwabenquellen".

MineralBad Cannstatt, Sulzerrainstr. 2, ☎ 216-9240. Mineralwasserschwimmen unter lichtdurchflutetem Paraboldach oder unter freiem Himmel. Großzügig angelegte Badelandschaft, Sauna, russisch-römisches Dampfbad, begrünte Dachterasse.

Stuttgart entstand eigentlich am Nesenbach, nicht am Neckar. Der Nesenbach schuf mit seinem spärlichen Wasser die natürlichen Grundlagen für die Stadt, indem er den Talkessel modellierte. Heute fließt er als unterirdischer Kanal und ist nur noch in den Teichen des Schlossgartens wahrzunehmen. Durch die

Stuttgart
Ostheim
Uhlandshöhe
Gablenberg
Linden-Museum
Universität
Stadt-
garten
Kultur-
d Kongresszentrum
Liederhalle
Berliner
Platz
Hegelplatz
Friedrichsplatz
K.-G.-
Kiesinger
Platz
Arnulf-
Klett-
Platz
Hauptbahnhof
Carl-Zeiss-
Planetarium
Mittlerer-
Schloss-
garten
Oberer-
Schloss-
garten
Staatstheater
Staats-
galerie
Domkirche
St. Eberhard
Kl.Schloss
Platz
Großer
Schloss-
platz
Neues
Schloss
Landtag
Akademie-
garten
Landesbibliothek
Schiller-
platz
Stifts-
kirche
Altes
Schloss
Karls-
platz
Charlotten
Platz
Rathaus
Marktplatz
Rotebühlplatz
Rotebühlbau
Tagblatt-
turm
Altes
Schauspielhaus
Leon-
hards-
platz
Sternwarte
Wagenburgtunnel
Wagenburg-
platz
Lukas-
platz
Urach-
platz
Heilbronner Str.
Cannstatter
Neckarstraße
Am Neckartor
Willy - Brandt - Str.
Schillerstr.
Kriegsbergstr.
Hegelstr.
Herdweg
Schlossstr.
Theodor - Heuss - Straße
Fritz-Elsas-Str.
Rotebühlstr.
Paulinenstr.
Königstr.
Planie
Charlottenstr.
Hauptstätter Str.
K.- Adenauer - Str.
Alexanderstr.
Gerokstr.
Gerok-
Straße
Wagenburgstr.
Bussenstraße
Schwarzenbergstr.
Ostendstr.
Talstr.
Rotenbergstr.
Planckstr.
Hauptstr.
Gablenberger
Asperger.
Birkenwaldstr.
B 27
B 14

Eingemeindung der Siedlung Berg im Jahr 1836 wuchs Stuttgart erst an den Neckar.

Der namensgebende „Stutengarten" wurde vermutlich von Luidolf, einem Sohn von Kaiser Otto I., gegründet, der das schwäbische Herzogtum um 950 kurz innehatte. Im Zeitalter der Ungarneinfälle und der heraufziehenden Ritterheere wurden die Pferde zu einem wichtigen Rüstungselement, und deshalb sollte der „Stutengarten" durch einen festen Herrensitz gesichert werden. Um 1320 wurde Stuttgart zum ständigen Wohnsitz der Grafen von Württemberg, um 1550 erfuhr die Burg eine repräsentative Umgestaltung zum fürstlichen Schloss. Das „Alte Schloss", württembergische Residenz für rund vier Jahrhunderte, bildete den Ausgangspunkt für die bauliche Entwicklung des Stuttgarter Stadtkerns.

Alexander von Humboldt zählte die Stadt zu den sieben schönsten der Welt. Sie kann auch mit einigen Überraschungen aufwarten. Wussten Sie zum Beispiel, dass keine deutsche Gemeinde außer Dürkheim in der Pfalz ein so großes Anbaugebiet für Wein besitzt wie Stuttgart? Einmal im Jahr ist die Landeshauptstadt „Deutschlands schönstes Weindorf". Ende August bis Anfang September wird dieses Ereignis mit rund 350 Weinen aus Baden-Württemberg und schwäbischen Spezialitäten feierlich begossen.

Stuttgart schrieb auch Verlagsgeschichte und ist heute nach München, Berlin und Hamburg die viertgrößte Verlagsstadt der Bundesrepublik. Zu den hiesigen Verlagshäusern zählen Brockhaus, Deutsche Bibelgesellschaft, DVA, Klett-Cotta, Reclam, Ulmer oder der Verlag Das Beste. Manche feiern bereits ihr 300-jähriges Bestehen. Die Dynastie der Cottas verlegte die Werke Schillers, Goethes und vieler anderer aus der Epoche der deutschen Klassik.

Tipp: Zur Hauptroute am Neckar kehren Sie durch den Schlossgarten zurück zur König-Karls-Brücke. Auf dem rechten Ufer geht's dann nach Bad Cannstatt weiter.

Stuttgart – Fernsehturm

Die Fahrt geht ab der **König-Karls-Brücke**, die Stuttgart und Bad Cannstatt miteinander verbindet, auf der rechten Neckarseite weiter ∼ unter der Straßen- wie auch unter der Eisenbahnbrücke durch ∼ jenseits des Flusses bildet das klassizistische **Schloss Rosenstein** eine bekannte Stuttgarter Ansicht ∼ zur Schiffsstation auf der anderen Seite führt ein überdachter Fußgängersteg ∼ nach Durchquerung der interessant gestalteten Spielwiese zum nächsten Brückenkopf ∼ hier muss man insgesamt drei Ampeln passieren, um am rechten Ufer weiterfahren zu können.

Tipp: Wollen Sie hingegen **Wilhelma** – mehr als nur ein **Zoo** – besuchen, zur Anlegestelle der **Neckar-Personenschiffahrt** und zum **zoologisch-botanischen Garten** am linken Neckarufer führt ein überdachter Fußgängersteg.

Von Stuttgart nach Freiberg 33 km

Von einer Platanenreihe begleitet, an der Cannstatter Neckarlände weiter.

Tipp: Ein Abstecher ins Zentrum von Bad Cannstatt wird bei der nächsten Brücke möglich, indem Sie nach rechts in die Marktstraße einbiegen.

Bad Cannstatt ≈km 182
PLZ: 70374; Vorwahl: 0711

- Neckar-Personen-Schifffahrt, ✆ 54997060, Anlegestelle Wilhelma. Fahrten bis Lauffen, (auf großen Schiffen ist die Mitnahme von max. 20 Rädern möglich) über Marbach, Ludwigsburg. Außerdem werden vom Neckar Käpt'n Ausflüge in das Neckartal angeboten, Saison: Anfang April-Mitte Okt.
- Stadtkirche, Marktplatz. 1471-1506 geschaffene dreischiffige Hallenkirche mit überkommenem, reich figuriertem gotischem Sterngewölbe des Chores.
- Wilhelma – Zoologisch-Botanischer Garten, Neckartalstraße-Rosensteinpark, ✆ 54020, ÖZ: tägl. ab 8.15 Uhr, ÖZ d. Hauptkasse: Mai-Aug., 8.15-18 Uhr, April, Sept., 8.15-17.30 Uhr, März, Okt., 8.15-17 Uhr, Nov.-Feb., 8.15-16 Uhr, wechselnde ÖZ in der Tierhalle, dem Aquarium, dem Amazonienhaus u. der Damaszererhalle. Kein Zoo im herkömmlichen Sinne, in einem historischen Park (um 1850) werden Pflanzen und Tiere in alter und moderner Architektur präsentiert. Über 10.000 Tiere und rund 1.000 Arten, Europas größter Magnolienhain, weltberühmte Menschenaffenhaltung.

Trotz der rund 90 Jahre alten Bindung an Stuttgart will sich Cannstatt eine eigene Identität bewahren. Anders als in der Sackgasse des Nesenbachtals ließen sich die Menschen schon früh im Cannstatter Becken nieder. Eine ununterbrochene Siedlungskontinuität ist schon seit den Kelten gegeben. Die warmen, kohlensäurehaltigen Mineralquellen, mit 22 Millionen Litern täglich das zweitgrößte Mineralwasseraufkommen in Europa, förderten eine üppige Vegetation und lockten das Großwild. So stieß man im Herbst 1816 in einer Lößgrube am Seelberg auf einen von Menschenhand zusammengetragenen Haufen von Mammutstoßzähnen.

Als politische und militärische Drehscheibe der Region behauptete sich Cannstatt unter römischer Herrschaft, denn hier kreuzten sich die Militärstraßen der Römer von Mainz, Straßburg, Rottweil und Wimpfen. Fast wäre Cannstatt auch Residenzstadt geworden, doch Stuttgart wurde bevorzugt. Fortan besaß Stuttgart die Residenz, Cannstatt, am Straßenkreuz und am Neckar gelegen, den Kommerz. Stimmen gegen die Residenz am Nesenbach gab es aber weiterhin: So plädierte der Universalgelehrte Gottfried Wilhelm von Leibniz in einer Denkschrift von 1669 für die Verlegung der Tübinger Universität und der Stuttgarter Hofhaltung nach Cannstatt, das sich ideal für eine Residenz eigne. Der Plan blieb ohne Folgen.

Dafür entstand nach der Neckarkorrektion 1829 auf dem Hügel Rosenstein das Salucci-Schloss, heute Museum für Naturkunde. Das Cannstatter Bad erlebte damals seine Glanzzeit, zusammen mit Wiesbaden oder Kissingen gehörte es zu den Nobelbädern Europas. Die einsetzende Industrialisierung schreckte dann das vornehme Kurpublikum ab.

Am Uferweg dahingleitend zum nächsten Radfahrer- und Fußgängersteg ~ ab hier verläuft auch auf der linken Flussseite ein Radweg ~ am rechten Ufer fast nur auf Radwegen den Park um den Max-Eyth-See streifen ~ erst nach 10 Kilometern, in **Aldingen**, wechselt die Neckartal-Route auf das westliche Ufer ~ nach einer Bahnbrücke vorübergehend nach rechts über die Uferstraße ausweichen, denn es gilt eine kleine Bucht zu umfahren.

Wieder zurück am Fluss, nehmen Sie zum ersten Mal Tuchfühlung mit den Weingärten am Neckar auf. Denn die Weinreben des Zuckerbergs reichen bis an den Fluss, durchsetzt ist das üppige Grün von ziegelroten Weinberghäuschen. Aber auch am Neckar regt sich Leben, Schiffe und Kähne ziehen munter durch das Wasser.

Die Uferstraße verlässt das Ufer vor dem **Ruderclub** ~ dem von Bäumen gesäumten Treppelweg anschließen.

Tipp: Ausgedehnte Liegewiesen locken zu einer Rast vor der Weiterfahrt ins schwäbische Weinland.

Nach der schmalen Spannseilbrücke ist der Uferweg für einen Kilometer gekiest ~ rechter Hand kann man auf dem großen Max-Eyth-See Bootsfahrten unternehmen ~ bei der Schleuse von Hofen endet der Park ~ danach die Straße überqueren, die über den Neckar führt ~ dann den Weg am rechten Ufer fortsetzen.

Tipp: Im Gastgarten an der Brücke können Sie die Weine verkosten, die am Neckarufer herangereift sind.

Hofen

Nach 4,5 Kilometern zur Wehrbrücke bei Aldingen ~ hier erneut zu Radschildern ~ da es diesseits nur noch beschwerlich weitergeht, hier auf die linke Flussseite wechseln ~ somit am Uferweg Ludwigsburg entgegen radeln.

Aldingen ≈km **172**

Bis zur nächsten Neckarbrücke steht ein gut befahrbarer Radweg zur Verfügung ~ dann überrascht eine luxuriöse, glasgedeckte Radfahrerbrücke, die auf das rechte Ufer nach **Neckarrems**, in einen Ortsteil von Remseck führt.

Remseck

Der Ort heißt natürlich nicht zufällig so, denn die Rems mündet hier in den Neckar.

Tipp: Die grünen Schilder der Landesradwanderwege künden bereits Ludwigsburg und Hoheneck an. Diese Wegweiser werden nun – mit gelegentlichen kleinen Lücken – bis Heidelberg Ihre Wegbegleiter sein.

Kurz vor der Schiffsanlegestelle, wo nur Ausflugsschiffe, nicht Linienschiffe der Neckar-Personen-Schiffahrt anlegen, können Sie zum alten Fährort Neckargröningen abzweigen.

Neckargröningen

Da es also mit dem Schiff kein Weiterkommen gibt, radeln Sie aus eigener Kraft auf der Dammkrone weiter ~ nach dem Spielplatz enden Dorf und Damm ~ weiter auf dem Wirtschaftsweg, der etwas abseits des Ufers die Gärten durchquert ~ schon nach einigen hundert Metern kehrt der Weg wieder zum Fluss zurück ~ die Brücke bei **Hochberg** unterhalb queren ~ danach zwingt ein Betriebsgelände zum Ausweichen auf die Straße ~ schwach befahren ~ nach dem Gelände wieder neckarwärts ab, Richtung **Freibad**.

Tipp: ⚠ Aufgepasst, dass Sie nicht die Werkseinfahrt wählen, sondern rechts von

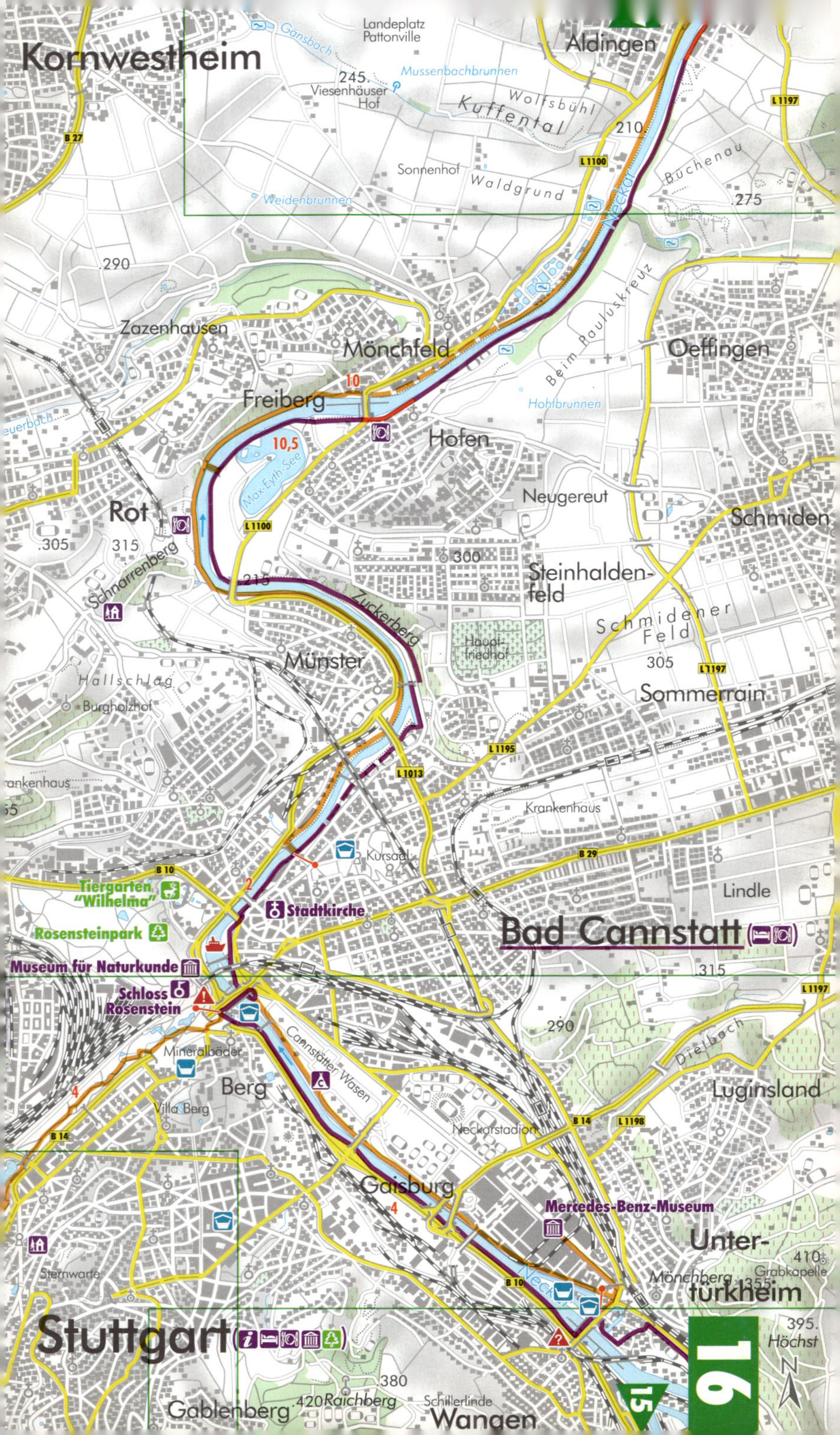

Kornwestheim
Landeplatz Pattonville
Gänsbach
245
Viesenhäuser Hof
Mussenbachbrunnen
Wolfsbühl
Kuffental
Aldingen
L 1197
210
L 1100
Sonnenhof
Waldgrund
Buchenau
275
Weidenbrunnen
Neckar
B 27
290
Zazenhausen
Mönchfeld
Oeffingen
Beim Pauluskreuz
Hohlbrunnen
10
Freiberg
10,5
Hofen
Max-Eyth-See
Neugereut
Rot
L 1100
Schmiden
305
315
300
Steinhalden-feld
Schnarrenberg
215
Zuckerberg
Schmidener Feld
Haupt-friedhof
Münster
305
L 1197
Hallschlag
Sommerrain
Burgholzhof
L 1195
L 1013
Krankenhaus
Kursaal
B 29
B 10
2
Lindle
Tiergarten "Wilhelma"
Stadtkirche
Rosensteinpark
Bad Cannstatt
Museum für Naturkunde
315
L 1197
Schloss Rosenstein
290
Mineralbäder
Cannstatter Wasen
Dieibach
4
Berg
Luginsland
Villa Berg
B 14
Neckarstadion
B 14
L 1198
Gaisburg
4
Mercedes-Benz-Museum
Unter-türkheim
Sternwarte
410
Mönchberg
355
Grabkapelle
B 10
Stuttgart
395
Höchst
380
16
15
Gablenberg
420 Raichberg
Schillerlinde
Wangen

einer Kastanienreihe im Zickzack zum Ufer zurückradeln. Dort führt ein gut gewalzter Kiesweg flussabwärts weiter.

167 Kilometer hat der Neckar noch bis zu seiner Mündung in den Rhein zurückzulegen, in großen Ziffern ist diese Information auch für die Besatzung der Schiffe ablesbar. Der Uferwald lichtet sich, und die weinbedeckte „Burghalde", eingerahmt von leuchtenden Kalkfelsen, setzt sich in Szene. Die Reise entlang der Schwäbischen Weinstraße beginnt! Der Fluss setzt zu einer seiner zahlreichen Schleifen an und wendet sich gen Westen.

Ab dem nächsten Neckarwehr auf Asphalt.

Tipp: Lassen Sie sich hier nicht von dem Wegweiser beirren, der links über die Felder nach Ludwigsburg und Marbach zeigt!

Ein Stück weiter neckarabwärts bietet sich auch eine kürzere und weniger anstrengende Möglichkeit, in die blühende Barockstadt Ludwigsburg zu gelangen. Zudem ist die Angabe von Marbach etwas irreführend, denn der Geburtsort Schillers liegt auf der rechten Neckarseite und ist bequem am Uferweg zu erreichen.

Bei der Schleuse endet der Radweg ~ auf einer öffentlichen Straße am **Freibad** und am Biergarten vorüber ~ danach wieder am Ufer weiter ~ ab der Brücke, die Neckarweihingen und Ludwigsburg verbindet und welche Sie unterqueren, gibt es erneut einen eigenen Radweg am Ufer ~ einen Park durchfahren.

Tipp: Bei der Schiffsanlegestelle von Hoheneck können Sie den Abstecher nach Ludwigsburg antreten, indem Sie vom Ufer abzweigen. Der Weg nach Ludwigsburg ist beschildert. Zu Beginn ist eine mittelstarke Steigung zu überwinden, denn die Stadt liegt nicht im Neckartal. Die Mühen der Anfahrt werden aber reich belohnt, denn vor allem Liebhaber von Schlössern und barocken Gärten kommen in Ludwigsburg auf ihre Kosten. Wenn Sie an den Spitzenleistungen des Barock weniger interessiert sind, aber natürliches Quellwasser als Reiseproviant schätzen, so folgen Sie ebenfalls kurz diesem Ausflug, denn auf der anderen Seite der Landstraße sprudelt aus einem Mineralbrunnen frisches Quellwasser für Selbst-

versorger. Die Hauptroute führt dann am Neckar nach Hoheneck weiter.

Nach Ludwigsburg   5 km

Bei der Honenecker Schiffsanlegestelle das Flussufer verlassen ~ durch den Park zur Landstraße vor ~ diese geradeaus überqueren.

Rechter Hand erstreckt sich das Heilbad von Hoheneck, und links vom Radweg birgt ein alter Bohrturm den Solbrunnen mit frei fließendem Mineralwasser.

Auf den waldbedeckten Hang zuradeln ~ nach einem kurzen steilen Stück wendet sich die Straße nach links ~ nunmehr leicht ansteigend auf die Anhöhe hinauf ~ nach dem Wald zunächst noch geradeaus zum **Schloss Favorite**, nicht dem Schild „Blühendes Barock" nach links folgen ~ an der **Bottwartalstraße** links, hier taucht abermals ein Wegweiser mit der Aufschrift „Blühendes Barock" auf.

Tipp: Geradeaus gieht's am naturgeschützten Favorite-Park und weiter zum

Marbach
am Neckar
Schiller-Museum
Römerkastell Vicus
Benningen
am Neckar
Beihingen
18
Schäringshalde
Salzmann
Lerchenbühl
6
Eichgraben
Hörnle
Makenhof
.240
.235
.250
.270
.280
K 1603
K 1672
K 1695
K 1601
K 1664
L 1127
Rotäcker
Neckarweihingen
Poppenweiler
2,5
Hoheneck
5,5
Loch
.250
Roßberg
Zipfelbach
Ludwigsburg
Oberwiesen
Neckar
Altach
.280
K 1668
Oßweil
L 1140
Oßweiler Höhe
.270
K 1666
Uhlberg
L 1100
Hochberg
4,5
Grünbühl
K 1692
Neckargröningen
Patonville
Remseck
L 1197
Golfplatz
265.
Neckarrems
L 1144
Landeplatz Pattonville
Gänsbach
Aldingen
L 1142
245.
Viesenhäuser Hof
Mussenbachbrunnen
Wolfsbühl
Kuffental
208.
10,5
.290
17
16
Sonnenhof
Waldgrund
Buchenau
Weidenbrunnen
N

Seeschloss Monrepos, das 2,5 Kilometer entfernt liegt.

Den Eingang zum Schloss Favorite hingegen finden Sie dann ein Stück weiter in Ludwigsburg ~ vor der Kreuzung der Bottwartalstraße mit der Marbacher Straße noch eine Grüninsel umfahren ~ auf der anderen Seite der **Marbacher Straße** dem Radweg nach rechts folgen ~ in einem Linksbogen zum Eingang vom Residenzschloss ~ vor der Linkskurve öffnet sich auch der **Park Favorite** zur Rechten.

Tipp: Wenn Sie hingegen weiter am Residenzschloss vorbeifahren, gelangen Sie rechter Hand zum Marktplatz im Zentrum von Ludwigsburg.

Ludwigsburg

PLZ: 71638; Vorwahl: 07141

🛈 **Ludwigsburg Information**, Wilhelmstr. 10, ✆ 9102252

🏛 **Theatermuseum im Residenzschloss**, ✆ 186440, ÖZ: Mo-So 9-17 Uhr, Eintritt frei, Führungen: n. V. Eine ständige Ausstellung zur Geschichte des württembergischen Hoftheaters in den Räumen des Residenzschlosses, in unmittelbarer Nähe des Schlosstheaters. Mit einem funktionstüchtigen Modell wird die Mechanik der Ludwigsburger Theaterbühne

Schloss Ludwigsburg – Südfront

nachgestellt.

🏛 **Städtisches Museum**, Wilhelmstr. 9/1, ✆ 9102290, ÖZ: Mi-So 10-12 Uhr und 13-17 Uhr, Eintritt frei. Ein reich bebilderter und anschaulicher Überblick über Ludwigsburg: Geschichte, Schlösser, Kunst und Künstler, Garnison, Industrie und Geistesleben.

🏛 **Strafvollzugsmuseum**, Schorndorfer Str. 38, ✆ 186265, ÖZ: Di-Fr 9-12 Uhr und 14-16 Uhr, Okt.-April, So 13-17 Uhr, Mai-Sept., So 14-18 Uhr. Ludwigsburg war die erste und lange Zeit einzige Strafanstalt des Landes. Ausstellung mit vielen „Originalexponaten" von der komplett eingerichteten Zelle bis zur funktionsfähigen Guillotine. Makabre Schau oder soziale Realität?

🏛 **Villa Franck**, Kunstverein Ludwigsburg, Franckstr. 4, ✆ 929196, ÖZ: Di-Fr 15-18 Uhr, Sa, So 11-17 Uhr. Wechselnde Ausstellungen zeitgenössischer, regionaler wie internationaler Künstler.

♿ **Residenzschloss**, Schlossstraße, ✆ 186440, ÖZ: Mitte März- Anfang Nov., Mo-So 9-12 Uhr und 13-17 Uhr. Herzog Eberhard Ludwig ließ hier 1704-33 das „Schwäbische Versailles" entstehen, heute eines der größten deutschen Barockschlösser mit 452 Räumen in 18 Gebäuden, später Residenz der württembergischen Könige. Die prachtvolle Anlage bildet mit dem großzügigen Garten „Blühendes Barock" eine Einheit von seltener Schönheit und Größe.

♿ **Jagd- und Lustschloss Favorite**, Marbacher Straße, ✆ 186440, ÖZ: Mo-So 9-12 Uhr und 13.30-17 Uhr. Umgeben von 72 ha Natur- und Wildpark, wurde der zierliche Barockbau 1718-23 vollendet. Das Innere ist im Stil des 19. Jhs. eingerichtet und dient als Kulisse für das „Nachtcafé" des Südfunks.

♿ **Seeschloss Monrepos**, ✆ 221060, 4 km nordwestlich der Stadt. Den ersten Bau errichtete 1760-64 Herzog Carl Eugen am Ufer eines kleinen Sees und in ländlicher Ruhe als Jagdpavillon. Schließlich entstand unter König Friedrich I. ein Rokoko-Meisterwerk mit imperialem Interieur. Der Park ist frei zugänglich, das Schloss selbst kann nicht besichtigt werden. Am See Bootsfahrten.

✴ **Marktplatz**. Im Mittelpunkt des an Arkaden reichen Platzes steht der Marktbrunnen mit einem Standbild des Stadtgründers Eberhard Ludwig, eingefasst von der majestätischen Stadtkirche (1718-26) und der gegenüberliegenden Kirche der Reformierten, einem nüchternen Bau von 1727-32.

✴ **Verkaufsausstellung Porzellan-Manufaktur,** Im Residenzschloss, ✆ 975040, ÖZ: Mo-Fr 9.30-12.30 Uhr und 13.30-17.30 Uhr, Sa 10-13 Uhr, Besichtigung des Ateliers: n. V.

🌳 **Gartenschau „Blühendes Barock",** im Residenzschloss, ✆ 975650, ÖZ: Mitte März-Mitte Okt. Auf 30 ha findet man Gartenkunst verschiedener Epochen und Regionen, vom barocken Lustgarten bis zum englischen Landschaftspark, vom Rosen- bis zum Apothekergarten.

🏊 **Heilbad Hoheneck,** Uferstr. 50. 3 Solebewegungsbecken mit 29-34°C, Mediterraneum und Freischwimmbecken.

Ludwigsburg liegt über dem, nicht am Neckar, so gingen die Impulse des Wachstums auch nicht vom Fluss aus. Bis zu Beginn des 18. Jahrhunderts befanden sich hier nur drei Höfe des Klosters Bebenhausen. 1704 begann der Herzog Eberhard Ludwig für seine umfangreichen Hetzjagden mit dem Bau eines Schlosses. Gleichzeitig plante er dazu eine quadratisch angelegte Stadt und warb um Ansiedler. Bald wurde seine Residenz von Stuttgart nach Ludwigsburg verlegt. Später brachte Karl Eugen eine prunkvolle, in ganz Europa verhöhnte Hofhaltung hierher, ein Großteil des Pomps wurde mit Soldatenschacher („Vermietung" von Söldnerheeren) finanziert.

König Friedrich machte Ludwigsburg dann im 19. Jahrhundert zum Hauptwaffenplatz des Landes. Die Garnison blieb das Lebenselement der Stadt, bis hin zu den Lazaretten des Zweiten Weltkriegs, die der Stadt das Schicksal der Bombardierung ersparte. Das verschont gebliebene Schloss diente bis zur Restaurierung des Stuttgarter Konkurrenzbaues der Landesregierung als Empfangsstätte.

Tipp: Nachdem Sie den barocken Genüssen ausgiebig gefrönt haben, kehren Sie auf dem selben Weg, den Sie gekommen sind, zur Neckarroute zurück.

Nach der Abzweigung nach Ludwigsburg verläuft die Neckarroute auf dem geschotterten Uferweg weiter ~ später nähert sich der Weg dem Deich und bleibt an seiner rechten Flanke.

Hinter dem Damm hält sich Hoheneck versteckt. Hier gibt es unter den zahlreichen Gasthäusern auch einen Biergarten, falls Sie im schwäbischen Weinland nach dem herben Hopfengetränk Ausschau halten.

Hoheneck ≈km 162

Um 1200 errichteten die Markgrafen von Baden bei Hoheneck eine Burg, die heute als Ruine gerade noch die Weinberge überragt. In der jüngeren Vergangenheit trat bei einer simplen Wasserbohrung in der Flussniederung eine mit Jod und Brom angereicherte Salz-

Schloss Ludwigsburg

quelle zutage. Auf dieser „gesunden" Basis entstand ein großzügig angelegtes, modernes Heilbad mit einem Erlebnisbad, das sich vielversprechend Mediterraneum nennt.

Am Ortsende zur Uferstraße hinauf und die Reise nach Marbach fortsetzen, ohne die Richtung zu ändern ~ auf einer verkehrsarmen Straße am Steilhang entlang, während der Fluss wieder eine seiner Schleifen zieht ~ kurz vor Marbach weicht der Steilhang zurück, Neckarlauf und Schiffskanal trennen sich am Kanal entlang auch an der zweiten Schleuse vorüber ~ am anderen Ufer erblickt man die Stadt Marbach ~ der kuppelbekrönte Bau

des **Schiller-Nationalmuseums** erhebt sich großartig über den hellen Kalksteinfelsen ~ noch bevor die Eisenbahnbrücke erreicht ist zum **Marbacher Steg**.

Tipp: Während die Tour am Neckar weiterhin am linken Ufer bleibt und mit den ersten Schildern des **Alb-Neckar-Weges** ausgestattet ist, können Sie über diesen Steg nach Marbach hinübergelangen. Das schmucke Fachwerkstädtchen sollten Sie sich auf keinen Fall entgehen lassen, auch wenn Sie nicht unbedingt zu den Literaturfreunden zählen! Marbach ist nicht nur der Geburtsort Schillers, sondern ein besonders hübsches Landstädtchen mit malerischen Winkeln, engen Gässchen, Treppen und Brunnen.

Nach Überquerung des Stegs drüben auch die Straße queren ~ danach geradeaus auf der **Bottwartalstraße** hinauf nach Marbach.

An der Mauer erinnert eine Tafel an das Hungerjahr 1817, als „der Neckarstrom hierauf bis an die Wand stieg".

Am Ende der Stadtmauer am **Alten Markt**

scharf nach rechts in die **Niklastorstraße** nach einem kurzen, aber kräftigen Anstieg stehen Sie vor Schillers Geburtshaus.

Tipp: Wenn Sie hier geradeaus weiterfahren landen Sie am Marbacher Wappenbrunnen, auf dem die Sagenfigur „Wilder Mann" zu sehen ist. Zur Linken hingegen erreichen Sie die **Haffnerstraße**, die zur Schillerhöhe mit dem Nationalmuseum führt.

Marbach am Neckar ≈ km 157

PLZ: 71672; Vorwahl: 07144

- **Tourist-Information**, Marktstr. 23, ✆ 1020
- **Schiller-Nationalmuseum**, Schillerhöhe 8-10, ✆ 848601, ÖZ: Mo-So 10-18 Uhr, Mi 10-20 Uhr. 1903 als Schwäbisches Dichtermuseum gegründet, heute umfassen die Sammlungen die neuere deutsche Literatur von 1750 bis zur Gegenwart. Ständige Ausstellungen zu: Wieland-Schubart, Schiller, Hölderlin, Kerner-Uhland-Mörike und zur Literatur des 20. Jhs: „Von Nietzsche bis zur Gruppe 47".
- **Schillers Geburtshaus**, Schillerstraße, ✆ 17567, ÖZ: Mo-So 9-17 Uhr. Das Fachwerkhaus, in dem Friedrich Schiller 1759 zur Welt kam, wurde historisch fundiert restauriert und zeigt Dokumente, Möbel, Erinnerungsstücke des Dichters und seiner Familie.
- **Deutsches Literaturarchiv**, Schillerhöhe 8-10, ✆ 8480, ÖZ: Mo-Fr 8.30-17.30 Uhr, Voranmeldung erbeten. Handschriftliche, audiovisuelle und gedruckte Quellen zur Person, zur familiären und gesellschaftlichen Umwelt, zur Wirkungsgeschichte deutschsprachiger Schriftsteller des 18.-20. Jhs.
- **Alexanderkirche**, Am alten Markt. Bedeutsam als Frühwerk des Alberlin Jörg und als ein selten rein erhaltenes Werk der Spätgotik, errichtet 1450-63 als Hallenkirche mit originalen Deckenfresken und Kruzifix.
- **Tobias-Mayer-Museum**, Torg. 13, ✆ 16942, ÖZ: jeden 2. und letzten So im Monat 14-17 Uhr und n. V. Geburtshaus von Tobias Mayer (1723-62), Mathematiker und Astronom, der den Fortschritt der Naturwissenschaften im 18. Jh. wesentlich beeinflusst hat.
- **Burgplatz**, erhalten sind die innere und die um 1300 hinzugefügte äußere Burgmauer mit Graben, u. a. m.
- **Gasthaus „Zum Goldenen Löwen"**, Niklastorstraße. Geburtshaus von Schillers Mutter (1732-1802), Tochter des wohlhabenden Löwenwirts und Bäckers.
- **Technisches Kulturdenkmal Ölmühle Jäger**, Obere Holderg. 2, ✆ 1020, ÖZ: jeden letzten So im Monat, 14-17 Uhr und n. V. Betriebsfähige Anlage von 1906 mit Dokumentation über Arbeitsgänge bei der Herstellung von Öl, Anbau der Ölpflanzen.
- **Fachwerkhaus Marktstr. 8**, ehemals Eigentum der Familie Kodweis, Vorfahren Schillers, heute eines der schönsten Fachwerkhäuser der Stadt.
- **Aussichtsterrasse Schillerhöhe**
- **Aussichtspunkt Galgen**, bietet einen herrlichen Blick über

---

ART Hotel — Modernes, neu eröffnetes Hotel in
71672 Marbach am Neckar, Güntterstr. 2
Tel. 07144/84 44-0, Fax 07144/84 44-13
http://www.arthotel-marbach.de
e-mail: Info@arthotel-marbach.de

Unsere Zimmer verfügen über Dusche/WC, Selbstwähltelefon mit Internetzugang, Farbfernsehgerät. Ferner stehen unseren Gästen ein Tagungsraum und zwei im Haus befindliche Restaurants zur Verfügung.

Das Hotel verfügt über eine Tiefgarage, in der die Fahrräder sicher abgestellt werden können.

die Neckarschlaufe bei Marbach.

Oberer Torturm, Marktstr. 1, ✆ 1020, ÖZ: tägl. 11-17 Uhr. Der im Kern mittelalterliche Obere Torturm wurde 1290 erstmals urkundlich erwähnt, nach dem Stadtbrand wurde er 1718 wieder aufgebaut. Heute beherbergt er eine Ausstellung zur Geschichte der Stadtbefestigung.

Fahrradverleih Nägele, Haffnerstr. 14, ✆ 6690

Der Name der Stadt, deren Altstadt seit 1983 unter Denkmalschutz steht, geht vermutlich auf einen Markbach zurück. Die Stammesgrenze zwischen Franken und Alemannen verlief etwa eine Wegstunde südlich. Die Ehre des in Marbach geborenen Klassikers Friedrich Schiller (1759-1805) wird hier sehr hoch gehalten. Schiller hat in Marbach nur die ersten vier Lebensjahre verbracht, das mag wohl auch der Grund dafür sein, dass von Marbach und von der Landschaft am Neckar in seiner Dichtung kaum etwas zum Ausdruck kommt. 1857 erwarb der Schwäbische Schillerverein das Geburtshaus des Dichters für eine Gedenkstätte.

1903 weihte man das Schiller-Nationalmuseum ein, dessen Bau auf dem Steilhang stilistisch bewusst dem Schloss Solitude nachempfunden ist und als „einzig geglückte Verbindung von Landschaft und schaffendem Geist" gerühmt wurde. Das Haus entwickelte sich zu einem „Pantheon des schwäbischen Geistes", in dem unter anderen Austellungen zu Leben und Werk von Wieland, Hölderlin, Uhland, Mörike oder Hermann Hesse zu sehen sind.

Tipp: An den Ufern der Murr finden Sie einige Kilometer von Marbach entfernt die Ortschaft Steinheim mit dem interessanten Urmensch-Museum.

Marbach – Torturm

Marbach Markt

Steinheim a. d. Murr

Urmensch-Museum, Kirchpl. 4, ✆ 2630, ÖZ: Di-So 10-12 Uhr und 14-16 Uhr, Sa, So/Fei 10-12 Uhr und 14-17 Uhr. Der „Homo steinheimensis" benannte weibliche Schädel hat ein Alter von rund 250.000 Jahren und gehört weltweit zu den wichtigsten Fossilbelegen der Menschheitsgeschichte, gefunden 1933 in den eiszeitlichen Schottermassen des Steinheimer Beckens. Überblick über Tierreste der Fundstätte: Mammutskelette, Überreste von Riesenhirsch, Wisent, Waldelefant usw.

Hinter Marbach weicht der Weg vom Fluss ab ~ durch Wiesen nach Benningen.

Tipp: Doch können Sie, wenn Sie sich auch für römische Kultur interessieren, noch vor der Eisenbahnbrücke nach links zum römischen **Kastell Vicus** abzweigen.

Andernfalls wird in gerader Richtung die Brücke unterquert. Danach gesellen sich in der Niederung hübsche Gärten zu den umliegenden, von Wein übersäten Hängen. Auf Mar-

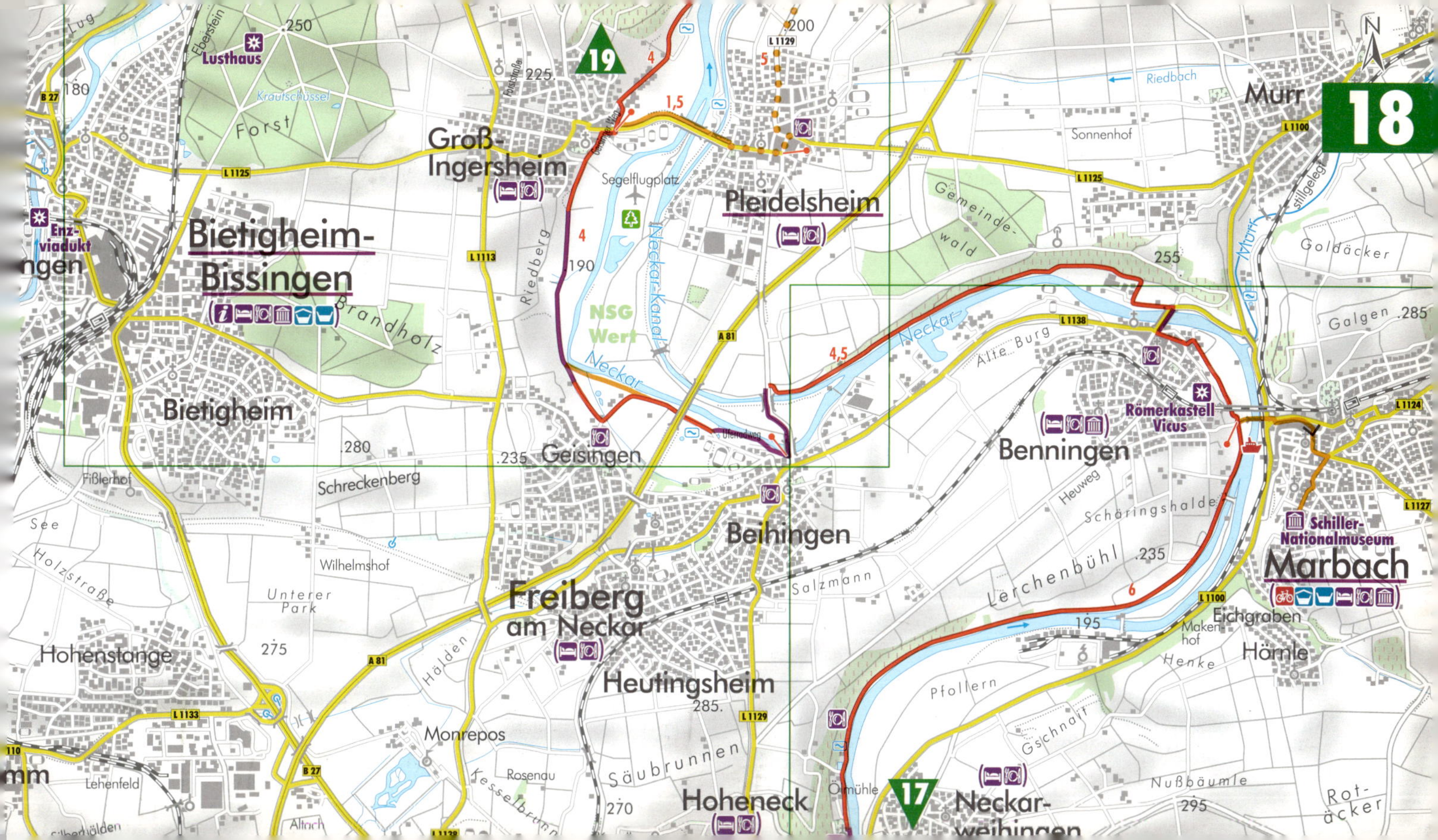
18
19
17
Lusthaus
Eberstein
Forst
Krautschüssel
Lug
Enz-viadukt
Bietigheim-Bissingen
Bietigheim
Brandholz
Groß-Ingersheim
Segelflugplatz
Pleidelsheim
Riedberg
NSG Wert
Neckar-Kanal
Neckar
Uferradweg
Geisingen
Murr
Riedbach
Sonnenhof
Gemeindewald
Goldäcker
Galgen
stillgelegt
Alte Burg
Römerkastell Vicus
Benningen
Marbach
Schiller-Nationalmuseum
Eichgraben
Makenhof
Hörnle
Henke
Heuweg
Schäringshalde
Lerchenbühl
Salzmann
Beihingen
Freiberg am Neckar
Heutingsheim
Hoheneck
Säubrunnen
Monrepos
Rosenau
Kesselbrunn
Hölden
Unterer Park
Wilhelmshof
Schreckenberg
Fißlerhof
See
Holzstraße
Hohenstange
Lehenfeld
Pfollern
Gschnait
Nußbäumle
Rotäcker
Neckarweihingen
Ölmühle
Altach
L 1125
L 1113
L 1129
L 1100
L 1138
L 1124
L 1127
L 1133
A 81
B 27
4
1,5
5
4,5
6
250
180
225
200
190
255
285
280
235
195
275
285
270
295

Ein „Wirtemberger" ohne Wein?

Die Frage stammt von Schiller, der schon als Kind die steilen Muschelkalkhänge von Benningen oder Neckarweihingen durchstreift haben soll. Wie am Oberrhein, so rankte auch in den feuchtwarmen Auwalddschungeln des Neckars und seiner Seitenflüsse die Wildrebe. Der Blaue Affenthaler, eine kleinbeerige rote Rebsorte, soll gar eine eigene Züchtung aus der wilden Neckarrebe darstellen.

Wie auch immer, nach dem Abzug der Römer begannen die Mönche den Terrassenbau zu lehren, und der Wein eroberte seit dem 10. Jahrhundert auch die steilen Bergflanken des Neckartales. Bevor im Neckarland eigene Salinen angelegt wurden, bezahlte man das Salz aus dem Bayerischen mit Wein. Mit geschätzten 45.000 Hektar erreichte die Rebfläche im heutigen Württemberg Ende des 16. Jahrhunderts ihre größte Ausdehnung.

Der Dreißigjährige Krieg dezimierte nicht nur die Bevölkerung, sondern auch die Rebkontingente, die Kette der Plünderungen riss bis zum Ende der napoleonischen Ära nicht mehr ab. Auch die Erschließung eigener Salzquellen lähmte den Weinhandel. So wurden statt der verwöhnten, pflegebedürftigen Sorten wie Traminer und Muskateller, statt der feinen Burgunderart des Clevner – der als Rarität heute noch in Heilbronn gehegt wird –, zunehmend Massenträger angepflanzt, zu denen auch die wohlmundende „Nationalsorte", der Trollinger, zählt. Erst mit dem zögernden Aufstieg der Genossenschaften, mit der Gründung der Weinbauschule und mit dem Wirken der Gesellschaft zur Verbesserung des Weines bahnte sich ein Qualitätssprung an.

Wein wird im Neckarland heute nur noch dort angebaut, wo beste Qualität zu erwarten ist. Bei den Rotweinen dominiert vor allem der Trollinger, aber auch der Schwarzriesling und der Samtrot aus der Burgunderfamilie oder der anspruchsvolle Lemberger. Unter den Weißen wären der deutsche Stammwein Riesling, der Silvaner (ursprünglich aus Siebenbürgen) und die Schweizer Züchtung Müller-Thurgau zu nennen. Die berühmtesten Weinlagen von Esslingen im oberen Teil der Schwäbischen Weinstraße bis weit unterhalb von Heilbronn sind der Käsberg von Mundelsheim, der Schalkstein von Besigheim, der Stiftsberg in Heilbronn oder der Scheuerberg von Neckarsulm.

Der feine Wein verlangt aber auch nach genussvollen Gerichten. Zum Beispiel nach einem Schneckensüpple, nach Rehbraten mit Spätzle oder Flädle mit Spargel, Briesle oder Pfannenbrätle. Und wenn schon von regionalen Besonderheiten die Rede ist, der Weingärtner heißt in Schwaben nicht Winzer, sondern Wengerter, und zur schwäbischen Weinkultur gehören auch die „Besenwirtschaften". Darunter versteht man nur während der späten Weinlese geöffnete Wohnstuben der Wengerter, in denen der „Neue" ausgeschenkt und dazu Zwiebelkuchen gereicht wird.

Der Weinbau hat die Physiognomie des Mittleren Neckars und seiner Seitentäler geprägt und ein anmutiges Netzwerk von Terrassen, Trockenmauern, Stäffele, Heckenrainen und Hohlwegen geschaffen. Von dieser auch ökologisch interessanten, von Steppenheideflora, Wildrose, Pfirsich, Quitte und mediterranen Kräutern belebten Kulturlandschaft blieb durch die Flurbereinigung nur an den jäh abfallenden Muschelkalkhängen etwas übrig.

bacher Seite fließt die Murr dem Neckar zu. Sie bringt auch die Wasser der Bottwar, deren reizvolles, mit Burgen und Reben bestücktes Tälchen vor allem im Herbst sehr anziehend wirkt.

In Benningen an der ersten Weggabelung links ~ danach halb rechts in die **Marbacher Straße** nach Freiberg ~ ab der ampelgeregelten Kreuzung auf der Hauptstraße geradewegs durch den Ort.

Benningen am Neckar ≈km 156
PLZ: 71726; Vorwahl: 07144
- Gemeindeverwaltung, ✆ 9060
- Freilichtanlage, Studionstr. 10, ✆ 9060. Der Freilichtteil zeigt Abgüsse von Inschriftensteinen der 24. Kohorte, der „Dorfbewohner an der Murr" und einer Schiffergilde.
- Museum im Adler, Ludwigsburger Str. 9, ✆ 13329, ÖZ: So 14-17 Uhr (Ferien und Feiertags geschlossen). 1986 wurde das Haus restauriert und 1989 ein volkskundliches Museum mit Themen zur Alltagsgeschichte eingerichtet.

In Benningen, gegenüber der Murrmündung entstand um 85 n. Chr. zunächst ein Holz-Erde-Kastell im Rahmen der Neckarkastellkette. Es beherbergte die teilweise berittene „24. Ko-

Beihingen – Altes Schloss

horte freiwilliger römischer Bürger", die aus zirka 500 Mann bestand. Nach Verlegung der Kohorte an den neuen Limes nach Murrhardt blieb das Kastelldorf bis zum Jahr 260 bestehen. Im Jahr 1597 schließlich ordnete Herzog Ludwig hier die erste offizielle Ausgrabung einer römischen Siedlung an, deren Ergebnisse zur Basis des Stuttgarter Lapidariums wurden. Von Benningen stammen auch die ersten Zeugnisse römischer Neckarschifffahrt: ein Inschriftenstein, gewidmet dem „Genius der Schiffergilde", und ein Altar von 227, den ein Kaufmann nach seiner Rettung aus einem Schiffsuntergang keltischen Gottheiten weihen ließ.

In Benningen nach der Neckarbrücke links ~ auf der Nordseite des Flusses unterhalb der Weinberge weiter nach Freiberg ~ nach rund 2,5 Kilometern den Schiffahrtskanal und den Altneckar überqueren ~ so erreichen Sie den Freiberger Stadtteil Beihingen.

Beihingen
In Beihingen schaffen einige hübsche Häuser und Gasthöfe Atmosphäre ~ nach der Radwegbrücke über den Alt-Neckar direkt rechts abbiegen und somit auf den Uferradweg.

Freiberg am Neckar ≈km 152
PLZ: 71691; Vorwahl: 07141
- Stadtverwaltung, Marktpl. 2, ✆ 2780

Von Freiberg nach Besigheim 15 km

Nun weiter in Flussnähe dahin ~ nach der Autobahnbrücke wendet sich der Weg landeinwärts dem Stadtteil **Geisingen** zu.

Tipp: Wer die Gerade mag, kann diesen Schlenker über einen nicht befestigten Weg abkürzen.

Am Ortsrand geht die eigentliche Route

nach rechts weg ~ hier kann man das hübsche Ortsbild genießen.

In diesem Bereich ist der Fluss abermals in Altwasser und Kanal aufgeteilt, im Auwald dazwischen lassen sich in einem Naturschutzreservat gerne Zugvögel und gefiederte Wintergäste aus dem Norden nieder (das Reservat ist vom Radweg aus jedoch nicht erreichbar). Hier und auch ein Stück weiter flussabwärts am Kirchheimer Wasen hat der vom Aussterben bedrohte Seefrosch einen seiner letzten Zufluchtsorte gefunden.

Freiberg – China-Zentrum

Der beschauliche Weg zieht sich bis Groß-Ingersheim hin ~ beim querenden **Geisinger Weg** ist Groß-Ingersheim, aber auch jene Stelle erreicht, wo Sie sich zwischen den verschiedenen Möglichkeiten für die Weiterfahrt entscheiden müssen.

Groß-Ingersheim   ≈km 150

Tipp: Direkt in Flussnähe gibt es derzeit noch keinen befahrbaren Weg. Zwei Möglichkeiten stehen hier zur Auswahl: Die Hauptroute folgt weiter geradeaus dem linksufrigen Alb-Neckar-Weg und weist einige Steigungen auf. Wer nicht so viel von Steigungen hält und dafür etwas mehr Autoverkehr verträgt, kann nach Pleidelsheim am rechten Neckarufer hinüberfahren und die Landesstraße und über Mundelsheim-Hessigheim nach Besigheim nehmen. Ein Besuch ins fränkisch geprägte Pleidelsheim kann unabhängig von der Routenwahl empfohlen werden!

Beim Geisinger Weg in Groß-Ingersheim zeigt ein Schild etwas irreführend, weil ohne Ortsangabe, nach links, die Hauptroute und die Variante über Mundelsheim zweigen hier jedoch rechts ab. Während die Hauptroute schon nach 100 Metern wieder links abzweigt, führt die Variante dann geradewegs über die Brücke nach Pleidelsheim.

Für die Hauptroute biegen Sie in Groß-Ingersheim nach rechts in den **Geisinger Weg** ein ~ bei der nächsten Ampel den Weg nach links verlassen ~ in einem Linksbogen zur **Talstraße** und hier rechts halten ~ der stille Weg wird schmaler und führt geradeaus zwischen Weinhängen und Uferwiese der nächsten Flussschleife entgegen.

Rössle
Hotel-Restaurant
Familie Rommel

Schlafen beim Maultaschenkönig!
Traditionelle Freiberger Gastlichkeit
Benninger Straße 11, 71691 Freiberg a. N.
Tel: 07141/27490, Fax 07141/270739
www.roessle-freiberg.de

Alle Zimmer mit Dusche/WC, Farbfernseher, z.T. Minibar
ab € 30,50 pro Person im Doppelzimmer, inkl. Frühstücksbuffet.

Tipp: Unterwegs können Sie sich bei einem Gutshof mit Obst und Wein versorgen.

Am Sportplatz vorüber ∽ in einer Linkskurve bergauf zum **Talhof** ∽ der erste Teil des Anstiegs führt zu einer Kreuzung ∽ hier im spitzen Winkel nach links Richtung Besigheim ∽ bei der Weggabelung dem Radschild nach rechts folgen ∽ auf einen Anliegerweg und daraufhin nach Kleiningersheim.

Kleiningersheim

Bei Kleiningersheim haben Sie dann nochmals die Möglichkeit zwischen zwei Wegen zu wählen. Auf Forstwegen entlang der geschwungenen Talkante führt diese Hauptroute über Kallenberg nach Besigheim. Für die Mühen des Aufstiegs werden Sie mit einer phantastischen Aussicht auf die Hessigheimer Neckarschlinge belohnt.

Auf dem anderen Weg bietet sich Ihnen ebenso ein weiter Ausblick nach einem steilen Anstieg und eventuell können Sie im Schreyerhof eine Rast einlegen. Dieser Weg führt dann weiter über Hessigheim nach Besigheim.

Freiberg – Figurenhain

Wenn Sie auf der Hauptroute bleiben, kommen Sie bald darauf an einem Gehöft vorüber ∽ weiter zur Vorfahrtsstraße ∽ diese überqueren und auf dem Nebenweg weiter, der kurz nach rechts ausholt und sich danach in ihrer ursprünglichen Richtung durch größere Felder fortsetzt ∽ beim Anstoßen nach rechts auf den Wald zu ∽ im Wald beim querenden Forstweg links ∽ für gut 2 Kilometer auf diesem unbefestigten Weg an der waldbedeckten Talkante entlang ∽ nach der kleinen Senke kontinuierlich, aber nur leicht bergauf.

Nach verlassen des Waldes geradeaus an der Siedlung vorüber ∽ kurz darauf links abbiegen ∽ von hier aus geht es direkt nach Besigheim.

Tipp: Wenn Sie hier geradeaus weiterfahren, können Sie die **Kreuzberger Kellergasse** sowie die senkrecht abfallenden Felswände des Wurmbergs, auf dem Weinbau betrieben wird, besichtigen. Durch die Kellergasse ist allerdings Schieben angesagt.

Hier pendelt der Fluss in ausholenden Schwüngen durch den hochgewölbten Hauptmuschelkalk des „Hessigheimer Schildes". Wie am Oberlauf hinter Rottweil verursacht er auch hier Felsstürze und bildet die beeindruckenden Felsengärten bei Hessigheim oder die „Krappenfelsen" bei Lauffen.

Besigheim ≈km 137

PLZ: 74354; Vorwahl: 07143

- Stadtverwaltung, ☏ 80780
- **Evangelische Stadtkirche**, Pfarrgasse. Die hoch über dem Neckar gelegene Kirche entstand zwischen 1383 und 1510. Der stattliche Schnitzaltar von 1520 gehört zu den besten aus der späten Gotik.
- **Rathaus**, Marktplatz. Der hochgiebelige alemannische Fachwerkbau mit dem badischen Wappen über dem Eingang

Besigheim

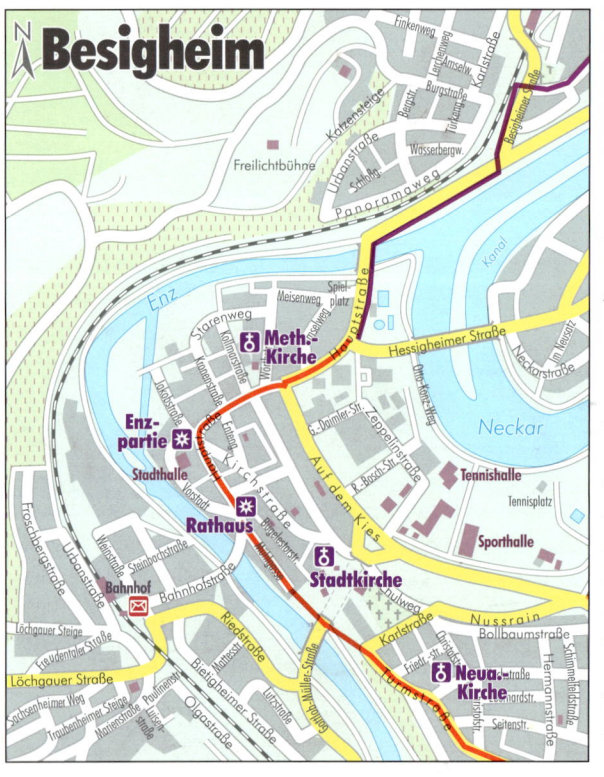

stammt aus dem Jahr 1459.

✺ **Altstadt.** Restaurierte Fachwerkhäuser mit alemannischem und fränkischem Fachwerk in der Kirchstraße und in der Pfarrgasse.

An der Enzpartie von Besigheim haben Maler immer schon gern ihre Staffelei aufgestellt. Die wuchtig gruppierte Front der Altstadt mit ihren kunterbunten Dächern, eingefasst von den beiden Rundtürmen der ehemaligen Stadtburgen, hat sich seit der Darstellung bei Merian 1643 im Wesentlichen nicht verändert. Seit 1153 im Besitz des schmalen Bergrückens zwischen Enz und Neckar, befestigten die badischen Markgrafen die Siedlung am Hang zur Sicherung des Nord-Süd-Verkehrs.

Die Enz selbst ist als Nebenfluss des Neckars bekannt, dabei soll ihre Wasserführung der

Wasserspiele Enzblume

des Neckars vor dem Kanalbau ebenbürtig gewesen sein. Als eine Flößerstraße aus dem Schwarzwald bildete die Enz für Jahrhunderte die wirtschaftliche Pulsader der Region. Im Mittelalter wurde Langholz von Pforzheim bis Mainz geflößt, später schwammen die Stämme bis nach Holland. Erst 1912 schlug die letzte Stunde der Enzflößerei.

Tipp: In Besigheim findet sich der Anschluss an den Enz-Nagold-Radweg, den Sie mit Hilfe des *bikeline*-Radtourenbuches **Enz-Nagold-Radweg** befahren können. Auf diesem Weg erreichen Sie auch das sehenswerte Bietigheim-Bissingen.

am Neckar
Römerhof
Gemmrigheim
Liebensteiner Weg
Liebensteiner Feld
Hungerberg
.300
Ottmarsheim
Lug
230
Neckar
B 27
K 1629
.280
Walheim
K 1623
Bonholz
.300
Voglesang
K 1625
.315
Linsach
L 1115
Würmberg
.280
.300
Käsberg
Mundelsheim
K 1620
Felsengarten
Schreyerhof
Mühlwiesenstraße
2,5
1
Enz-partie
Besigheim
Besigheimer Straße
180
.225
Hessigheim
Spindelberg
Salen
.270
Brachberg
Hart
290
Kallenberg
L 1129
.280
B 27
L 1618
Husarenhof
.310
Bürgle
.295
Talhof
Hirschberg
Enz
Kleiningersheim
.300
Holderweg
Pfützen
L 1113
Siegental
Lug
.295
Fürstenstand
Galgenwegle
Eberstand
Lusthaus
.230
Enz-Nagold-Radweg
Bietigheim-Bissingen
Geisinger Weg
1,5
L 1125
Großingersheim
Pleidelsheim
A 81
.250
18
NSG Wert
Brandholz
L 1129
Neckar
Neckar-Kanal
.225
K 1600
Bietigheim
B 27
19
Geisingen
L 1138
N

Bietigheim-Bissingen

PLZ: 74321; Vorwahl: 07142

- **Stadtinformation**, Am Marktplatz, ✆ 74227
- **Städtische Galerie**, Hauptstr. 62-64, ✆ 74483, ÖZ: Di, Mi, Fr 14-18 Uhr, Do 14-20 Uhr, Sa, So 11-18 Uhr. Wechselausstellungen moderner Malerei und Graphik, Sommerausstellung, Linolschnittsammlung.
- **Stadtmuseum Hornmoldhaus**, Hauptstr. 57, ✆ 74373, ÖZ: Di, Mi, Fr 14-18 Uhr, Do 14-20 Uhr, Sa, So 11-18 Uhr. Wechselausstellungen.
- **Hillerplatz**, am westl. Ende der Hauptstraße. Kunst im Stadtbild: Skulpturen von Goertz, Seemann, Hrdlicka, Macke u. a.
- **Rathaus**, Marktplatz. Hochgiebeliger Bau von 1507 mit spitz behelmtem Turmerker, überdachter Ratskanzel und einer Kunstuhr von 1608.
- **Hornmoldhaus**, Hauptstr. 57. Das ehemalige Vogthaus von 1535/36 ist ein prächtiges fränkisches Zierfachwerkhaus und besitzt innen Malereien aus der Renaissance.
- **Enzviadukt**. Als Pioniertat der Ingenieurkunst und der Eisenbahngeschichte gilt das 1853 geschaffene Brückenwerk von Karl v. Etzel (später Erbauer der Brennerautobahn). Auf 370 m Länge verteilen sich 21 Doppelbögen und erinnern an antike Aquädukte.
- **Bootsverleih** am Enzviadukt, ÖZ: März-Okt., Mo-So 10.30-20 Uhr
- **Bad am Viadukt**, ÖZ: Di, Mi, Fr 10-22 Uhr, Do 6-22 Uhr, Sa, So 8-20 Uhr. Soleaußenbecken, 52m-Rutsche, Dampfgrotte, Solarien, Sprungturm.
- **Badepark Ellental**, ÖZ: Mo-Do 9-21 Uhr, Fr 6-21 Uhr, Sa, So 8-21 Uhr. Mit Wellenbecken, 158m-Freirutsche.
- **Hallenbad Bissingen**, ÖZ: Di 6-11 Uhr, Do 14-19 Uhr, Fr 8-20 Uhr, Sa 8-18 Uhr, So 7.30-12.30 Uhr.

Am Zusammenfluss von Metter und Enz wurde um 1496 eine Steinbrücke errichtet, und um sie herum wuchs Bietigheim zu einem frequentierten Weinhandelsplatz heran. Dies bezeugen die ansehnlichen altschwäbischen Giebelhäuser, die heute noch die Hauptstraße säumen. Den agrarisch-handwerklichen Status schien die Stadt zunächst nicht zu überwinden.

Die Wende brachte um 1853 der Enzviadukt. In diesem Bauwerk sind aus heutiger Sicht Funktion, Schönheit und Anpassung an die landschaftlichen Gegebenheiten vortrefflich aufeinander abgestimmt worden. Durch den Viadukt wurde Bietigheim zum Eisenbahnknotenpunkt zwischen Pforzheim und Karlsruhe und erblühte zusammen mit dem enzaufwärts gelegenen Bissingen zur heutigen bunten Stadt mit industrieller Tradition.

Von Besigheim nach Heilbronn 25 km

Tipp: Sie können von hier aus auf beiden Ufern des Neckars nach Kirchheim radeln. Die beschriebene Hauptroute verläuft jedoch am linken Ufer.

An der ampelgeregelten Kreuzung auf Höhe der Neckarbrücke auf dem Radweg weiter nach Walheim ~ auf dem Radweg unter der Bundesstraße hindurch in den Ort.

Walheim

Mauerbewährte Weingärten und heller Muschelkalk prägen allgegenwärtig die Landschaft an der Schwäbischen Weinstraße. Jenseits des Flusses erblickt man das Weindorf Walheim, von dort stammt ein bekanntes Denkmal römischer Weinkultur: die Walheimer Traubensäule, die im Landesmuseum in Stuttgart aufbewahrt ist.

Im Ort links in die **Hauptstraße** ↝ der Rechtskurve folgen ↝ auf die Bahnunterführung zu ↝ diese durchqueren ↝ dahinter rechts auf die **Heilbronner Straße** ↝ die Bahnlinie zu Ihrer Rechten begleiten ↝ auf der rechten Straßenseite beginnt nun ein Radweg ↝ Walheim verlassen ↝ nun auf dem Radweg auf das 3 Kilometer entfernte **Kirchheim am Neckar** zu ↝ dieser Weg führt dann auf Höhe von Gemmrigheim direkt ans Neckarufer.

Sobald Gemmrigheim erreicht ist die Landstraße nach rechts über die **Alte Besigheimer Straße** verlassen ↝ ein kurzes Stück durch den alten Ortskern fahren.

Am **Bahnhof** von Kirchheim vorüber ↝ vis-à-vis ein Gasthaus ↝ in einer Linkskurve zur **Oberdorfstraße** ↝ dieser nach rechts durch Kirchheim folgen.

Kirchheim am Neckar ≈km 132

6 **Schloss Liebenstein**, bei Neckarwestheim 3 km östlich. Beim Umbau der ursprünglich staufischen Burg 1590 entstand die Schlosskapelle, die zu den besten sakralen Renaissancebauwerken des Neckarraumes zählt.

Wie fast alle Winzerdörfer des Neckarlandes war auch das ehemalige Reichsdorf Kirchheim mit Mauer und Graben, Turm und

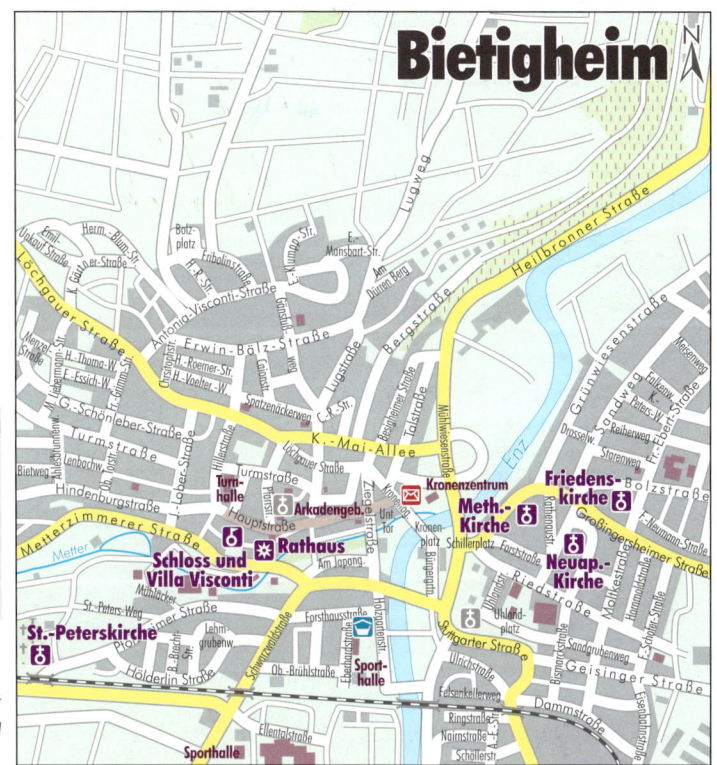

Tor versehen; allein das *Starengassentor* ist von dieser Wehrhaftigkeit übriggeblieben.

Die **Oberdorfstraße** mündet in eine weitere Straße ein ~ hier links halten ~ schon 150 Meter weiter nach rechts in die **Kleine Mühlgasse** (der Wegweiser ist hier etwas irreführend) ~ die Bahn unterqueren ~ nach links in die **Kanalstraße** ~ hinter Kirchheim folgt die Route dem Lauf des Neckars.

Vor dem kleinen Uferwald wendet sich der Weg vom Fluss ab ~ geradeaus über weite Felder ~ vorne taucht das **Atomkraftwerk Neckarwestheim** auf ~ bei der Kreuzung, nach 500 Metern, geradeaus weiter ~ links des Neckars dem Flusslauf folgen ~ auf einem geschotterten Radweg in Flussnähe nach Lauffen ~ am Bad vorüber ~ nach einem Linksknick rechts auf die Straße ~ unter der **B 27** durch ~ auf die **Otto-Konz Straße** ~ rechts ab auf der Neckarstraße erreichen Sie Hölderlins Geburtsort ~ am Ende der **Neckarstraße** rechts auf die höherrangige Straße Richtung Neckarbrücke.

Tipp: Bevor Sie dann aber, der Haupt-route folgend, noch vor der Brücke nach links in die Uferstraße abzweigen, sollten Sie noch einen kleinen Abstecher auf die andere Flussseite zur alten Inselburg mit dem Rathaus unternehmen. Nur von dort lässt sich nämlich der hinreißende Kontrast von Fluss und Fels, Inselburg und Kirchenbastei so richtig genießen. Lauffen, in einer ehemaligen Flussschlinge gelegen, wartet aber nicht nur mit schönen Neckaransichten, sondern auch mit sehenswerten Bauten in der Altstadt auf.

Die **Altstadt** erreichen Sie, indem Sie diesseits des Neckars auf der Uferstraße zur Regiswindiskirche vorfahren ~ dann nach links in die **Lange Straße** abbiegen.

Lauffen am Neckar ≈km 124

PLZ: 74348; Vorwahl: 07133

Bürgerbüro, Bahnhofstr. 54, ✆ 20770

Museum der Stadt, Klosterhof, Nordheimer Str., ✆ 1060, ÖZ: Sa,So 14-17 Uhr u. n. V. Erdgeschichte (Fossilien aus dem örtlichen Kalk), Funde der Jungsteinzeit und der La-Tène-Zeit, Werkzeuge aus dem römischen Gutshof, Dokumente aus dem Mittelalter. Hölderlinzimmer mit Zeugnissen aus dem Leben

Gästehaus Kraft
– Hotel garni –
Nordheimer Straße 50 • 74348 Lauffen am Neckar
Telefon 0 71 33/98 25-0 • Fax 0 71 33/98 25 23

33 moderne Zimmer m. Du/WC, Aufenthaltsraum, TV, Frühstücksbuffet, Fahrradgarage. www.Gaestehaus-Kraft.de

Gästehaus Schenk
Ihr Hotel mit Neckarblick

74348 Lauffen/Neckar, Rathausstrasse 2 im Städtle
Tel. (07133) 9567-0 • Fax 956730
E-Mail: gaestehaus-schenk@t-online.de
Bett&Bike-Betrieb, Fahrradgarage vorhanden.
Zimmer mit Du/WC/TV/Telefon/Frühstücksbuffet.

Besuchen Sie uns auch im Internet:
www.gaestehaus-schenk.de

Bett & Bike
Fahrradfreundliche Gastbetriebe

Horkheim
21
Nordheim
5,5
200
.175
.225
Schozach
NSG
Auenberg
Katzentalbach
Nordhausen
.226
225
Rauher Stich
Reut
Wannenberg
Zabergäu
Borten-tal
Kreuzgrund
6
Kappisgraben
Tal-
heim
235.
205
Raitern
.165
Inselburg
Burgfeld
Regiswindiskirche
Hausen
an der Zaber
.245
Zaber
.165
Lauffen
am Neckar
Neckar
Römischer
Gutshof
Zementwerk
Konsten-
feld
Krappenfelsen
Schellenmühle
.245
Ghäu
Halden-
rain
NSG
Rottland
Römische
Niederlassung
Haghof
4
240.
Hohfeld
3
.210
Bock
.240
Neckar-
westheim
Schützen-
pfadhöfe
3,5
Kanalstraße
.175
Hohenstein
.235
Berg
Mühlenbach
Lohmühle
Kernkraftwerk
.195
Bürgermühle
205.
Kirchheim
am Neckar
Wasen
Bild
Heinzenberg
Laiern
180
Liebensteiner
Weg
275.
Gemmrig-
heim
.185
Traufbrunnen
Römerhof
Schloßberg
Hofen
.245
230.
Lug
19
20
N

🏰 **Burg**, Nachtigalleninsel. Im 11. Jh. anstelle der früheren karolingischen Pfalz auf der Felseninsel als Wasserburg erbaut. Seit 1818 Rathaus, herrlicher Rundblick vom Rathausgarten aus.

🏰 **Römischer Gutshof**, Brunnenäcker, am rechten Neckarufer 2 km südlich. Zu sehen sind die Fundamente eines römischen Landgutes mit Wohn- und Wirtschaftsgebäude, Kaltwasserbad, Warmbad einschließlich Reste der Fußboden- und Wandheizung, sowie Scheuer.

✴ **Alte Neckarbrücke**. Die Brücke (1532) war mit über 220 m Länge lange Zeit Württembergs längste Neckarbrücke. Heute sind von den ursprünglich 11 Joch nur noch 6 erhalten.

✴ **Alte Kelter**, Heilbronner Str. Im Jahr 1568 als erster Flügel einer Schlossanlage gebaut, aber nicht vollendet. Bemerkenswerte Holzkonstruktion und riesige Kelterräume.

✴ **Alte Ölmühle**, an der Zaber/Nordheimer Straße. Letzte von mehreren an der Zaber stehenden Mühlen mit schönem Fachwerk (1776).

✴ **Hölderlin-Haus**, Nordheimer Str. 5. Im Jahr 1753 durch den Großvater des Dichters als Privatwohnung erworben.

✴ **Winzergenossenschaft**, Weinprobe, Im Brühl 48, ☎ 1850.

Lauffen liegt im weichgeschwungenen, von Weinreben bedeckten Bogen des letzten Neckardurchbruchs vor dem Heilbronner Becken. Der Fluss hat erst vor etwa 5.000 Jahren bei einem Hochwasser den Felsendamm, der heute zwischen Burginsel und Regiswindiskirche liegt, überwunden. Einer grünen Sichel ähnlich nimmt sich die alte Lauffener Neckarschlinge heute auf der Landkarte aus. Fränkische Gaugrafen hatten schon in karolingischer Zeit den heutigen Burgfelsen durch einen Flussdurchstich zur Insel gemacht.

Nach dem Aussterben der hiesigen Dynastien sicherte sich Wirtemberg im 14. Jahrhundert den festen Platz. 1474 ließ Graf von Württemberg in Lauffen die erste steinerne Brücke über den Neckar schlagen. Die berühmte Brücke hat der Stadt aber nicht nur Glück gebracht: vom 16. bis zum 19. Jahrhundert war die Stadt durch die Brücke häufigen Durchmärschen mit Plünderung ausgesetzt.

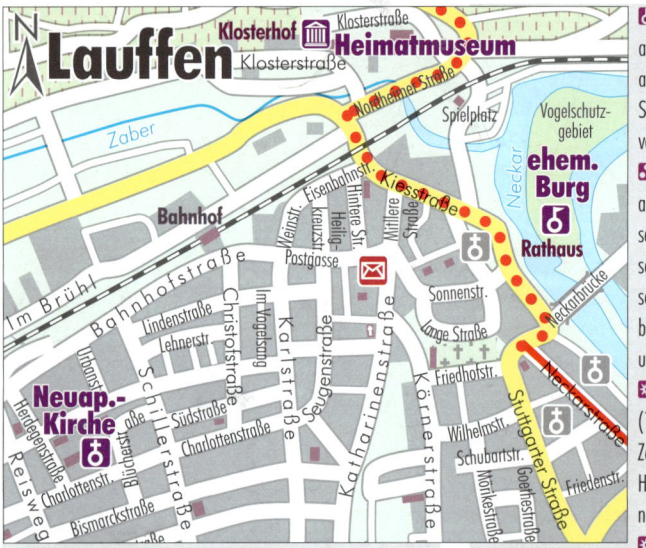

der Familie Hölderlin.

🏰 **Regiswindiskirche und -kapelle**, Kiesstraße. Ursprünglich 1227-1300 errichtet, war sie im Mittelalter Wallfahrtskirche, der Chor wurde noch im 17. Jh. als Begräbnisplatz genutzt. Die Kapelle war ein Beinhaus, deren Krypta bis 1903 Gebeine aus dem umliegenden Kirchhof enthielt. Steinsarkophag der Regiswindis, der gewaltsam getöteten Tochter des Burgherrn.

Im „Dörfle" links der Zaber, die hier dem Neckar zufließt, kam der Dichter Friedrich Hölderlin (1770–1843) zur Welt. Die Erinnerung an die Lauffener Kinderjahre schimmert auch im Gedicht „Der Wanderer" durch.

Eine neue Ära brach für Lauffen mit der Zement- und Stromgewinnung an. Grundlage dafür waren einerseits die gute Qualität des hier anstehenden Kalks und andererseits die Wasserkraft des Flusses. Bei der Internationalen Elektrotechnischen Ausstellung in Frankfurt 1891 machten 1.000 bunte Glühlampen „die dem strömenden Wasser des Neckars in Lauffen entzogene Energie am Main wieder sichtbar".

Nach dem Lauffener Steilhang tritt der Fluss in die breite Fränkische Mulde, welche den Kraichgau, Stromberg, Heuchelberg, Löwensteiner Berge und das Neckarbecken um Heilbronn vereint. Bedingt durch das tektonische Absinken der Schichten, blieb hier der weichere Keuper erhalten. Die in die Tiefe abgesackten und durch eine mächtige Deckschicht vor dem Auslaugen bewahrten Steinsalzschichten werden heute mit modernen Methoden abgebaut.

Tipp: An dieser Stelle haben Sie an manchen Tagen die Möglichkeit, bis Sontheim eine steigungsarme Alternative zu wählen, die nicht über die Weinberge links des Neckars führt, sondern rechts des Neckars auf einer alten Eisenbahntrasse. ÖZ des Zementwerkes: Mo-Fr 6-18 Uhr, Sa 6-14 Uhr.

Dazu wechseln Sie, noch in Lauffen, über die **alte Neckarbrücke** auf die andere Uferseite auf der Rathausstraße links herunter ∿ am Rathaus vorüber ∿ es taucht ein Schild auf in Richtung Zementwerk ∿ diesem folgen auf eine weitere Brücke zuradeln ∿ vorher rechts abbiegen ∿ hier ist das Schild „**Über ZEAG**", auf dem auch die Öffnungszeiten stehen. Im weiteren Verlauf ist diese Strecke ausgeschildert.

Zurück zur **Hauptroute** in Lauffen die Fahrt auf der verkehrsreichen Uferstraße fortsetzen ∿ nach der Bahnunterführung dann nach rechts in die **Nordheimer Straße** ∿ hier befindet sich das Stadtmuseum.

Von der Nordheimer Straße genau in der Kurve Richtung Klärwerk ab ∿ aber schon nach 200 Metern, noch vor der Bahn links ∿ leicht bergauf auf dem Weinberg ∿ in der zweiten kleinen Mulde, die Sie passieren, versteckt sich ein Fischteich ∿ danach schwenkt der Güterweg nach links ∿ dem Asphaltband folgen.

Nach 700 Metern rechts abbiegen ∿ bei der nächsten Gelegenheit erneut rechts ∿ der Weg wendet sich direkt am Abhang nach links, und eine sanfte Talfahrt beginnt ∿ allmählich nähert sich die Route dem nächsten Ort, Nordheim ∿ an der Vorfahrtsstraße rechts ab ∿ nach der Zufahrt zum **Freibad** wieder rechts ab in die **Mühlstraße** ∿ hier begegnet Ihnen ein Schild des Zabergäu-Weges ∿ geradeaus geht es ins Zentrum von Nordheim.

Tipp: Der Ort Nordheim besteht großteils aus verspieltem Fachwerk, aber auch schweres Barock ist zu sehen.

Nordheim ≈km 119

Stadtauswärts schwenkt die **Mühlstraße** auf

die **Bahnhofstraße** ein ~ hier rechts halten ~ vor dem Bahnhof schwenkt die verkehrsarme Straße nach links und führt dann über die Bahn ~ etwa 2 Kilometer lang verlaufen jetzt Bahn und Güterweg nebeneinander.

Über Klingenberg thront das ockerfarbene Schloss der Grafen von Neippberg. Die mittelalterliche Burg wurde von den Heilbronnern geschleift und lieferte das Material für den Götzenturm der Reichsstadt. Dem heutigen Bauwerk gegenüber hängen die zu Nagelfluh verkitteten Schotter der alten Neckarterrasse als zerklüftete Felsenformation über den Rebgassen.

Auf der Höhe von Klingenberg überspannt eine Fußgängerbrücke den Fluss ~ eine Unterführung geleitet in den Ort ~ die Hauptroute hält sich weiter an die Bahnböschung und sucht hinter den Sportplätzen die Nähe zum Fluss ~ der Radweg am Ufer steuert geradewegs das nächste große Ziel der Neckarreise an, Heilbronn ~ vor der Sontheimer Brücke den Treppelweg verlassen und zum Brückenkopf hoch fahren.

Tipp: Während die Hauptroute links des Kanals schnurgerade an Heilbronn vorbeizieht, beginnt an dieser Stelle der Abstecher in die Stadt mit dem schönsten Renaissance-Rathaus des Landes.

Dazu ist es notwendig, den Neckar zu überqueren. Dies könnte aber auch für jene von Interesse sein, die einfach nur Abkühlung im Freibad suchen oder bis Gundelsheim auf das Schiff umsatteln wollen. An die Hauptroute können Sie nach einem Bad schon bei der nächsten Brücke wieder anschließen bzw. aus der Stadt kommend bei der Eisenbahnbrücke.

Ins Zentrum von Heilbronn   4 km

Die Stadteinfahrt nach Heilbronn gestaltet sich relativ einfach: Von der **Sontheimer Brücke** in einer Schleife hinunter ~ dem Uferweg rechts des Flusses folgen ~ am Wertwiesenpark und danach am **Freibad** vorüber.

Tipp: Wem die Badefreuden genügen, findet gegenüber dem Bad linker Hand den Weg zur Schleuse und kann so rasch zur Hauptroute zurückkehren und am Kanal weiter Richtung Neckarsulm fahren.

Weiter ins Zentrum auf dem Radweg somit entlang des Alten Neckars durch eine schattige Platanenreihe in Stadtnähe ~ bei der zweiten Brücke beim eckigen Götzenturm zeigen Schilder nach rechts zur Stadtmitte.

Tipp: Vor dem Götzenturm legen auch die Schiffe nach Gundelsheim an. Nach vorheriger Anmeldung können Sie auf diese Weise die Reise per Schiff fortsetzen.

Mit dem Fahrrad aber den Turm rechtsherum umfahren ~ dann in die **Allerheiligenstraße** einbiegen ~ bei der **Fleinerstraße** kurzerhand die Fußgängerzone erreichen ~ dort links und somit zur Kilianskirche ~ weiter dahinter zum **Marktplatz** mit dem Rathaus.

Heilbronn   ≈km 113
PLZ: 74072; Vorwahl: 07131

Tourist Information, Heilbronn Marketing GmbH, Kaiserstr. 17, ✆ 562270

Neckarschifffahrt Stumpf, Anlegestelle und Fahrkartenhaus: Friedrich-Ebert-Brücke, ✆ 85430. Linienfahrten täglich über Bad Wimpfen nach Gundelsheim, Fahrradtransport zum halben

Map 21

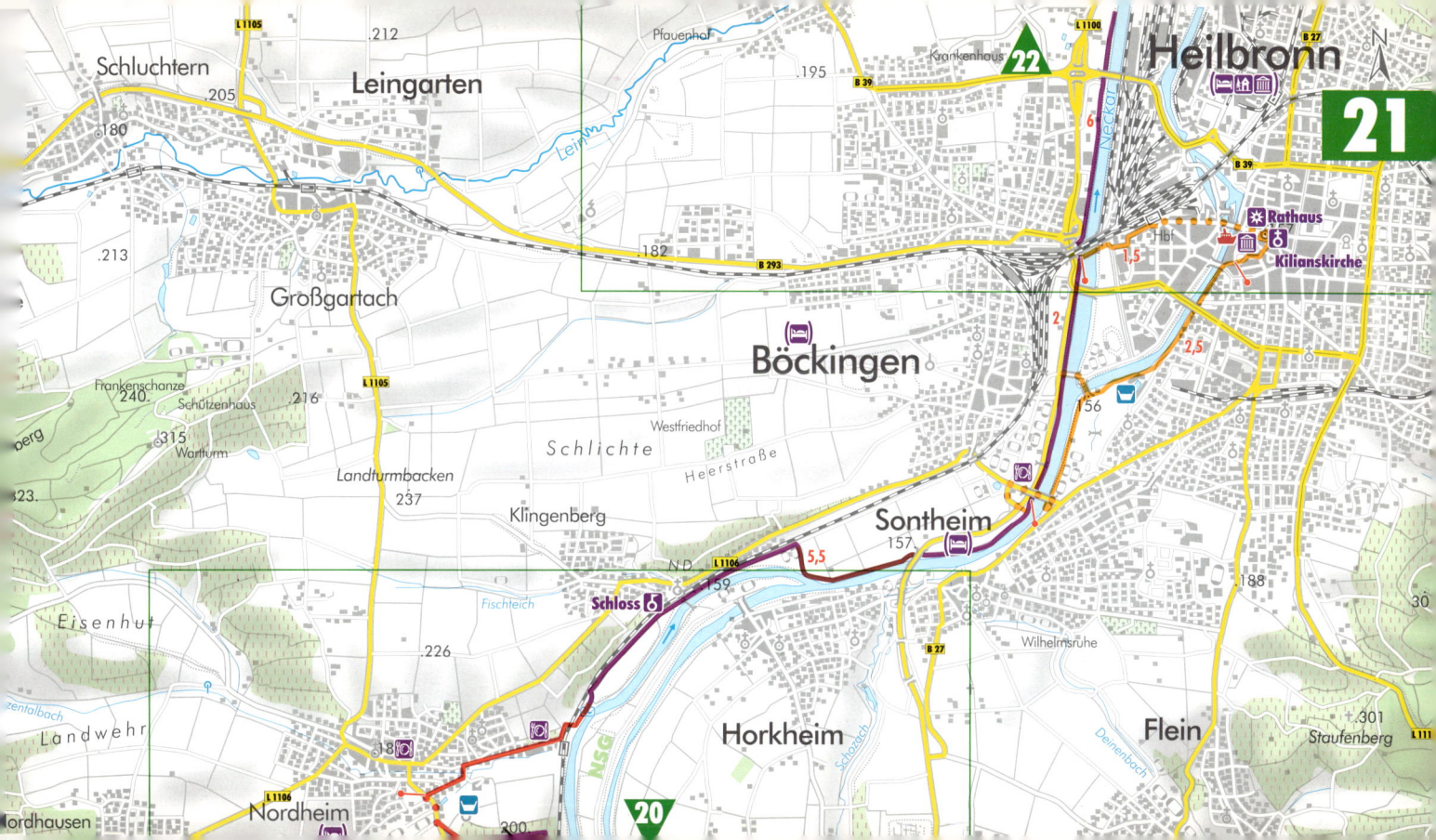

Heilbronn
Rathaus
Kilianskirche

Schluchtern
Leingarten
Pfauenhof
Krankenhaus
22

Großgartach
Frankenschanze
Schützenhaus
Warturm

Böckingen
Westfriedhof
Schlichte
Heerstraße
Landturmbacken
Klingenberg

Sontheim
Fischteich
Schloss
Wilhelmsruhe

Horkheim
Flein
Staufenberg
Eisenhut
Landwehr
zentalbach

Nordheim
Nordhausen
20

L 1105 · L 1100 · B 39 · B 293 · L 1105 · L 1106 · B 27 · L 111
Neckar · Leinbach · Deinenbach · Schlossbach

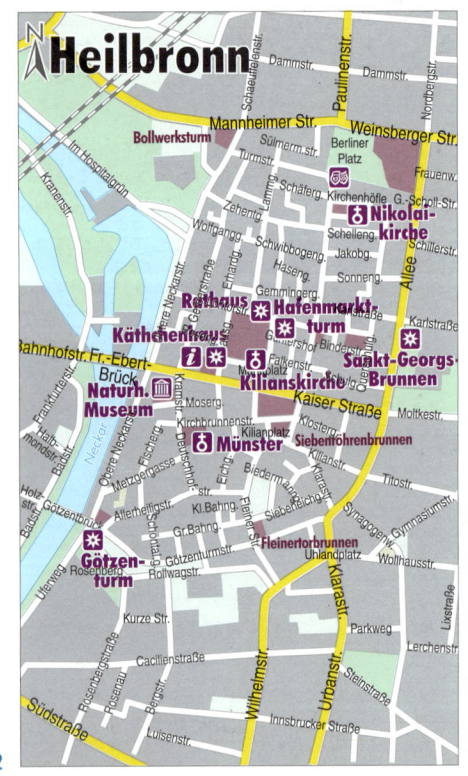

Fahrpreis nur bei vorheriger Anmeldung, auch für größere Gruppen möglich.

Naturhistorisches Museum, Kramstr. 1, ✆ 562302, ÖZ: Di-So 10-13 u. 14-17 Uhr. Im ehemaligen Fleischhaus (1598) untergebracht, zeigt die Sammlung vorwiegend Funde aus dem Heilbronner Raum von der Alt- und Mittelsteinzeit bis zur fränkisch-alemannischen Kultur (600-700 n. Chr.). Außerdem Mineralien- und Erzesammlung sowie wertvolle Fossilien und Gesteine.

Städtische Galerie, Deutschhofstr. 6, ✆ 563144, ÖZ: Di-So 10-13 u. 14-17 Uhr. Kunstwerke aus der Zeit von 1750 bis heute, sehenswert die international angelegte „Bozzetti"-Sammlung (Entwürfe für Großplastik).

Städtisches Museum für Stadt- und Industriegeschichte des 19. und 20. Jahrhunderts, Deutschhofstr. 6, ✆ 563144, ÖZ: 10-13 u. 14-17 Uhr. Zeugnisse der Vergangenheit aus Technik, Wirtschaft und Gesellschaft.

Stadtarchiv, Eichg. 1, ✆ 562290, ÖZ: Di 10-19 Uhr, Mi,Do 10-17 Uhr, Fr 9.30-12.30 Uhr, Sa 10-16 Uhr, So 12-17 Uhr. Wechselnde Ausstellungen zur Heilbronner Geschichte.

Museum für Weinbau und Neckarschifffahrt, Frankfurter Str. 75, ✆ 562967, ÖZ: Mi-Fr 10-12 u. 14-17 Uhr, Sa,So 14-17 Uhr. Die Schau zeigt Arbeiten im Weinberg, Alltag und Lebensweise der Weingärtner, historische Entwicklung des Weinbaus und Geschichte der Neckarschifffahrt von der Römerzeit bis heute.

Heilbronn – Kulturzentrum Deutschhof

Kilianskirche, Marktplatz. Die gotische Kirche wurde im 13.-16. Jh. errichtet, benannt nach dem Missionar und Begründer des Bistums Würzburg. Ihr Westturm (Kiliansturm), Wahrzeichen der Stadt, war das erste bedeutende Bauwerk der Renaissance in Deutschland (1513-29). Im Inneren zu sehen der mächtige geschnitzte Hochaltar von Hans Seyffer (1498), der zu den wichtigsten Leistungen schwäbischer Plastik gehört.

Rathaus, Marktplatz. Der ursprünglich gotische Bau (1417) erhielt 1579-82 Renaissanceformen und zählt heute zu den schönsten Rathausbauten Deutschlands. Neben der eindrucksvollen Freitreppe ist der farbige Uhrengiebel mit der Kunstuhr des Straßburgers J. Habrechts (1579/80) besonders hervorzuheben.

✳ **Siebenröhrenbrunnen**, Kiliansplatz. Ursprünglich alemannisches Wasserheiligtum, Heiligbrunna wird als Namensgeber der Stadt vermutet.

✳ **Deutschordenshaus**, Eichg. 1. An Stelle einer kaiserlichen Pfalz im 13. Jh. errichtet, aber nur noch die Barockfassade W. H. Beringers (1711) überkommen.

✳ **Käthchenhaus**, Marktplatz. Ein Bürgerhaus der Reichsstadtzeit mit dem berühmten Renaissanceerker, benannt nach Kleists „Käthchen von Heilbronn".

✳ **Götzenturm**, Götzenturmbrücke, Schlüssel für die Besichtigung bei der Tourist Information. Neben dem Bollwerksturm der letzte erhaltene Zeuge der staufischen Stadtbefestigung, benannt nach Götz von Berlichingen, der dort eine Nacht im Bollwerksturm in Haft war.

✳ **Hafenmarktturm**, Sülmerstr., Schlüssel für die Besichtigung bei der Tourist Information. Er stellt den Rest des ehemaligen Barfüßer- oder Franziskanerklosters dar.

Durch die Stadtgeschichte Heilbronns fließt der „heilige Brunnen". 1958 wurde die vermutlich schon in vorchristlicher Zeit verehrte Quelle mitten im Chor der Kilianskirche wiederentdeckt. Sie speist jetzt am Südchor einen Trog. 1281 erscheint Heilbronn als staufisch-königliche Stadt. Mit dem Erwerb des Schultheißenamtes und der Vogtei gewann die Bürgerschaft die Reichsfreiheit. Im Jahr 1333, nachdem der Neckar wieder einmal sein Hauptflussbett veränderte und erneut Grenzhader zwischen dem Deutschen Orden und der Stadt drohte, gab der „Städtefreund" Ludwig der Baier den Heilbronnern das Privileg, „daß die burger den Neckher sollen wenden und keren, wohin sie dunket, daß es der Stete allernutzlich sey" (Carlheinz Gräter).

Mit diesem Wasserprivileg begann der Aufstieg der Handelsmetropole am Neckar. Die vereinten Flussarme wurden nun durch Wehre aufgestaut, eine Mühlengasse als mittelalterliches Industrierevier entstand. Die Wehre stauten nicht nur das Wasser für die Stadtgräben und Mühlen, sie verriegelten den Fluss vor allem auch für die Schiffe, und dies sicherte Heilbronn das lukrative Umschlagsmonopol. Zu spüren bekam dies am ehesten Wirtemberg. Bis zum Ende seiner Freiheiten im Jahr 1802 pochte der städtische Rat auf den kaiserlichen Freibrief und wahrte sein „Hoheitsrecht über den Neckar" auf Kosten des mächtigeren Nachbarn.

Trotz der kompromisslosen Nutzbarmachung des Neckars blieb den Menschen hier auch eine gewisse Scheu vor dem launischen Wasser, wie dies die langanhaltende Tradition der rituellen Opfergabe und des Besänftigungsgebets an den Fluss bezeugen. Das drei Meter hohe Wehr vor der Heilbronner Stadtmauer wurde erst in unserem Jahrhundert beseitigt.

Nach dem Verlust des Pfründenprivilegs resignierte die Stadt nicht und entwickelte sich zur treibenden Kraft bei der Modernisierung der Neckarschifffahrt. 1841 legte das erste franzö-

Heilbronn – Kilianskirche und Rathaus

sische Dampfboot unter großem Jubel am Wilhelmskanal an. Nach Ende der Dampfschifffahrt sicherte die Einführung der Kettenschleppboote für Handel und Industrie den Wasseranschluss an den Rhein. Kurz vor Ende des Zweiten Weltkrieges ging die Stadt bei einem Luftangriff binnen einer halben Stunde in einem Flammeninferno unter. Ein Bild von der zerstörten Kilianskirche ging damals als Mahnmal gegen den Krieg um die Welt.

Tipp: Vom Heilbronner Marktplatz finden Sie über die **Kaiserstraße** schnell wieder zum **Alten Neckar** zurück. Dort locken Radschilder nach rechts, Richtung Neckarsulm, diese Variante führt allerdings ziemlich ungemütlich an der Stadtautobahn entlang.

Deshalb fahren Sie besser über die Brücke und geradeaus auf der **Bahnhofstraße** Richtung Böckingen nach dem Bahnhof

Astronomische Uhr am Rathaus

verschwindet der Großteil des Autoverkehrs nach links, Sie aber folgen weiter der Bahnhofstraße.

Nach dem Busbahnhof linksherum einem Gebäude ausweichen noch vor der größeren **Theresienstraße** auf eine Radrampe, die rechtsherum zur Eisenbahnbrücke hinaufführt auf diese Weise ans linke Kanalufer entlang dieses Kanals führt ein Uferweg geradewegs nach Neckarsulm.

Ab der Sontheimer Brücke verläuft die Hauptroute auf dem rot gehaltenen Radweg am linken Neckarufer bzw. am linken Ufer des Neckarkanals an Heilbronn vorüber.

Tipp: Wo sich Alter Neckar und Kanal trennen, können Spätentschlossene noch über die Böckinger Brücke und die Schleuse zum Bad abzweigen.

Die Hauptroute verläuft danach – ohne Beschilderung – geradeaus weiter bei de nächsten Brücke an der Ampel geradeaus.

Tipp: Bei dem großen Verkehrsknotenpunkt, hier kreuzen einige Straßen und Bahnlinien, kehrt auch die Route vom Zentrum Heilbronn an dieser Stelle wieder zur Neckarroute zurück.

Von Heilbronn nach Mannheim

118 km

Hinter Heilbronn weichen die letzten Weinhänge dem kühlen Hauch des Odenwaldes, und anstatt sanft gerundeter Hügel begleiten schroffe Sandsteinfelsen den Fluss. Schließlich weichen die Wälder zurück, und der Neckar ergießt sich befreit in die rheinische Ebene. Im reichsten Teil der Deutschen Burgenstraße bewachen einander Festungswunder wie Schloss Horneck, Burg Hornberg oder die Burg Zwingenberg. Außergewöhnliche Städte mit märchenhaften Ansichten beleben die Lust am Reisen aufs neue: Bad Wimpfen mit der ehemaligen Kaiserpfalz, das anmutige Nebeneinander von Städtchen und Burg in Hirschhorn und – unvergesslich – die Universitätsstadt Heidelberg.

Dieser letzte Abschnitt ist völlig steigungsfrei, dafür werden Sie in der Talenge manchmal mit mehr Verkehr konfrontiert.

Von Heilbronn nach Neckarzimmern 27 km

Heilbronn am linken Kanalufer Richtung Norden verlassen ~ von einer Lindenallee begleitet ~ die Brücke bei **Neckargartach** unterqueren ~ die Route geht unverändert am Uferweg dahin ~ die verkehrsreiche Uferstraße wendet sich vom Fluss ab ~ hier einfach dem bequemen Treppelweg entlang des Neckars folgen ~ nach der Autobahn gegenüber von Neckarsulm mit der Wehrbrücke den Fluss überqueren ~ der Neckar wurde auch hier in zwei Flussläufe aufgeteilt ~ bevor noch die zweite Brücke über den Kanal erreicht ist, biegt die Hauptroute nach links auf den schmalen Inselstreifen ab.

Tipp: Bevor Sie jedoch die Fahrt weiter nach Norden fortsetzen, empfiehlt es sich – gerade als Radfahrer – in **Neckarsulm** vorbeizuschauen. Denn dort rechnet das **Deutsche Zweiradmuseum** mit Ihrem besonderen Interesse, die Schau lässt unter anderem mit dem Laufrad des Freiherrn von Drais ein bedeutendes Stück der Verkehrsgeschichte Revue passieren.

Dazu überqueren Sie nach dem Neckar auch den Kanal ~ danach dem Radweg bis zur ersten Kreuzung folgen ~ hier rechts abzweigen ~ unter der Bahn durch ~ gleich darauf links in die **Urbanstraße** zum Zweiradmuseum ~ auf der **Neckarstraße** bleiben ~ so kommen Sie zur **Marktstraße** und linker Hand zur imposanten Kirche sowie zum Rathaus.

Neckarsulm ≈km 107
PLZ: 74172; Vorwahl: 07132

- **Haupt- und Personalamt**, Marktstr. 18, ✆ 350
- **Deutsches Zweiradmuseum und NSU-Museum**, Urbanstr. 11, ✆ 35271, ÖZ: Di-So 9-17 Uhr, Do 9-19 Uhr. Die Sammlung zeigt die Entwicklung des Fahrrades von den Anfängen (Laufrad des Freiherrn von Drais, 1817) über die französischen Michaux-Räder und die Hochräder bis zum Sicherheitsniedrigrad, von dem praktisch das heutige Fahrrad abgeleitet wird. Bei den Motorrädern ist alles, was Rang und Namen hatte und hat, vertreten, mit Schwerpunkt auf der Marke NSU, einst größter Motorradproduzent der Welt.
- **Stadtpfarrkirche St. Dionys**. Im Inneren ein stattlicher, barocker Saal von 1706-10, das Äußere trägt vornehme Pilastergliederungen und hohe Fassadenarchitektur.
- **Ehem. Deutschordensschloss**. Das Hauptgebäude ist ein Steinhaus aus der Spätgotik mit Erker und Staffelgiebel. Der Unterbau des mächtigen Turmes daneben stammt aus dem 14 Jh., die Schlosskapelle um 1487.

Vom traditionsreichen Weinbau – Mitte des 19. Jahrhunderts wurde hier die älteste, noch bestehende Weingärtnergenossenschaft gegründet – stieg Neckarsulm Zug um Zug auf den industriellen Maschinenbau um. Begonnen hat es 1872, als eine Werft eröffnet wurde, die für den Bodensee das erste große eiserne Dampfschiff baute. Auch die als „Neckaresel" bekannten flachen Kettenschleppboote stammten von hier.

Der Schiffsbau wurde bald vom NSU-Werk überflügelt, das um 1900 das erste deutsche Motorrad und 1906 das erste NSU-Automobil auf den Markt brachte. Drei Jahre später stellte eine NSU Spezial mit 7,5 PS und 124 km/h den Geschwindigkeitsweltrekord auf. Die 1969 vollzogene „Zwangsehe" mit der Auto Union, einer Tochter des VW-Konzerns, beendete die eigenständige Firmengeschichte.

Für die Weiterfahrt ab Neckarsulm zwischen Flusslauf und Kanal 3 Kilometer geradeaus

Bad Wimpfen
Kaiserpfalz
Wimpfen am Berg
Wimpfen im Tal
Saline Ludwigshall
Saline Friedrichshall
23
Mittelberg
.213
Höhenhöfe
238
Wannenhöfe
Kocher
Kochendorf
.181
L 1088
L 1107
L 1100
.143
4
Schacht König-Wilhelm I
Schau-Salzbergwerk
Neckar-Kanal
Neckar
178.
Vorderer Schleckenbrunnen
Biberacher Feld
Dornet
.226
192.
Unter-
eisesheim
Frankenhalle
.148
3
B 27
150.
.214
185.
Ober-
Biberach
Deutsches Zweiradmuseum
Sulm
L 1101
190.
A 6
Böllinger Bach
Altböllinger Hof
Neckarsulm
Neckarau
.195
.208
Neubölliger Hof
193.
152
.167
.215
L 1100
Stiftsberg
Neckargartach
B 39
Frankenbach
Lein
B 27
Widmannstal
Rotbach
6
Pfauenhof
Bad
Krankenhaus
.195
.164
Böckingen
.200
Heilbronn
B 39
Rathaus
22
Hbf
1,5
21
.182
B 293
2
2,5

parallel zu einer Rohrleitung ~ abwechselnd am Damm oder links von ihm fahren ~ zur Linken taucht schließlich eine Rad- und Fußgängerbrücke auf, auf der die Route den Neckar überquert.

Tipp: Wenn Sie aber gerne ein **Salzbergwerk** besichtigen und **Saurier in Lebensgröße** erleben möchten, zahlt sich ein kurzer Abstecher nach Kochendorf aus.

Zum Schausalzbergwerk

Auf der Insel noch ein Stückchen geradeaus ~ an Stelle des Neckars seinen Kanal rechts überqueren ~ danach vor der Bahnunterführung links zum **Schausalzbergwerk**.

Tipp: Wenn Sie hingegen unter der Bahn durchfahren, gelangen Sie nach einem Kilometer nach Kochendorf, einem Ortsteil von Bad Friedrichshall.

Bad Friedrichshall-Kochendorf ≈km 104

PLZ: 74177; Vorwahl: 07136

🛈 Verkehrsamt, Rathauspl. 2, ✆ 832-92

✱ Besucherbergwerk Bad Friedrichshall, ✆ 07131/959283, Einfahrtzeit: Mai-Okt., Sa, So/Fei 9.30-15.45 Uhr und Mi

14-15.45 Uhr. Seit 1899 steht der Schacht König Wilhelm II. im Steinsalzbergwerk in Förderung. Die Einfahrt führt in 180 m Tiefe mit den Stationen Geologie, Saurier in Lebensgröße, Tonbildschau, Technik, Kristallsammelstelle und Salzkristallsaal.

Aus reinem Zufall kam man auf die Spur des hiesigen Salzschatzes. In einer Neckarsulmer Gipsladung entdeckte man ein Mineralienstück, das nach Salz schmeckte. Im Herbst 1815 kam die hochgrädige Sole zutage, im selben Jahr wurde das erste Steinsalzlager Mitteleuropas erschlossen. 1899 wurde der Schacht König Wilhelm II. abgeteuft, aus dem heute noch Salz gefördert wird und dessen eiserner Schachtturm die Neckarfront bei Kochendorf beherrscht.

In 160 Meter Tiefe blieben zwischen den abgebauten Kammern mächtige Salzpfeiler stehen, die das Deckgebirge tragen. Während des letzten Krieges bargen die Stollenlabyrinthe

GASTHOF
Schöne Aussicht
Deutschordenstr. 2
74177 Bad Friedrichshall
Tel. 07136/95 32-0, Fax -29
www.schoene-aussicht-jagstfeld.de
info@schoene-aussicht-jagstfeld.de

von Heilbronn und Kochendorf die Reichskleinodien und den Isenheimer Altar, die Straßburger Münsterfenster und Shakespeares Totenmaske. Im Durcheinander der Kämpfe um den Neckarübergang entgingen diese Schätze nur knapp der Überflutung.

Die Flusszwillinge Kocher und Jagst erreichen nach ihrem Streifzug durchs Hohenloher Land fast gemeinsam den Neckar. Der Unterlauf der Jagst ist berühmtes „Götzen-Land". In Jagsthausen, Schauplatz sommerlicher Freilichtspiele, wurde der Ritter geboren; in Berlichingen steht das steinerne Hochhaus der Familie, in Möckmühl fiel Götz in die Hände des Schwäbischen Bundes; im Kreuzgang des barocken Klosters Schöntal harrte er „allhie einer fröhlichen Auferstehung".

Tipp: Zum Kocher-Jagst-Radweg gibt es das passende *bikeline*-Radtourenbuch **Kocher-Jagst-Radweg**.

Die **Hauptroute** verlässt die Insel und wechselt bei **Kochendorf** auf das linke Ufer ~ flussabwärts Richtung Bad Wimpfen ~ auf Höhe der **Saline Friedrichshall** verschwindet er Asphalt, und ein Uferweg führt am Werk vorüber ~ unter der Bahnbrücke hindurch ~ danach wendet sich der asphaltierte Weg vom Fluss ab ~ über die grüne Niederung nach Wimpfen im Tal ~ die beschilderte Route wählt an der Weggabelung am Ortsrand den Schotterweg zur Rechten ~ somit die Siedlung in Flussnähe umrunden.

Tipp: Wenn Sie aber durch den Ort fahren wollen, können Sie auch auf der Hauptstraße durchfahren und am Ende der Stadtmauer wieder zum Uferweg zurückkehren.

Wimpfen im Tal ≈km 101

8 Stiftskirche St. Peter und Paul. Der früheste Neubau der ersten karolingischen Kirche erfolgte nach den Ungarnstürmen um 965, Teile sind noch erhalten. Der Chorbau und die einzigartige Schaufront der Querschiffstirn wurden zusammen 1269-74 aufgeführt, das reich gestaltete Portal entstand nach französischem Vorbild. Im prächtigen Inneren sind in Form der Skulpturen die vorzüglichsten Leistungen der Wimpfener Bauhütte zu bewundern.

8 Klostergebäude. Ältester Teil ist der Ostflügel von 1300, zudem ein stimmungsvoller Kreuzgang mit prächtigen Maßwerkfenstern.

Die Schlüsselfunktion einer Brückenstadt zwischen Rhein und Donau kam dem hochgetürmten Wimpfen am Berg nur kurz, ursprünglich aber dem viel älteren Wimpfen im Tal, zu. Hier, gegenüber der Jagstmündung, errichteten die Römer ein Kastell am Neckarlimes. Das ummauerte Landstädtchen war fast dreimal so groß wie die spätere mittelalterliche Talstadt. Diese ist im 10. Jahrhundert von den Ungarn zerstört worden. Im Tal bauten die Bischöfe von Worms nach 965 das Münster, die spätere Klosterkirche eines begüterten Ritterstiftes.

Das romantische Dörflein **Wimpfen im Tal** zurücklassen ~ nach Ortsende auf einen schmalen Uferweg ~ ein Filigran aus Türmen und romanischen Arkaden kündet am Bergsporn über dem Fluss **Bad Wimpfen** an.

Tipp: Bei der kleinen Bohle hinter der Brücke legen an Wochenenden die Schiffe nach Neckarzimmern und Gundelsheim an.

Nach der **Brücke** den etwas anstrengenderen Aufstieg in die Stadt in Angriff nehmen, sozusagen ein Juwel unter den Neckarstädten.

In die hoch über dem Neckar gelegene Stadt führt von der Brücke aus ein steiler **Fußweg** ~ Wegweiser mit der Aufschrift „Zentrum" sind angebracht ~ auf dieser kurzen Strecke ist Schieben angesagt ~ auf halber Höhe angelangt mit gebotener Vorsicht die Gleise der **Neckartalbahn** überqueren ~ an der Tourist-Information im Bahnhofsgebäude vorüber und vor zur Hauptstraße ~ hier rechts ab ~ bereits nach 50 Metern in die **Carl-Ulrich-Straße** ~ in weiterer Folge geht diese in die zentrale Hauptstraße über.

Betritt man die mittelalterliche Altstadt, so fühlt man sich um Jahrhunderte zurückversetzt. Die verwinkelten, gepflasterten Gassen

99

Bad Wimpfen

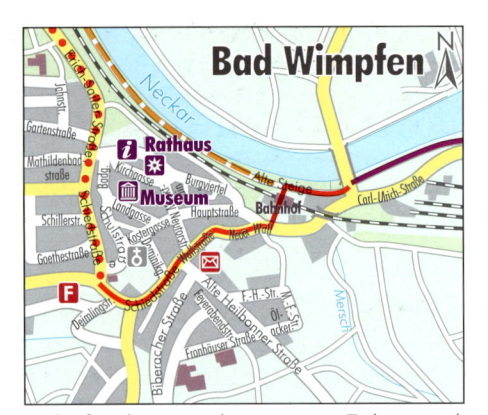

verlaufen kreuz und quer, zum Teil so steil, dass Sie durch Stiegen verbunden sind. Bunte, zierliche Fachwerkhäuser schmiegen sich aneinander, und lebhaftes Treiben regt sich allerorts. Beim alten Löwenbrunnen geht's rechter Hand zum Marktplatz und zum Burgviertel mit der Aussichtsterrasse.

Bad Wimpfen ≈ km 100

PLZ: 74206; Vorwahl: 07063

- **Tourist-Information**, Carl-Ulrich-Str.1, ✆ 97200
- **Museum im Steinhaus**, Burgviertel 15, ✆ 7051, ÖZ: 15. April-15. Okt., Di-So 10-12 Uhr und 14-16.30 Uhr. In der Schau sind vor allem Zeugnisse des Mittelalters zu sehen, im Mittelpunkt steht ein Modell der Wimpfener Kaiserpfalz.
- **Sammler- und Glücksschweinmuseum**, Kronengässchen. Etwa 11.000 Exponate rund ums Schwein bieten in 8 Räumen Gelegenheit, „Schweinereien" in allen Formen und Varianten zu bestaunen.
- **Kirchenhistorisches Musem**, ÖZ: April-Okt., Di-So 10-12 Uhr u. 14-16.30 Uhr. Ausstellung und Exponate aus den Schätzen der Wimpfener Kirchen und Klöster.
- **Galerie der Stadt**, Reichsstädtisches Museum, Hauptstr. 45, ÖZ: Ostern-Okt., Di-So 10-17 Uhr, Nov.-Ostern, Di-So 10-12 u. 14-17 Uhr, jeden 2. Sa im Monat bis 15 Uhr. Schwerpunkte: Reichsstädtisches Territorium, Beziehung zu Kaiser u. Reich, Verwaltung u. Rechtssprechung, Handwerk, Märkte, Schlacht bei Wimpfen, Spitalgeschichte.
- **Stadtkirche St. Marien**, Kirchgasse. Der Unterbau der zweitürmigen Kirche gehört der Romanik an, der bestehende frühgotische Chor entstand um 1300, das spätgotische Langhaus wurde unter Anton Pilgram um 1516 vollendet. Die Bemalungen der Innenwände stammen aus dem frühen 16. Jh.
- **Ruine der Kaiserpfalz**, Burgviertel. Am Rande des Hochufers und von zwei Türmen flankiert, erstreckt sich die im 12. Jh. entstandene, einst mächtige Anlage (225 m Länge). Erhalten sind der „Rote Turm" und der „Blaue Turm" (am westlichen Ende, mit herrlicher Aussicht), dieser diente vermutlich als Bergfried, seine Bekrönung ist ein Werk der Neugotik von 1848; die Pfalzkapelle von 1200, außen mit Blendbogenfriese; Reste des Palas, ein treffliches Beispiel spätstaufischer Kunst mit romanischen Fensterbögen, durch verschieden geformte Pfeiler getrennt; das Steinhaus, eines der größten romanischen Profanbauten Deutschlands, ehem. Wohngebäude der Pfalz.
- **Kreuzigungsgruppe**, Kirchgasse. Bedeutende Plastik von Hans Backoffen aus Mainz um 1515. Von den vermenschlichten, dramatischen Zügen ist bereits die Wende von der Gotik zur Renaissance abzulesen.
- **Wormser Hof**, neben Stadtkirche. Um 1230-40 als Kurie des Bischofs von Worms aufgerichtet, später bildete die Nordfront gleich der des staufischen Palas einen Teil der Stadtmauer.
- **Fachwerkhäuser**. Sie datieren überwiegend aus dem 16. und 17. Jh., besonders stattlich das sogenannte Riesenhaus (1532) in der Langgasse, ganz reizvoll das „Bügeleisenhaus" in der Badgasse, die Häusergruppe um den Adlerbrunnen (1576) in der Salzgasse oder die Klostergasse.
- **Solebad**, Kurpark, Osterbergstraße, ✆ 522180, ÖZ: Di-Do,Sa 7-21 Uhr, Fr 12-21 Uhr, So 8-17 Uhr. Wassertemperatur im Freibecken 30°-32° C.
- **Fahrradverleih**, in der Tourist-Information, ✆ 9720-0
- **Fahrradwerkstatt**, Herr Thompson, Kronengasse, ✆ 932567

Bad Wimpfen, ehemals größte staufische Kaiserpfalz, zählt zu den schönsten aus Holz gebauten Städten Deutschlands mit anmutigen Winkeln, Durchblicken und Überschneidungen in kopfsteingepflasterten Gassen. Ende des 12. Jahrhunderts ließen die Staufer im Schutz ihrer hochgelegenen Pfalz eine von Wimpfen im Tal unabhängige Bergstadt errichten. Der Sturz der staufischen Kaiserdynastie traf „Regia Wimpina", das königliche Wimpfen, politisch schwer. Auch wirtschaftlich ging es durch den Verlust der inzwischen von Steinpfeilern getragenen Neckarbrücke ebenso bergab. Hochwasser und Eisgang hatten das Bauwerk um 1300 zerstört, und im Schatten des aufstrebenden Heilbronn kam ein Brückenschlag für Jahrhunderte nicht mehr zustande.

Aus den Wirren der kaiserlosen Zeit ging Wimpfen als Reichsstadt hervor, in der – wie in den meisten reichsfreien Republiken – die Reformation gesiegt hatte. Die bescheidenen spätmittelalterlichen Häuserzeilen werden da und dort noch von dem einen oder anderen mehrstöckigen Fachwerkpalais der wohlhabenden Händler und Handwerker überragt. 1818 stieß man in 150 Meter Tiefe auf das Wimpfener „Salzgebürg", was bald darauf die Eröffnung des Kurhotels Mathildenbad nach sich zog.

Auf der Hauptstraße durch die Altstadt ∼ nach deren Ende rechts in die **Erich-Sailer-Straße** ∼ die Straße zweigt nach links in eine Gasse zum **Solebad** ab ∼ für die Weiterfahrt auf der Landstraße weiter bergab ∼ nach der Bahn in Kurven zum Fluss hinunter ∼ nach der letzten Kurve rechts auf den Radweg ∼ einfach die Fahrt entlang des Neckars fortsetzen.

Die „Burgendreifalt" mit der Stauferruine Ehrenberg, dem Gundelsheimer Schloss Horneck und der Götzenburg Hornberg rückt näher. Immerhin 19 der 70 Festen entlang der „Burgenstraße" zwischen Prag und Mannheim befinden sich am Neckar! An die Stelle des hellen Muschelkalks, der bisher die runden, sanften Landschaftsformen herausbildete, tritt nun dunkler, harter Granit.

Heinsheim

Bei den ersten Häusern von Heinsheim zweigt die Route nach rechts zu den **Sportplätzen** ab ∼ quer über einen Parkplatz ∼ dem Radweg weiter folgen und dadurch außerhalb des Siedlungsbereiches bleiben ∼ danach treffen Fluss und Route wieder aufeinander ∼ die letzten Weingärten am Neckar lassen sich blicken ∼ zur Linken erhebt sich die Silhouette des **Schlosses Ehrenberg** über dem Fluss.

Der Radweg endet an der Landstraße ∼ hier geradewegs nach Gundelsheim ∼ nach 1,5 Kilometern können Sie über die Brücke nach Gundelsheim fahren, während die Neckarroute nach links Richtung Haßmersheim weiterführt.

Tipp: Einen Abstecher ans andere Ufer nach Gundelsheim ist zu empfehlen, denn es wäre schade, das letzte Winzerdorf am Neckar einfach vorbeiziehen zu lassen, außerdem hat man vom Schloss Horneck aus einen grandiosen Ausblick über die Landschaft.

Abstecher nach Gundelsheim

Am Ostufer unmittelbar vor der **Bundesstraße 27** ein Rad- und Gehweg ∼ hier nach links einbiegen ∼ nach dem **Campingplatz** rechts in die **Mühlstraße** ∼ unter der Bahn ins Zentrum ∼ die **Schlossstraße** zweigt dann links ab und führt durch die schönsten Stadtteile zum **Schloss Horneck**.

Gundelsheim ≈ km 93

PLZ: 74831; Vorwahl: 06269

- **Stadtverwaltung**, Tiefenbacher Str. 16, ✆ 9612
- **Siebenbürgisches Museum**, Schloss Horneck, ✆ 42230, ÖZ: Di-So 11-17 Uhr. Schwerpunkte der den Siebenbürger Sachsen gewidmeten Hauptsammlung sind Volkstrachten, Stickereien, die hochentwickelte Keramik, Erzeugnisse der Goldschmiede- und Zinngießerkunst.
- **Kapelle auf dem Michelsberg**, nördlich. Eine schlichte romanisch-gotische Anlage vor hervorragender Landschaftskulisse und malerisch umgeben von alter Friedhofsmauer.
- **Schloss Horneck**, Schlossstraße. Das ehem. Schloss des Deutschen Ritterordens ist heute das zweitgrößte unter den Neckarschlössern, nachdem es 1525 im Bauernkrieg zerstört und mit zwei Binnenhöfen und viereckigem Bergfried wieder errichtet wurde. Reste des barocken Schlossgartens sind noch erhalten.

- **Historische Kelter**, Roemheldstraße
- **Neckarstaustufe**. Werk von Paul Bonatz und Adolf Abel mit dem Anspruch, technische Architektur soweit wie möglich mit der Flusslandschaft in Einklang zu bringen.

An der ehemaligen Grenze zwischen Württemberg und dem Badischen schließt Gundelsheim die Kette der berühmten Weinlagen im Neckartal auf eindrucksvolle Weise ab. Das gut erhaltene Wein- und Burgstädtchen liegt am Fuße des „Himmelreichs", einer der wohlklingendsten Einzellagen im unteren Neckarland. Um 1250 trat Konrad von Horneck in den Deutschen Orden ein, sein Besitz fiel nach seinem Tod an die Ritterbrüderschaft. 1398 erwarb der Ritterorden für Gundelsheim das Stadtrecht, und in der Folge banden Mauern Schloss und Siedlung aneinander.

Ab Gundelsheim bleibt die Radroute weiterhin am linken Neckarufer ∼ dann dem Radweg entlang der mässig befahrenen Landstraße Richtung Haßmersheim folgen.

Tipp: 400 Meter nach der Brücke können Sie nach links zur **Burg Guttenberg** abzweigen, die schon seit einiger Zeit zu sehen war. Auf der intakten mittelalterlichen Festung ist eine berühmte Greifvogelwarte untergebracht.

Abstecher – Burg Guttenberg

Der Weg dorthin steigt ein wenig an ∼ auf halber Höhe links abbiegen ∼ nach insgesamt 1,5 Kilometern direkt zur Burg.

Neckarmühlbach ≈ km 93

- **Museum Old America**, ✆ 1744, ÖZ: April-Okt., Di-So 11-18 Uhr, Nov.-März, Sa, So 11-18 Uhr. Indianer- und Westernmuseum mit über 5.000 Exponaten auf fast 500 m², Sheriffsoffice und kleine Westernstadt, indianische Handarbeiten, Werkzeuge, Waffen u. v. m.
- **Burg Guttenberg**. Aus der Stauferzeit sind Bergfried und Schildmauer überkommen, umfangreicher Ausbau im 16. Jh. Die gut erhaltene Burg bietet noch ein lückenloses Beispiel

Steinbach
Haßmersheim
Schelmenbaum
Dreispitzweg
2,5
Zementwerk
Augstberg
296.
Dornbach
Hummelberg
.294
.231
Michaelsberg
Kapelle
142
Neckar
NSG
L 588
L 529
Eduardshöhe
Wanderheim
Böttingen
Schloss Horneck
Hohschön
.283
291.
arnberg
.276
Neckarmühlbach
Neckarhaus
4
.153
B 27
Gundelsheim
Bachenau
.233
Guttenberg
Burg Guttenberg
168.
220
Schnepfenhardter Mühle
Schloßwald
276
Hohberg
L 528
165.
Obergriesheimer Berg
168.
Junkerhalde
Gäßnerklinge
Schloss Ehrenberg
NSG
mmersmühle
Bartsmühle
259
246.
Salinenstraße
Löhgraben
L 1097
236.
.192
Heinsheim
Kugelmühle
Zimmerhof
4,5
189
Duttenberg
528
Ma erhof
Dobach
.151
St Annakapelle
Mühlbach
Hohenstadt
Fleckinger Mühle
Offenau
Zuckerfabrik
Jagst
174
Jagstfeld
L 1098
Ludwigsaline
Erbach
Winterberg
223
Einsiedel
2
B 27
L 1100
Bad Wimpfen
3
Neckar
.244
530
149.
Wimpfen im Tal
Saline Friedrichshall
195
Kaiserpfalz
Saline Ludwigshall
Galgenberg
.248
Wimpfen am Berg
Bad Friedrichshall
onfelder Wald
Höhenhöfe
22
23
24
4
N
L 1100

spätmittelalterlicher Wohn- und Befestigungskunst. Sehenswert die Burgkapelle von 1471 mit spätgotischen Flügelaltären.

✸ **Deutsche Greifenwarte Burg Guttenberg**, ÖZ: 9-18 Uhr. Flugvorführungen: Mo-So 11-15 Uhr. Die führende europäische Greifvogelanlage beherbergt über 100 Greifvögel bzw. Eulen und wirkt an der Erhaltung und Wiederauswilderung bedrohter Arten (z. B. Seeadler) erheblich mit. Ausstellung über das in- und ausländische Forschungsprogramm und über die Kulturgeschichte des Adlers.

Im Gegensatz zu anderen Burgen dieser Gegend überdauerte die Burg Guttenberg fast unversehrt die kriegerischen Auseinandersetzungen des 17. und 20. Jahrhunderts. Die Veste steht für frühen aufklärerischen Geist in Franken. 1521 tritt Karl von Guttenberg zum Protestantismus über und verfiel deshalb der Reichsacht. Später wurde die Burg Treffpunkt für Künstler und Literaten.

Mit dem Beginn der Ortschaft **Neckarmühlbach** endet der Radweg ⁓ hier daher auf die Fahrbahn wechseln ⁓ an der zweiten Kreuzung im Ort rechts nach Haßmersheim vorne erblickt man schon die nächste Burg, Burg Hornberg, die sowohl durch ihre Ge-

Neckarzimmern – Burg Hornberg

stalt als auch durch ihre beherrschende Lage beeindruckt ⁓ nach 2 Kilometern erneut auf einen straßenbegleitenden Radweg ⁓ an der Querstraße rechts ab nach Haßmersheim.

Haßmersheim ≈ km 88

Tipp: Die Fahrt bis zur Ortsmitte empfiehlt sich, wenn Sie auf der Suche nach einem Gasthaus sind oder das Schiffermuseum, das die Tradition und Geschichte der Binnenschifffahrt dokumentiert, besuchen möchten.

Andernfalls biegen Sie schon zu Ortsbeginn nach links in den **Dreispitzweg** ab ⁓ an der Weggabelung gleich darauf rechts und 450 Meter weiter links ⁓ auf dem **Buchenweg** am Ortsrand vorüber ⁓ nach den letzten Häusern ein Stück durch freies Feld ⁓ doch dann schlängelt sich der Weg an einem Werksgelände vorüber auf die Uferstraße zu jenseits des Neckars die Burg Hornberg ⁓ an der Uferstraße nach links.

Tipp: Zur vielversprechenden **Burg Hornberg**, Alterssitz des „Ritters mit der eisernen Hand", können Sie bereits nach einem halben Kilometer beim Stauwehr von Neckarzimmern abzweigen. Am rechten Neckarufer finden Sie auch einen **Campingplatz** und ein **Freibad** vor.

Die Gemeinde **Neckarzimmern** am rechten Neckarufer erreichen Sie über die **Wehrmauer**. Achtung! ⚠ – Hier zwingt Sie eine Treppe aus dem Sattel.

Tipp: Von Neckarzimmern aus fahren Sie dann auf verkehrsfreien Wegen bis **Mosbach-Diedesheim** weiter. Das queren des Wehres ist mit einer Flachtreppe verbunden, die aber auch Radschienen aufweist. Als Alternative können Sie das linke Ufer wählen.

Nüstenbach
Waldstadt
Johannes-anstalten
Schreckhof
NSG
Henschelberg
Obrigheim
Diedesheim
Segelfluggelände
Hamberg
Bismarckturm
Hammerweg
Palmsches Haus
Mosbach
Schloss Neuburg
Tempelhaus
Elz
Hardhof
Karlsberg
Finkenhof
Neckarelz
Alter Gemeindewald
Luttenbach
Evangelisches Jugendheim
Hochhausen
Helmstadt'sches Schloss
Neckarzimmern
Hornberger Wald
Burg Hornberg
Steinbach
Notburgahöhle
Großer Wald
Reichertsberg
Seerain
Schelmenbaum
Zementwerk
Dreispitzweg
Haßmersheim
Neckar
Michaelsberg
Hüffenhardt
Eduardshöhe
Wanderheim
Garnberg
Böttingen
Schloss Horneck
Neckarhaus
Neckarmühlbach
Burg Guttenberg
24
23
25
B 292
B 27
L 636
L 588
L 527
L 529
L 530
4,5
1,5
2,5
4

Diese Wegstrecke verläuft jedoch die nächsten Kilometer auf der Landstraße bzw. auf nicht ganz steigungsfreien Nebenwegen.

⚠ Trotz des Radschilds ist Rad fahren am Wehr hinüber nach Neckarzimmern offiziell verboten, und das Begehen erfolgt auf eigene Gefahr, insgesamt aber ist die Überquerung schnell erledigt.

Wenn Sie zur **Burg Hornberg** möchten, die naturgemäß nur über einen starken Aufstieg zu erreichen ist, fahren Sie über die Bundesstraße und auch über die Bahn ~ danach wendet sich die Straße nach rechts ~ nach einem Kilometer direkt zur Burg Hornberg.

Tipp: Um aber nach Neckarzimmern zu kommen, verlassen Sie das Wehr bei der ersten Gelegenheit nach links. ⚠ Achtung! – nach ein paar weiteren Stufen geht es auf verwinkelten Gassen in den Ort.

Neckarzimmern ≈km 86

PLZ: 74865; Vorwahl: 06261

🛈 Bürgermeisteramt, Hauptstr. 4, ✆ 92310

🏰 Burg Hornberg, ÖZ: März-Okt., 9-17 Uhr. Eine der schönsten Burgen im Neckartal, nach 1259 Lehenssitz der Bischöfe von Speyer und im 16. Jh. Besitz von Berlichingen. In der Hauptburg ist das Palas (1565) mit steilem Staffelgiebel und reizvollem Treppenturm zu sehen, die Vorburg umfasst die Wohnbauten des 17. und 18. Jhs.

✳ **Kristallglaswerk Kaspar**, Hauptstraße, ✆ 92300, Besichtigung: Mo-Fr 8-15 Uhr, Sa 8-12 Uhr. Zu erleben ist der Produktionsablauf mundgeblasener Gläser nach böhmisch-schlesischer Tradition.

Götz von Berlichingen ist eine der schillerndsten Persönlichkeiten aus dem Neckarland. 1480 wurde er im Dörfchen Berlichingen im Jagsttal geboren und war von stattlicher Gestalt mit blondem Haar – ein Hüne, wie er im Buche steht. Allerdings verlor er im Landshuter Erbfolgekrieg 1504 die rechte Hand, die durch eine kunstvoll gefertigte Hand ersetzt wurde. 1517 erwarb der „Ritter mit der eisernen Hand" die Burg Hornberg – wo er 1562 starb – mitsamt den Dörfern Neckarzimmern und Steinbach. Sein Lebensbericht diente Goethe 1773 als Vorlage für sein Drama „Götz von Berlichingen mit der eisernen Hand". Darin ist von einem der „edelsten Deutschen" zu lesen, dessen Andenken zu retten sei. Tatsächlich trat Götz für eine Humanisierung in den Kerkern ein und war für die Abschaffung der Folter. Andererseits war Götz von Berlichingen ein streitbarer Mensch. Bis 1525 trug er über 100 Fehden aus. Man könnte ihn fast als Unternehmer bezeichnen, der das alte Fehderecht planmäßig als einträgliches Geschäft betrieb. Die beachtliche Summe von 6.500 Gulden presste er aus dem ihm unterlegenen Grafen Waldeck heraus. Zweimal wurde er geächtet und mischte im Bauernkrieg auf Seiten der Odenwälder Bauern mit.

Tipp: Ab dem Wehr bei Neckarzimmern können Sie die Fahrt auch auf dem Radweg am linken Ufer fortsetzen um Hochhausen und das Helmstadt'sche Schloss zu besuchen. Diese Variante schließt in Obrigheim wieder an die Hauptroute an.

Hochhausen ≈km 84

Der gotische Freskenzyklus der Dorfkirche in Hochhausen illustriert die Legende der Notburga. Die Sage von der frommen Frau taucht erstmals 1631 in einer Familienchronik auf. Notburga, die Tochter des Merowingerkönigs

Dagobert, habe als Einsiedlerin in einer nahen Höhle am Neckar gehaust und ein Hirsch habe sie mit Speisen versorgt. Nach vielen Bekehrungswerken und einer Wunderheilung, sei sie, hochverehrt vom Volk, gestorben, und über ihrem Grab ist später die Kirche von Hochhausen erbaut worden. Im Notburga-Kult dürften sich wohl Tiermythen, Volkssage und christliche Legende zu einer Einheit vermischt haben.

Von Neckarzimmern nach Eberbach 31 km

Auf der **Alten Chaussee** Neckarzimmern Richtung Flussufer verlassen ~ nach dem **Campingplatz** in den Wirtschaftsweg ~ der Weg schlängelt einen Haken nach links ~ auf dem Uferweg unter der Bundesstraße hindurch ~ rechts auf den schmalen Weg, der an die Bundesstraße heranführt ~ nach links unter dem Zubringer durch ~ weiter entlang der Bundesstraße ~ unter der Bundesstraße hindurch ~ zur Rechten hinter der Straße erstreckt sich **Neckarelz**.

Tipp: In die Ortsmitte und zum Tempelhaus gelangen Sie über die Martin-Luther-Straße. Wenn Sie nach Mosbach fahren, zweigen Sie von dort nach links ab, nach der Elzbrücke treffen Sie auf den beschilderten Weg dorthin.

Mosbach-Neckarelz ≈km 82
PLZ: 74821; Vorwahl: 06261

Tourist Information, ✆ 91880

Tempelhaus. Der Ritterorden der Templer, wie der Name vermuten lassen könnte, ist für Neckarelz nicht nachweisbar. Wohl aber die Johanniter, die um 1300 an eine schon vorhandene Burg (Alter unbekannt) den gotischen Chor anbauten und bis 1350 in dem Gebäude wohnten. Das Tempelhaus ist die einzige in ihrer ursprünglichen Form erhaltene Johanniterburg in Baden-Württemberg. Seit etwa 300 Jahren wird es als katholische Kirche genutzt.

Fachwerkhäuser: Gasthaus „Zum Löwen", heute „Alte Posthalterei" (1551) oder Gasthaus „Zum Hirsch" (1763).

Palmsches Haus, Mosbach, Marktplatz. Auch unter den zahlreichen farbenprächtigen Fachwerkbauten der Altstadt (16.-18. Jh.) hebt sich dieses reich verzierte Haus hervor.

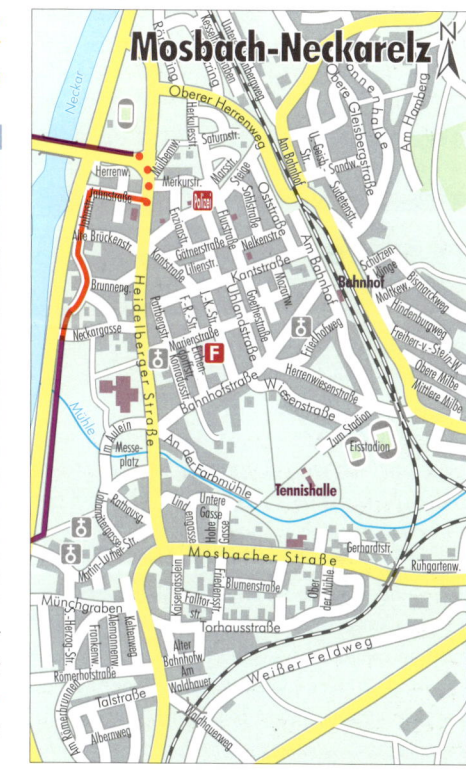

Die Hauptroute verläuft weiterhin unter der **B 37** Richtung **Diedesheim** ~ die Fahrt zwischen den Pfeilern endet beim Kieswerk ~ hier nach rechts ausweichen ~ dann links in die **Jahnstraße**, die zur Neckarbrücke führt ⌁ auf dem rechtsseitigen Radweg nach Obrigheim hinüberradeln ⌁ drüben nach rechts in die Friedhofstraße.

Obrigheim ≈ km 80
PLZ: 74847; Vorwahl: 06261
ℹ Bürgermeisteramt, Hauptstr. 7, ✆ 6460

Odenwald-Passage

Hinter Obrigheim durchzieht der Neckar das klimatisch etwas rauhere, niederschlagsreiche Mittelgebirge des Odenwaldes. Der Flusslauf ist hier älter als das sich aufwölbende Gebirge und führte während der kalten Klimaperioden wesentlich mehr Wasser, so dass er mit der sich langsam hebenden Granitscholle Schritt halten und sich tief in die darüber lagernde Tafel des Buntsandsteins einschneiden konnte.

Das nährstoffarme Gestein duldet fast nur den Wald, im engen Talgrund blieb kein Platz für den Ackerbau. Waldland bedeutete aber – bis herauf in unser Jahrhundert – immer auch Land der armen Leute. Die Menschen lebten von der Flößerei, der Schifffahrt, dem Abbau von Gestein, wassergetriebenen Mühlen oder von den sogenannten Eichenschälwäldern. Dank Letzterer entwickelte sich aus dem Gerberhandwerk eine bescheidene Lederindustrie. Die geschälte Eichenrinde lieferte den Gerbern die Lohe.

Der Neckar trennt hier den Kleinen Odenwald im Süden von den großen Waldungen im Norden. Heute stellt der Odenwald über weite Gebiete einen Naturpark und einen beliebten Erholungsraum dar.

Nach dem **Friedhof** rechts auf den Güterweg ⌁ nach der Kläranlage kurz nach links, um dann wieder in der ursprünglichen Richtung weiterzufahren ⌁ die Route führt dicht am Zaun des **Atomkraftwerks Obrigheim** vorüber.

Dieses Atomkarftwerk liefert als eines der drei ersten bundesdeutschen Atomanlagen seit 1969 elektrische Energie.

Danach nähert sich der ruhige Weg dem Neckar an ⌁ mit der Binauer Neckarschleife

Zwingenberg

beginnt nun die Fahrt durch den Odenwald ⌁ die verkehrsarme Straße taucht 1,5 Kilometer nach dem AKW in ein Ufergehölz ein ⌁ oben auf einem kleinen Geländebuckel dann rechts Richtung Campingplatz.

Links liegt das Dorf Mörtelstein. Sein Name stammt von einem Kalksintervorkommen, dessen „wunderliche Gebilde" beim Bau der künstlichen Ruinen im Schwetzinger Schlossgarten Verwendung fanden.

Beim **Campingplatz** eine kleine Brücke passieren und oberhalb vorbeirollen ⌁ nach einer Schleuse nach **Guttenbach** ⌁ hier der Straße durch den Ort folgen.

Guttenbach

Am Dorfplatz kommt der Brunnen Durstigen gerade recht, wem nach mehr gelüstet, sei an das Gasthaus verwiesen. Der Brunnen trägt übrigens einen stark verwitterten Bildstein, dem unter anderem ein weiblicher und ein männli-

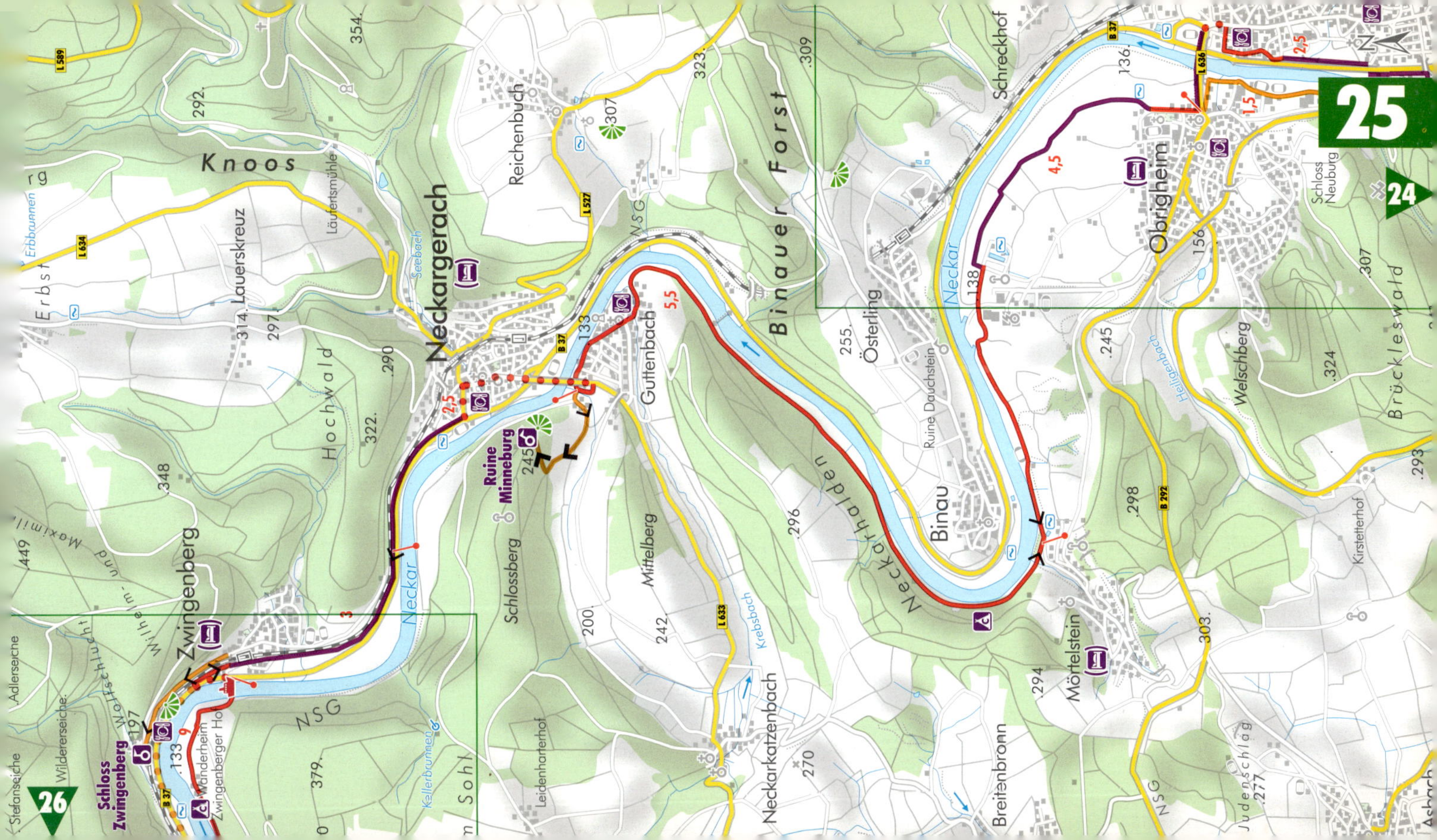

25
24
26
Neckargerach
Knoos
Reichenbuch
Binauer Forst
Schreckhof
Obrigheim
Schloss Neuburg
Brückleswald
Welschberg
Österling
Ruine Dauchstein
Binau
Neckar
Neckarhalden
Mörtelstein
Kirstetterhof
Guttenbach
Mittelberg
Ruine Minneburg
Schlossberg
Hochwald
Lauerskreuz
Läufertsmühle
Seebach
Erbbrunnen
Zwingenberg
Schloss Zwingenberg
Wanderheim Zwingenberger Hof
Wolfsschlucht
Wilhelm- und Maximilian
Adlerseiche
Wildererseiche
Stefanseiche
Kellerbrunnen
Leidenharterhof
Neckarkatzenbach
Krebsbach
Breitenbronn
Heiligenbach
Judenschlag
NSG
B 37
B 292
L 589
L 634
L 527
L 633
L 636
5,5
4,5
2,5
1,5
3
9

Zwingenberg

cher Kopf eingehauen sind. Auffällig ist, dass die Nasen der beiden Gesichter nur ein Nasenloch haben, dies weist die Figuren als gebannte Wasserunholde aus. Nixen, Ilsen, Nunnen oder Meerminnen waren gefürchtete Wasserwesen im Odenwald.

An der **Guttenbacher Pfarrkirche** links vorüber ~ in die **Neckargeracher Straße** und die Ortschaft hinter sich lassen ~ bald unter der nächsten Neckarbrücke hindurch ~ nun auf das rechte Ufer ausweichen, da es am linken kein Weiterkommen gibt.

Tipp: Wer allerdings noch einen Abstecher zur **Ruine Minneburg** unternehmen will, hält sich ein Stückchen weiter geradeaus und zweigt beim Waldparkplatz links ab.

Um auf die Brücke zu gelangen nach der Unterführung links ab und in einer Schleife auf die Brücke hinauf ~ auf der Brücke und in Neckargerach gibt es leider keinen Radweg ~ zunächst geradeaus durch den Ort ~ 200 Meter nach der Kirche links ab.

Neckargerach ≈ km 70

Ruine Minneburg, nordwestl. links des Neckars. Die Burg steht seit dem 17. Jh. verlassen als Ruine, ist aber noch von stattlicher Erscheinung. Die ältesten Teile sind Bergfried und Schildmauer gegen Nordwesten aus dem 13. Jh. Der berühmte kurpfälzische Reiterführer des Bauernkrieges, Marschall Wilhelm von Habern, ließ es als Kanonenfeste der Renaissance ausbauen.

Bei der Bundesstraße nach rechts Richtung Zwingenberg auf den Begleit-Radweg ~ dieser führt bis nach Zwingenberg.

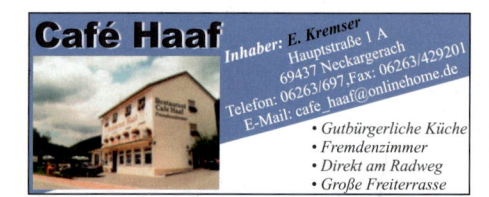

Café Haaf
Inhaber: E. Kremser
Hauptstraße 1 A
69437 Neckargerach
Telefon: 06263/697, Fax: 06263/429201
E-Mail: cafe_haaf@onlinehome.de
• Gutbürgerliche Küche
• Fremdenzimmer
• Direkt am Radweg
• Große Freiterrasse

Tipp: Hinter dem **Bahnhof** zweigt die Route eigentlich nach links ab. Folgen Sie aber der **Schloss-Straße** geradeaus, so gelangen Sie nach einer kurzen, gar nicht so mühevollen Fahrt zum **Schloss Zwingenberg**. Von dort führt ein Wanderweg in die nahe Wolfsschlucht, wo das Wasser eines kleinen Baches in mehreren Stufen tosend zu Tale stürzt.

Zwingenberg ≈ km 66

PLZ: 69439; Vorwahl: 06263

Bürgermeisteramt, ✆ 45152

Wagenfähre Zwingenberg: Fährzeiten: 01.Nov.-31.März, Mo-Fr 15-16 Uhr, Sa,So 10-12 Uhr, 01.April-30.April, Mo-Fr 14-16 Uhr, Sa,So 10-12 u. 13-16 Uhr, 01.Mai-30.Juni, Mo-Fr,So 10-12 u. 13-18 Uhr, Sa 9-12 u. 13-18 Uhr, 01.Juli-30.Sept., Mo-So 9-12 u. 13-19 Uhr, 01. Okt.-31.Okt., 10-12 u. 13-15 Uhr.

Schloss Zwingenberg. Von der Burg der fehdelustigen Zwingenberger sind nur noch Bergfried (Wachturm) und Schildmauer erhalten, die restlichen Teile sind ein Werk aus dem 15. Jh. Der Einfluss der Romantik auf den alten Bestand ist noch nicht geklärt, ihr wird jedenfalls die vortreffliche Erhaltung der Oberen Burg zugeschrieben.

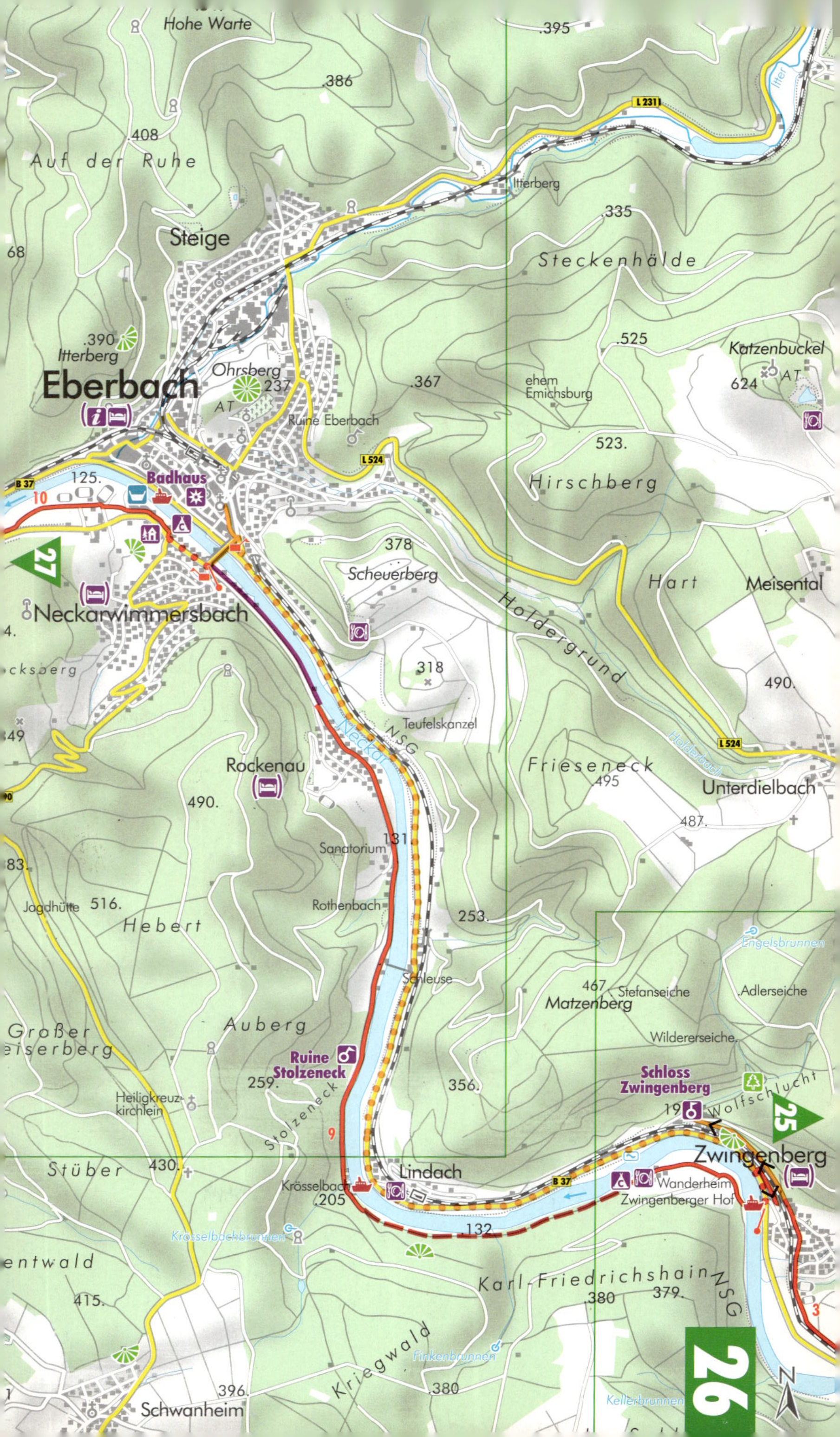

Hohe Warte
Auf der Ruhe
Steige
Itterberg
Eberbach
Ohrsberg
Ruine Eberbach
Badhaus
Neckarwimmersbach
Steckenhälde
Katzenbuckel
ehem Emichsburg
Hirschberg
Hart
Meisental
Scheuerberg
Holdergrund
Teufelskanzel
Neckar
NSG
Friesenck
Unterdielbach
Rockenau
Sanatorium
Rothenbach
Jagdhütte
Hebert
Schleuse
Matzenberg
Stefanseiche
Adlerseiche
Engelsbrunnen
Wildererseiche
Schloss Zwingenberg
Wolfschlucht
Zwingenberg
Auberg
Ruine Stolzeneck
Stolzeneck
Großer Eiserberg
Heiligkreuz-kirchlein
Stüber
Lindach
Krösselbach
Wanderheim Zwingenberger Hof
Krösselbachbrunnen
Karl-Friedrichshain NSG
Kriegwald
Finkenbrunnen
Kellerbrunnen
Schwanheim
26
25
27

🅐 **Wolfsschlucht**, begehbar von der Burg aus. Die wilde Schlucht soll Carl Maria von Weber zur Wolfsschluchtszene im „Freischütz" inspiriert haben. Es finden jährliche Schlossfestspiele im August statt.

Eingepfercht zwischen Fluss, Straße, Eisenbahndamm und dem Steilhang liegt das Dorf Zwingenberg. Auf roten Felspaketen sitzt darüber das Schloss, das selbst im burgenreichen Neckartal mit seiner spätmittelalterlicher Pracht überrascht. Die Edlen von Zwingenberg, deren Einkünfte aus der Landwirtschaft in der Odenwald-Region naturgemäß knapp ausfielen, nutzten die Zwinge von Fluss und Fels, um die Schiffer mit Zöllen zu schröpfen. Nach der Niederlage gegen Wirtemberg, die Pfalz und das Erzstift Mainz zu Beginn des 15. Jahrhunderts erhielten die Herren von Hirschhorn Zwingenberg als Lehen. Sie gaben der Burg im Wesentlichen ihre heutige Gestalt. 1808 erwarb der Großherzog von Baden das Anwesen samt der umliegenden Wälder. Das Schloss ist heute noch im Familienbesitz der Markgrafen von Baden. Im Herbst, zur Jagdzeit, gibt sich der europäische Hochadel hier ein Stelldichein.

Neckartal-Radweg bei Eberbach

Hinter dem **Zwingenberger Bahnhof** links abzweigen ~ in einigen Kurven zur Bundesstraße hinunter ~ hier links halten und rund 300 Meter flussaufwärts zur **Autofähre** (Betriebszeiten siehe Ortsdaten Zwingenberg).

Tipp: Falls Sie die letzte Fähre verpassen sollten, können Sie bei der Personenfähre Lindach noch Ihr Glück versuchen oder als letzten Ausweg auf dem Radstreifen entlang der Bundesstraße nach Eberbach radeln.

Nach der Überfuhr am linken Neckarufer weiter ~ ein unbefestigter, aber gut befahrbarer Uferweg verbindet die beiden Fährstellen ~ am **Campingplatz** vorüber ~ danach an der Weggabelung rechts ~ hinter der Siedlung **Wanderheim** folgt ein zweiter Campingplatz ~ danach wird der Weg unbefestigt.

Bei **Krösselbach** schließlich die Personenfähre passieren, die die Siedlung mit **Lindach** auf der anderen Seite verbindet ~ ab da weiter auf der schwach befahrenen, asphaltierten Uferstraße nach Rockenau.

Rockenau

Nach dem Ort ein Radweg ~ weiter zur Brücke zwischen Neckarwimmersbach und Eberbach ~ wenn Sie Eberbach auf der rechten Neckarseite keinen Besuch abstatten möchten, einfach geradeaus unter der Brücke durch zum **Campingplatz**.

Neckarwimmersbach

Tipp: Um aber nach Eberbach zu kommen, müssen Sie den Neckar überqueren. Bei der ersten größeren Kreuzung biegen Sie nach links in die Neckarstraße ein, die Sie ins Zentrum bringt.

Eberbach ≈km 58

PLZ: 69412; Vorwahl: 06271
🛈 **Tourist-Information**, Kellereistr. 36, ✆ 4899

Eberbach

🚢 **Eberbacher Personenschifffahrt**, ✆ 3768. Ausflugsfahrten nach Hirschhorn, Heidelberg und Neckargerach. Vom 15. Mai-Ende Sept. Di und Do Linienschiffe nach Heidelberg, Abfahrt: 9.00 Uhr. Fahrradmitnahme beschränkt möglich.

🏛 **Museum der Stadt Eberbach**, Am Alten Markt, ✆ 1664, ÖZ: Di, Fr 15-17 Uhr, Sa, So 14-17 Uhr. Der Neckar als Lebens- und Verkehrsader – Neckarschifffahrt, Wald und Mensch – Wald und Natur, Geologie und Landschaft, Stadtgeschichte.

🏛 **Küfereimuseum**, Pfarrhof 4, ✆ 2704, ÖZ: April-Sept., Di, Fr-So 14-17 Uhr u. n. V. Eine komplett eingerichtete Werkstatt eines Küfermeisters zur Erstellung von Fässern, Eberbacher Weinbrunnen.

🏰 **Burg Eberbach**. Die weitläumige Anlage war ursprünglich von starkem Bering umgürtet, die Werke wurden im frühen 15. Jh. geschleift. Von der Mittelburg ist noch der 8 m hohe Bergfried zu sehen, die romanischen Fenster des Palas erinnern an jene der Kaiserpfalz in Bad Wimpfen.

✳ **Stadttürme**. Die 4 Stadttürme – Rosenturm, Pulverturm mit Uhrenstube, Haspelturm (mit Zinnfigurenkabinett) und Blauer Hut – sind die Eckpunkte der einstigen viereckigen Befestigungsanlage.

✳ **Badhaus**, Lindenplatz. Das wohl am besten erhaltene mittelalterliche Badehaus. Der Kernbereich des Gebäudes, ein dreischiffiges spätgotisches Kreuzgewölbe auf acht wuchtigen Sandsteinsäulen, geht auf das 15. Jh. zurück. Heute ein Hotel und Restaurant.

✳ **Der Hof**. Das stattlichste Fachwerkhaus der Stadt kann als Muster eines vornehmen Patrizierhauses aus dem Spätmittelalter (1470-1570) angesehen werden und diente zeitweilig dem jeweiligen Burgherrn als Stadtquartier.

✳ **Sgraffitomalereien**. Eine eigene Kratztechnik auf mehrbigen Putzunterlagen, so z. B. am Wirtshaus Krabbenstein mit Eberbacher Berufen oder am Hotel Karpfen mit Bildern aus der Stadtgeschichte.

♻ **Naturpark Informationszentrum**, Kellereistr. 36, ✆ 72985, ÖZ: Mai-Okt., Di-Fr 10-12 Uhr und 14-17 Uhr, So 14-17 Uhr, Nov.-April, Di-Fr 10-12 Uhr und 14-17 Uhr.

Offiziell galt Eberbach bis hinein ins 16. Jahrhundert als eine Reichsstadt, konnte sich aber seit seiner Verpfändung anno 1330 nicht mehr dem pfälzischen Dominat entziehen. Eberbach blieb arm. Sein einziger Reichtum war der Wald, ihm verdankte es dann auch seinen Aufstieg in badischer Zeit. Das Regelmaß der Gründerzeit bewahrte die Innenstadt bis heute. Bei einem Bummel durch die winkligen Gassen und über die kleinen Plätze genießt der Gast das heitere Leben der alten Stauferstadt. Das Wappentier von Eberbach ist ein uriger „Schwarzkittel".

Nach dem Zweiten Weltkrieg wurde hier zufällig salzhaltiges Wasser entdeckt. Die Heilquelle enthält in hohem Maße Brom und Calciumchlorid, der Kurbetrieb ist jedoch eingestellt.

Wie der Laxbach bei Hirschhorn, so erinnert der Flurname „Lachswehr" bei der einmündenden Itter an Zeiten, als zu Winteranfang noch die Lachse neckaraufwärts zum Laichen in die Bäche des Odenwalds wanderten. Es gab aber noch eine andere Eberbacher Besonderheit, die mit dem Fluss in Zusammenhang steht, den „Krilps". Das waren die silbrigen Schuppen des Weißfisches, die in Frankreich

113

und der Schweiz zu Glasperlen verarbeitet wurden und von denen 20.000 Stück gerade ein Pfund Perlen-Essenz ergaben.

Von Eberbach nach Heidelberg 35 km

Zurück am linken Flussufer in **Neckarwimmersbach** gleich nach der Brücke rechts 300 Meter weiter abermals rechts zum Campingplatz ab nach Ortsende in Nähe des Flusses und am **Fußballplatz** vorüber bei der Weggabelung einen Kilometer weiter nach rechts zum Fluss hin direkt am Flussufer an Pleutersbach vorüber.

Pleutersbach

Am anderen Ende des Dorfes an eine befestigte Forststraße und rechts halten bis Hirschhorn steht jetzt eine wahrhaft schöne Strecke in der Stille und Einsamkeit des Waldes bevor.

Von steilen unverbauten Hängen eingefasst, bereitet sich der Neckar auf seine vielleicht spektakulärste Flussschlinge vor.

Nach 3 Kilometern endet der Asphaltbelag weiter geht's auf gut befahrbarem Kiesweg

Zwischen Eberbach und Hirschhorn

um einer Tunnelöffnung auszuweichen, gewinnt der Weg an Höhe und führt oberhalb vorbei auf der anderen Seite rollen Sie ins Dörflein **Ersheim** hinein immer der Dorfstraße folgen.

Dabei passieren Sie die berühmte gotische Kapelle von Ersheim, die von einer Einfriedung umgeben ist. Gleich am Eingang zum Friedhof steht der „Elendstein", eine jahrhundertealte Totenleuchte. In der Kirche bedecken mittelalterliche Grabplatten die Wände.

Ersheim ≈km 49

Ersheimer Kapelle. Das gotische Kirchlein geht auf einen Vorgängerbau von 773 zurück und ist damit die älteste Kirche im Neckartal, sie birgt Grabdenkmäler der Herren von Hirschhorn.

Der 4,4 m hohe gotische „Elendstein" auf dem Friedhof ist eine Totenleuchte aus dem Jahr 1412.

Nach Absolvierung der Flussschlinge rückt am anderen Ufer Hirschhorn ins Blickfeld, die vielfach verschachtelte Altstadt ist mit der Burg mit fast senkrecht abfallenden Mauern verbunden. Keine der Ortsansichten am Neckar, Heidelberg ausgenommen, kann sich mit diesem großartigen Bild vergleichen! Die Burg beherrscht die Stadt, bedrückt sie aber (optisch) nicht. Dichter als anderswo giebelt fränkisches Fachwerk über der Kaimauer.

Tipp: Ein Besuch im Städtchen gestaltet sich sehr einfach, Sie müssen nur über die Neckarbrücke radeln.

Hirschhorn ≈km 47

PLZ: 69434; Vorwahl: 06272

Verkehrsamt, Alleeweg 2, ✆ 1742

Langbein-Museum, Alleeweg 2, ÖZ: Di, Do 14-16 Uhr, So 10-12 Uhr und 14-16 Uhr. Die Vielfalt der Naturalien- und Altertümersammlung lässt sich aus der Sammlertradition und dem Kunst- bzw. Geschichtsbegriff des 19. Jhs. heraus verstehen. Zu sehen sind Architektur, Malerei, Kunstgewerbe, Klein- und Volkskunst, Textilien, Waffen, Gebrauchsgegen-

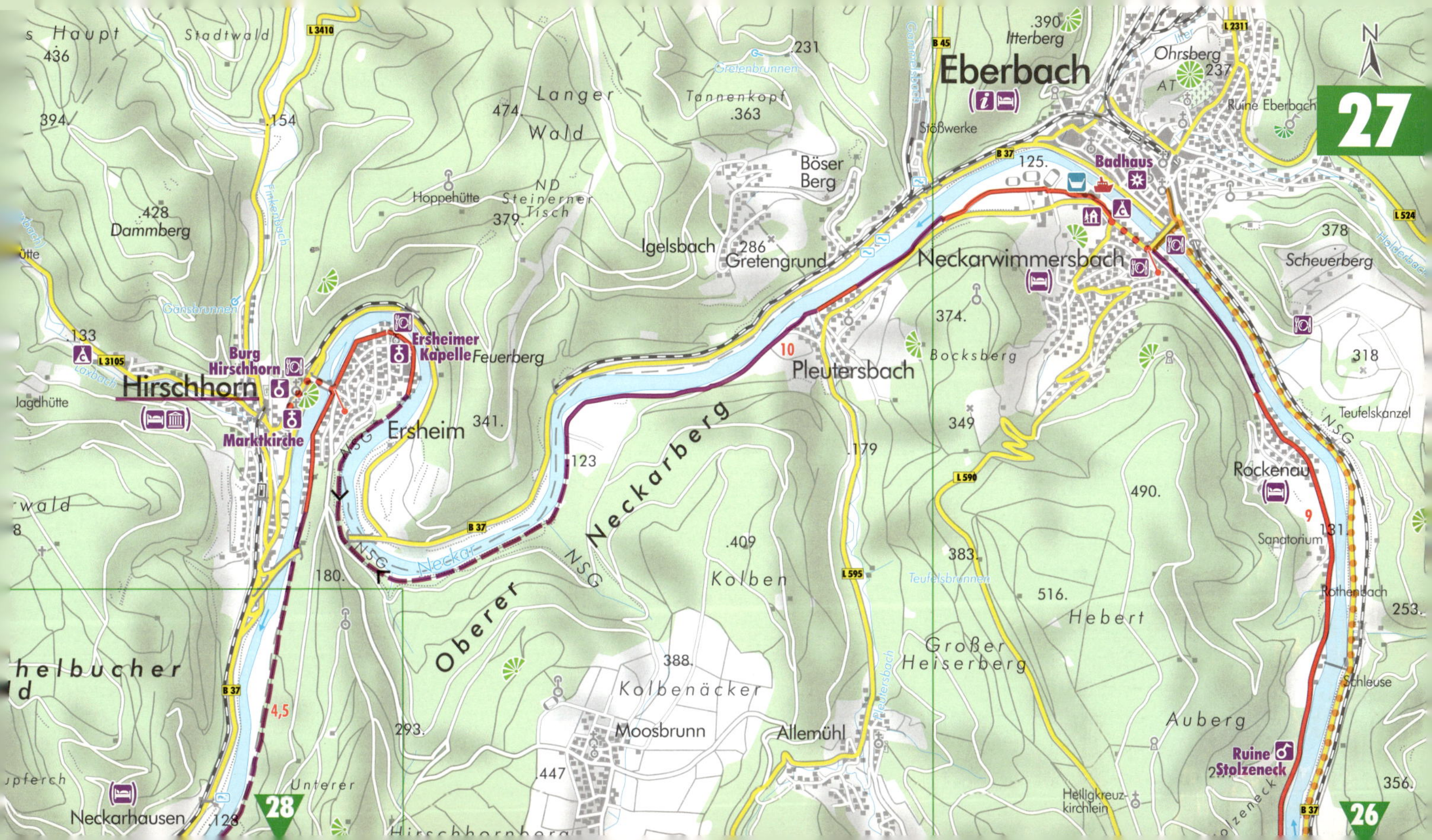

27
Eberbach
Hirschhorn
Ersheim
Neckarwimmersbach
Pleutersbach
Rockenau
Neckarhausen
Moosbrunn
Allemühl
Igelsbach
Gretengrund
Burg Hirschhorn
Marktkirche
Ersheimer Kapelle
Badhaus
Ruine Stolzeneck
Ruine Eberbach
Itterberg
Ohrsberg
Stößwerke
Böser Berg
Tannenkopf
Langer Wald
Stadtwald
Dammberg
Hoppehütte
ND Steinerner Tisch
Feuerberg
Neckarberg
Oberer
Kolben
Kolbenäcker
Bocksberg
Großer Heiserberg
Hebert
Auberg
Scheuerberg
Teufelskanzel
Sanatorium
Rothenbach
Schleuse
Heiligkreuz-kirchlein
Jagdhütte
Gansbrunnen
Gretenbrunnen
Teufelsbrunnen
Finkenbach
Laxbach
Pleutersbach
Neckar
NSG
Unterer
B 37
B 45
L 3410
L 3105
L 2311
L 524
L 590
L 595
436
394
.154
.428
.133
474.
.363
.231
.390
237
379.
286
125.
378
374.
318
341.
349
123
.179
490.
131.
180.
.409
383.
516.
253.
388.
293.
.447
356.
128
10
9
4,5
28
26

Bei Hirschhorn

ständе u. a.

- **Ehem. Karmeliterkloster,** unterhalb der Burg. Aus der Gründungszeit von 1406 stammen noch Kirche und Teile des Konvents. Im Kapitelsaal des Konventbaus erhielten sich bedeutende Wandgemälde vom Beginn des 16. Jhs., vermutlich ein Werk Jörg Ratgebs.
- **Marktkirche,** Marktplatz. 1628-30 als protestantische Stadtkirche erbaut, während der Gegenreformation geschlossen, später als katholische Kirche neu eingerichtet. Das alte Stadttor (1391) blieb als Kirchturm erhalten.
- **Burg Hirschhorn.** Um 1300 entstand der gotische Palas der Herren von Hirschhorn, der frühere romanische Bergfried wurde durch den schlanken „Hexenturm" ersetzt, nach mehreren Erweiterungen 1583-86 Anbau des Renaissancepalas.

Die Ästhetik der „Perle des Neckartales", des Zusammenspiels zwischen Burg und Städtchen, täuscht allzu leicht über die einstige klare Herrschaftssituation hinweg. Hirschhorn war ein Burgstädtchen wie jedes andere. Um 1200 entstand die obere Burg, die gegen die heraufziehenden Feuersbrünste später um zwei Vorburgen erweitert wurde. 1586 wich der frühgotische Palas dem spiralgieblign Renaissancebau.

Die finanzgewandten Herren von Hirschhorn spielten als Erbtruchsessen („Tafelaufseher") am Heidelberger Hof eine wichtige Rolle und erhielten 1391 das Recht „das Dorf unter Hirßhorn der Feste gelegen zu einem Städtlein zu machen". Die Hochwasser und Überfällen bisher hilflos ausgelieferten Einwohner der umliegenden Dörfer stellten das Gros der neuen „Bürgerschaft". Sie mussten aber auch innerhalb der Mauern ihre Fachwerkhäuser gegen den unruhigen Neckar auf hohe Untergeschosse stellen. Engelhard I. und II. arbeiteten sich zum Geldgeber des Kaisers empor und nahmen nach den Pestwellen des 14. Jahr-

Hirschhorn

hunderts gegen Schutzgelder auch verfolgte Juden in ihre Stadt auf.

Die **Hauptroute** bleibt nach Hirschhorn weiterhin am linken Ufer.

Tipp: Besucher der Kernstadt fahren zurück über die Neckar-Schleusen-Brücke und biegen rechts auf die geteerte Ortsstraße ein.

Mit den letzten Wohngebäuden, etwa 500 Meter nach der Brücke, bleibt die Siedlung schließlich zurück.

Tipp: Hier endet die Radwegemarkierung R1 und R4, Sie befinden sich wieder auf baden-württembergischen Boden.

Die Bundesstraße tritt oberhalb aus dem

28

- Lochmühle
- Schönau
- Greiner Tal
- Hegschlag
- Forsthaus
- Michelbucher Wald
- 27
- Salzlackenbusch
- .365
- hausen
- Hahnberg
- .398
- Allmendsbrunnen
- Hubertushütte
- Vogelherd .413
- Heuwegskopf
- .436
- Saupferch
- Neckarhausen
- Unterer
- 29
- Rauschbrunnen
- Lärchengarten
- Löwenbrunnen
- .473
- Lindenbach
- .442
- Hoher Darsberg
- .447
- Wormser Kinderrerholungsheim
- Darsberg .368
- .365
- ehem Burg Hundheim
- 117
- Neckarhäuserhof
- Neckarberg
- .462
- Bürgerwald
- 4,5
- Orthopädische Klinik
- 4,5
- Lammerskopf .468
- Jägerfelsen
- .333
- Ruine Hinterburg
- "Schwalbennest" Burg Schadeck .415
- .144
- .116
- 2,5
- Neckarsteinach
- Wanderheim
- Lanzenbach
- Galgenberg
- ND
- Neckarberge
- 2,5
- kopf
- 4,5
- Teufelstein
- Schadeck ND
- Kleingemünd
- Dilsberg
- .228
- Bergfeste 3,5
- 2
- .123
- Kreuzberg
- .353
- .329
- Steinener Tisch
- .319
- 6
- L 534
- .128
- Rainbach
- .151
- Neuhof
- Kirchberg
- .392
- Neckar B 37
- 3
- Oberer Stadtwald .367
- .213
- Bannhol
- Großer Administrationswald
- .366
- euz
- Kümmelbacherhof
- Neckargemünd
- Neckarriedkopf .300
- .128
- Mückenloch
- Lautenberg
- Kümmelbach
- Pohberg
- .308

In Hirschhorn

Berginnneren wieder ans Tageslicht ~ danach verliert der Weg für 2,5 Kilometer seinen festen Belag ~ vor dem Dörflein **Neckarhäuserhof** mündet der Uferweg dann in die Kreisstraße ein, die hier, leicht rechts weiterführend, den Neckar erreicht.

Neckarhäuserhof

Im Ort rechts auf die Kreisstraße, die hier den Neckar erreicht.

Tipp: Wer auf dem Campingplatz bei Neckarhausen am Nordufer übernachten will, kann mit der Autofähre (Betriebszeiten: April–Okt. 6–12.15 und 12.45–20.30 Uhr) übersetzen.

An dieser Stelle fanden die grausamen Hirschjagden des Kurfürsten Karl Theodor statt. Er ließ dabei die Hirsche durch eine eingezäunte Schneise am Abhang ins Wasser treiben, wo ihnen dann der gnädige Herr vom Boot aus den Todesstoß gab. Die Miniatur, die diese Szene darstellt, ist im Kurpfälzischen Museum in Heidelberg zu sehen.

Neckarhäuserhof hinter sich lassen ~ ab Ortsende auf den Radweg ausweichen ~ nachdem der Weg endet für 150 Meter wieder auf der Kreisstraße ~ die Neckarroute zweigt nach rechts auf einen Schotterweg ab und bleibt damit am Ufer.

Tipp: Die Kreisstraße wendet sich vom Fluss ab und führt weiter zur **Burgfeste Dilsberg**. Dies ist jedoch die weniger günstige Zufahrt zur Bergfeste. Mit weniger Mühe lässt sich Dilsberg vom Neckarsteinacher Wehr aus über einen Wanderpfad erklimmen.

Kurz vor der Staumauer bei **Neckarsteinach** zweigt ein Weg vom Ufer ab und führt zur Brücke hinauf.

Tipp: Hier trennen sich die beiden Ufervarianten, zwischen denen Sie bis Heidelberg wählen können: Am rechten Ufer geleitet Sie die **Hauptroute** über **Neckarsteinach**, der Vierburgenstadt, auf ufernahen Radwegen weiter nach Kleingemünd. Von dort geht es dann größtenteils entlang einer stark befahrenen Straße, die lediglich über einen schmalen Mehrzweckstreifen verfügt, nach Heidelberg hinein. Mit der Strecke auf dieser Flussseite erlebt man zudem den Austritt des Neckars aus dem Odenwald auf reizvollere Weise.

Die **Variante** am linken bzw. südlichen Ufer hingegen verläuft teils auf einem Güterweg, der für ein kurzes Stück schlecht befahrbar ist, und teils auf der Landstraße und dann auf der Bundesstraße nach **Schlierbach**. Ab hier gibt es zwar einen schmalen Radweg entlang der B 37, doch angesichts des extrem starken Verkehrsaufkommens ist das nur ein geringer Trost. Jedenfalls ist dies die schnellste Möglichkeit, um nach Heidelberg zu kommen.

Zwischen den zwei Ufern können Sie in

Kleingemünd und bei Schlierbach wechseln. Oder Sie machen es ganz elegant und gondeln ab Neckarsteinach einfach mit dem Schiff in die „Hauptstadt der Romantik".

Neckarsteinach s. S. 123

Am Südufer nach Heidelberg 16 km

Tipp: Ab der Staumauer bei Neckarsteinach haben Sie am Südufer noch zwei Wahlmöglichkeiten. Sie können entweder zur **Burgfeste Dilsberg** hinaufstrampeln, was mit einer schweißtreibenden Anfahrt und einer schwungvollen Talfahrt verbunden ist, oder Sie fahren am Neckarufer unterhalb des Berges vorüber.

Über die Burgfeste Dilsberg

Der Weg zur Burgfeste Dilsberg ist als Wanderweg ausgeschildert ~ er zweigt genau bei der Staumauer ab ~ in einigen Windungen steil bergauf ~ nach Überquerung des Forstweges in das hoch oben gelegene kleine Dorf.

Dilsberg

PLZ: 69151; Vorwahl: 06223

- **Rathaus,** ✆ 2444 (oder FVA Neckargemünd)
- **Pfarrkirche St. Bartholomäus.** An Stelle einer gotischen Kapelle 1733 entstanden (Turm 1864), der sehenswerte Hochaltar aus Sandstein vom Ende des 17. Jhs. kommt aus der Heidelberger Jesuitenkirche.
- **Burgflecken.** Mit ihrem Gewinkel und von einem Bering umgeben ist es ein reizvoller Teil der immer noch einheitlich wirkenden Bergfeste. An längst vergangene Zeiten erinnern altes Kopfsteinpflaster und zahlreiche Fachwerkhäuser.
- **Burgruine.** Von der Oberburg erhalten blieb ein achteckiger Treppenturm des Palas (16. Jh.) und ein 46 m tief in den Fels getriebener Brunnenschacht mit 80 m langem, begehbarem Brunnenstollen. In der Vorburg stehen noch die ehemalige Zehentscheune von 1537, das Wacht- und Kommandantenhaus sowie ehem. Kasernen.
- **Führungen Burg und Brunnenstollen,** nur auf Anmeldung über Burgkasse oder Verkehrsamt Neckargemünd.

Jäh aufragend erhebt sich der Bergkegel aus dem Tal, auf dem gerade Burg und Wehrdorf Platz finden. Pfalzgraf Ruprecht I. gründete

Dilsberg

um 1330 das Städtchen Dilsberg. Die als Bürger verpflichteten Bauern aus den umliegenden Weilern erhielten „des Bergs Freiheit" und blieben von Leibeigenschaft und Steuern unbehelligt. Die erste, aber nicht die letzte Feuerprobe bestand die kurpfälzische Festung 1622, als die Heere der Katholischen Liga anrückten. Die Besatzung wehrte einen sechsstündigen Ansturm ab und versenkte wenig später auch die kaiserliche Nachschubflotte von fünf Schiffen.

Eine entscheidende Rolle bei dieser Aktion dürfte vermutlich auch der berühmte unterirdische Gang gespielt haben, der vom Burgbrunnenschacht in 35 Meter Tiefe seitlich abzweigt und am bewaldeten Osthang des Höllenbergs ins Freie mündet. Er wurde um 1900 von einem Deutschamerikaner, angeregt durch Mark Twains Dilsberg-Schilderung, freigelegt. In badischer Zeit musste die verfallende Burg als Gefängnis und Karzer

119

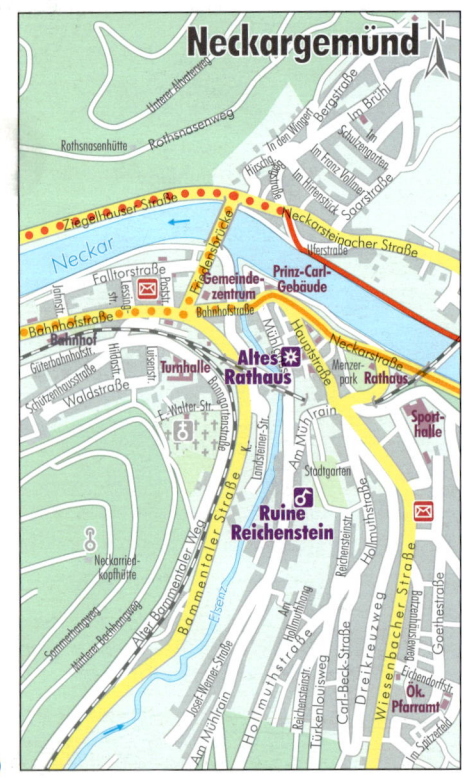

für die Heidelberger Studenten herhalten.

Nachdem Sie sich in Dilsberg umgesehen haben den erkämpften Höhenunterschied nutzen und auf der anderen Bergseite ins Neckartal zurückfahren ~ wenn das Stadttor am Ende des Ortes passiert ist mit viel Schwung nach Neuhof ~ dem Straßenverlauf folgen und hier scharf rechts ~ bei **Rainbach** wieder an den Fluss.

Am Neckarufer

Fahren Sie aber lieber am Neckarufer entlang, so fahren Sie an der Schleuse vorüber ~ darauffolgend auch dem Campingplatz ausweichen ~ bevor aber die Straße nach einer Schranke anzusteigen beginnt, rechts ab ~ somit unten am Fluss bleiben ~ auf einem unbefestigten, stellenweise steinigen Güterweg links am Campingplatz vorüber ~ nach 600 Metern am Neckarufer wieder auf Asphalt ~ einen Kilometer weiter in **Rainbach** auf die Kreisstraße ~ hier Richtung Neckargemünd.

Vor der Eisenbahnbrücke zweigt die Route dann nach rechts auf den Treidelpfad ab ~ hier unter der Brücke hindurch ~ am Kai entlang ~ an der Schiffsanlegestelle vorüber ~ um die Kirche herum bis zur Hauptstraße vor.

Tipp: In Neckargemünd findet sich einiges an Sehenswürdigkeiten, und zahlreiche einladende Gasthöfe lassen eine gute Mahlzeit erwarten.

Neckargemünd ≈ km 34

PLZ: 69151; Vorwahl: 06223

🛈 **Touristik-Information**, Bahnhofstr. 13, ✆ 3553

⚓ **Rhein-Neckar-Fahrgastschifffahrt**, ✆ 06229/526. Täglich Neckartalfahrten nach Heidelberg (Abfahrten siehe Neckarsteinach +15 Minuten), Mitnahme von Fahrrädern von der Auslastung der Schiffe abhängig.

🏛 **Museum im Alten Rathaus**, Hauptstr. 25, ✆ 804186 ÖZ: So

Handschuhsheim
Kameralwald
Salzlackenbusch
29
Fennenbergerhöfe
108.
30
5
Neckar
NSG
Holdermannseiche
.421
Schanzenreste (KD)
Zollstock
Mausbachwald
Karlshütte
L 596
Heiligenberg
ehem. Michaelsbasilika
443.
.196
Ziegelhausen
.365
Freilichtbühne
Hahnberg
398.
ehem. Stefanskloster (KD)
AT
Schwedenschanze
NSG
Abtei Neuburg
5,5
113
Rauschbrunnen
Neuenheim
AT
6
Lärchengarten
Zoo
Neckarwiesen
L 534
Alte Brücke
Bf H.-Karlstor
10.
107
B 37
Schlierbach
Löwenbrunnen
2,5
114.
Rindenhäusle
Bergbahn
Schloss
Molkenkur
Königstein
Orthopädische Klinik
4,5
Jägerfelsen
Hbf
AT
Königstuhl
NSG Felsenmeer
442.
.489
Auerhahnenkopf
Eselsbrunnen
Erlenbrunnen
4,5
28
Heidelberg
Märchen-"Paradies"
564.
.517
109.
Landessternwarte Königstuhl
379.
392
NSG
L 534
Stockbrunnen
Kraußstein
Am hohen Kreuz
Neckar
B 37
Pfaffengrund
Ehrenfriedhof
Krankenhaus Speyererhof
L 594
.296
Kleiner
.426
Roßbrunnen
526.
Leopoldstein
Großer
Kümmelbacherhof
Neckargemünd
335
Hirschstraße
Fachklinik Königstuhl
451
Forellenbach
Bierhelderhof
Pleikartsförsterhof
108.
Max-Planck-Institut
Kümmelbach
300.
Rohrbach
.260
Kohlhof
Neckarriedkopf
L 598
L 600a
B 3
.468
252
Zwerrenberg
Unterer Stadtwald

11-17 Uhr. Stadtgeschichtliche und volkskundliche Sammlung (Schusterwerkstatt) sowie Darstellung von Schifffahrt, Fischerei und Holzschiffbau.

✺ **Altes Rathaus**, Hauptstr. 25. Als lutherische Kirche 1771 erbaut, erhielt das Gebäude seine heutige Bestimmung 1824, als es in frühklassizistischer Form für ein Stadthaus umgebaut wurde.

An der alten Fernstraße, die von Worms in der Talgasse der Elsenz nach Würzburg zog, wuchs im frühen 13. Jahrhundert Neckargemünd hoch. Der Ort erlangte schon früh den Status einer freien Reichsstadt. Der Brunnen mit dem Ölkrug vor der Kirche erinnert an das traditionelle heimische Hafnerhandwerk und an die Ölmühlen längs der Elsenz, die, aus den Kornfeldern des Kraichgaus kommend, hier dem Neckar zufließt.

Der Bau der Chausseen nach Mosbach und Heilbronn begünstigte ab 1765 Handel und Wandel. Nach einer Krise, ausgelöst durch die Odenwald- und Neckartalbahn, brachten wieder die Heidelberger Studenten neben Sommerfrischlern und betuchten Pensionären, die das Städtchen als Alterssitz entdeckten,

Neckargemünd

wieder Bewegung in die Stadt. Nicht nur in akademischen Kreisen erlangte die „Griechische Weinstube" Berühmtheit, in der angeblich 1875 das erste Fass griechischen Rotweins in Deutschland angezapft wurde.

Noch während der Eiszeiten zwang ein Felsriegel bei Neckargemünd den Neckar südwärts ab, erst bei Mauer, fünf Kilometer entfernt, wandte er sich wieder nach Norden und floss im Unterlauf der Elsenz in sein heutiges Bett zurück. In dieser Schlinge häufte der Fluss Sand, Kies und Schotter in dicken Schichten auf. Immer wieder kommen hier Knochen und Skelette von Tieren zum Vorschein, die an den Fluss zum Trinken kamen: Nashorn, Waldelefant, Höhlenbär, Säbeltier, Flusspferd, Wisent und Elch.

Am 21. Oktober 1907 fanden zwei Arbeiter in einer Sandgrube bei Mauer einen kräftigen Unterkiefer. Dieser Fund des „Homo heidelbergensis", geborgen aus einer etwa 500.000 Jahre alten Schicht, gilt bis heute als das älteste Zeugnis menschlichen Lebens in Europa.

Nachdem Sie in Neckargemünd nach rechts auf die Hauptstraße eingebogen sind, gelangen Sie zu einer großen Kreuzung.

Tipp: Hier können Sie nach rechts über die Brücke nach **Kleingemünd** hinüberfahren, sollte Sie der von Süden aufkommende Verkehr auf der Bundesstraße von einer Weiterfahrt auf dem Südufer abbringen. Bleiben Sie aber am **Südufer**, weil das Nordufer auch keine angenehmeren Wege bereithält, so schließen Sie sich der nunmehr stark befahrenen Durchfahrtsstraße an.

Bis Heidelberg sind es nur noch 8 Kilometer.

Schlierbach ≈km 30

Ab Schlierbach, das nach 4,5 Kilometern erreicht ist, führt ein schmaler Radweg an der

Straße entlang, trotzdem könnte es aber bei Gegen(rad)verkehr recht eng werden.

Tipp: Falls Sie es sich anders überlegt haben, können Sie hier noch ans Nordufer nach **Ziegelhausen** hinüberfahren.

Nach den letzten Höhen des Odenwaldes weiter nach Heidelberg ~ gleich nach Unterqueren der **Alten Brücke** endet der mittlerweile breiter gewordene Radweg vor der Altstadt ~ nun auf die Nebenstraße wechseln ~ ein Wegweiser für Radfahrer zeigt nach links und weist den Weg zum **Hauptbahnhof**.

Tipp: Über eine der stimmungsvollen Gassen können Sie sich nun in das für Heidelberg so charakteristische lebendige Treiben der Studenten und Touristen stürzen.

Doch nun zurück zur Fortsetzung der **Hauptroute**, die bei der Staumauer von Neckarsteinach unterbrochen wurde ~ auf das rechte Ufer wechseln ~ dann an der Hauptstraße nach links.

Tipp: Die Straße ist an Wochenenden sehr stark befahren, doch so schlimm wie am Südufer ist es doch nicht.

Lediglich 100 Meter im Verkehr und dann nach links in den **Werftweg** abzweigen ~ er führt etwas unterhalb und parallel zur Hauptstraße nach Neckarsteinach hinein ~ bei der Steinachbrücke nach links schwenken und den Neckar überqueren ~ nun bereits im Ortszentrum, das mit seinen hübschen alten Häusern viel Stimmung ausstrahlt.

In einer reizvollen S-Kurve der Neckarstraße gelangen Sie dann zum Neckarufer hinunter. Hier vor den Kaimauern legen die Schiffe Richtung Heidelberg an, und Hochwassermarken zeugen eindrucksvoll von den Überschwemmungen in der Vergangenheit. An der Ecke Neckarstraße-Hirschgasse hat sich die älteste Wassermarke des Tales aus dem Jahr 1524 erhalten.

Neckarsteinach ≈km 38
PLZ: 69239; Vorwahl: 06229
- **Städtisches Verkehrsamt**, Hauptstr. 7, ✆ 92000
- **Rhein-Neckar-Fahrgastschifffahrt**, Neckarlauer, ✆ 526. tägl. nach Neckargemünd und Heidelberg, Abfahrten: Ostern-Mitte Oktober, 10.50, 12.20, 13.30, 15.20, 16.50 Uhr. Mitte Okt.-Ostern: eingeschränkter Schiffverkehr. Mitnahme von Fahrrädern von der Auslastung der Schiffe abhängig.
- Vier-Burgen. Die **Vorderburg** am östlichen Ende der Kette und durch Schenkelmauern mit dem Städtchen verbunden, wurde im 12./13. Jh. errichtet. Die **Mittelburg** stammt ursprünglich aus dem 12. Jh., wurde im 16. Jh. im Renaissancestil umgebaut und ist im 19. Jh. neugotisch geprägt worden. Die Ruine der **Hinterburg** datiert am frühesten von den vier und trägt noch einen Bergfried staufischer Zeit und frühgotische Palasreste. Die Reihe schließt im Westen mit der Ruine **Schadeck**, dem „Schwalbennest", mit starker Schildmauer, auf der 2 Rundtürme sitzen.

Neben der Fischerei und der Rotgerberei galt Mitte des vorigen Jahrhunderts die Schifffahrt als das einträglichste Handwerk im Vierburgenstädtchen Neckarsteinach. Dies war aber erst nach dem Fall der Feudallasten und mit der Freiheit der Binnenschifffahrt möglich geworden. Die Ritter von Steinach errichteten im 12. und 13. Jahrhundert alle vier flussabwärts liegenden Burgen. Von den vier Burgen sind die Vorderburg, ursprünglich durch eine Wehrmauer mit der Stadtbefestigung verbunden, sowie die im Tudorstil erscheinende Mittelburg heute noch bewohnt. Der Bergfried der im Wald gelegenen Hinterburg, des Stammsitzes der Landschade, ist als Aussichtsturm zugänglich. Schadeck ist halb in den Felsen eingesprengt und klebt wie ein Vogelnest über den jäh abstürzenden Steinbrüchen.

An der Schiffslände von Neckarsteinach dem einladenden Uferweg weiter flussabwärts folgen ~ noch vor den letzten Häusern zweigt ein Weg nach rechts zur Bundesstraße ab und führt, diese überquerend, über die Schlosssteige zu den Burganlagen hinauf ~ die Route nähert sich wieder dem Fluss an ~ weiter am Ufer bis nach Kleingemünd.

Gegenüber überziehen Obstgärten den spitzen Bergkogel, über den das so schwer bezwingbare Wehrdorf Dilsberg wacht. Diesseits macht der zurückweichende Hang fruchtbarem Schwemmland Platz. Eine reizvolle Szenerie mit einem Wechsel zwischen steilem Prallhang und flachem Gleithang kennzeichnet diesen Abschnitt.

Kleingemünd ≈km 34

Bei Kleingemünd haben Sie die letzte Möglichkeit eines kühlenden Bades vor Heidelberg.

Hinter Heidelberg – Neckartal zur Rheinebene

Tipp: Danach weist ein Schild nach rechts und bezeichnet den Anschluss an die Südufer-Variante, die hier bereits über die Eisenbahnbrücke erreichbar ist. Falls Sie dies vorhaben, ist es aber einfacher, wenn Sie diesen Uferwechsel erst bei der nächsten Brücke im Ortsgebiet vornehmen.

Weiter am **Nordufer** unter der Eisenbahnbrücke durch ~ beim Biergarten des Hotels „Zum Schwanen" weiter am Neckarufer entlang ~ nach zirka 50 Metern zu einer neuen Auffahrt für Radfahrer zur Bundesstraße.

Tipp: Wer aufs Südufer nach Neckargemünd will, biegt nach links ab.

Folgen Sie jedoch der Hauptroute, so verlassen Sie den Ort geradeaus ~ zwischen Kleingemünd und Ziegelhausen die Straße mit zahlreichen Autos teilen ~ lediglich ein schmaler Mehrzweckstreifen bietet ein wenig Schutz ~ schließlich nach Ziegelhausen nach rechts in die **Kleingemünder Straße** auf dieser Straße geradewegs durch den Ort.

Ziegelhausen ≈km 29
PLZ: 69118; Vorwahl: 06221

Textilmuseum, Brahmsstr. 8, ✆ 800317. ÖZ: Mi, Sa, So 13-18 Uhr.

Abtei Neuburg. Das Benediktinerkloster blühte von 1200 bis 1572, dann wurde es „Lusthaus" der Kurfürstin, später kurz im Besitz von Jesuiten, 1825-51 boten die Gebäude den Vertretern der Heidelberger Romantik (der „Rheinischen Restauration") Aufenthalt. 1926 zogen wieder Benediktiner ein. Die Klosterkirche enthält noch Teile der alten Umfassungsmauern (14. Jh.), in der sog. Abtskapelle sehenswerte Reste interessanter Glasfenster aus dem 15. Jh.

Ziegelhausen entwickelte sich von Deutschlands vermutlich größtem Wäscherdorf zum Erholungsort und Villenquartier. Nach dem kurfürstlichen Hof ließen bald auch Heidelberger und Mannheimer Bürgerfrauen hier ihre Wäsche waschen, bleichen und bügeln. Bis zum Bauboom der fünfziger Jahre bestimmten die aus luftigen Lattenwänden hochgezogenen „Schopfen", in denen bei Regenwetter die Wäsche trocknete, das Dorfbild.

Am Westausgang von Ziegelhausen errang die heutige Abtei Neuburg, bis zur Reformation ein Benediktinerkloster, ihre größte kulturelle Bedeutung als Herberge für Künstler der Spätromantik. Die „Stiftsgesellschaft" träumte von der Restitution des Reiches wie der Einheit der Konfessionen und förderte die Heidelberger Landschaftsmaler. Nach einer einengenden Phase des politischen Katholizismus zogen unter Alexander von Bernus, ein Poet des Symbolismus, erneut „Dichter und ihre Gesellen" in Neuburg ein: Stefan George, Rainer Maria Rilke, Georg Simmel, Alfred Mombert, die Maler Wilhelm Trübner und Alfred Kubin. Verarmt durch die Inflation der Nachkriegsjahre sah sich Bernus 1926 gezwungen, die Künstlerstätte an die alten Herren, die Benediktiner aus Beuron, zu verkaufen.

Schlosshof Heidelberg

Tipp: In Ziegelhausen haben Sie noch einmal Gelegenheit, auf das Südufer zu wechseln. Allerdings spricht nicht viel dafür, drüben auf dem schmalen Radweg entlang der verkehrsreichen B 37 zu radeln. Überdies haben Sie vom rechten Ufer aus eine schönere Sicht auf das Schloss und die Altstadt von Heidelberg und können sich dann elegant über die Steinbögen der Alten Brücke zum Stadtbummel aufmachen.

Daher empfiehlt es sich, in Ziegelhausen auf der **Kleingemünder Straße** geradeaus weiterzufahren ~ 500 Meter nach der Brückenauffahrt beim Vorfahrt achten links halten ~

weiter durch eine ruhige Gasse, bis am Ende der Sackgasse nur noch ein Rad- und Fußweg weiterführt ~ er begleitet die Landstraße nur noch bis zur Abzweigung nach Neuburg und endet dort.

Tipp: Die Weiterführung des Radweges ist derzeit in Bau und soll voraussichtlich im September 2003 fertiggestellt sein.

Nun 500 Meter im Verkehr zurücklegen ~ dann auf einen Begleitweg am linken Straßenrand ausweichen ~ der Weg führt zum Neckarufer hinunter und gibt den Blick auf das **Heidelberger Schloss** frei ~ der Radweg währt aber nicht lange ~ beim Wehr neuerlich zur Uferstraße empor ~ am Fluss entlang vorläufig nur ein Promenadeweg, der den Fußgängern vorbehalten ist.

Tipp: Über die Wehrmauer können Sie bereits zur Heidelberger Altstadt hinüberfahren. Oder Sie warten noch ein Weilchen und überqueren auf der ehrwürdigen Alten Brücke den Neckar.

Nicht einmal das starke Verkehrsaufkommen vermag die einmalige, belebende Atmosphäre der Stadt zu beeinträchtigen. Diesseits bietet eine Reihe schöner Bürgerhäuser der Altstadt mit dem Schloss Paroli, die Bauten leuchten vermehrt im typischen Rot des Odenwälder Sandsteins.

Nach der **Alten Brücke** am rechten Ufer auf der **Neuenheimer Landstraße** bis zur **Theodor-Heuss-Brücke** vorfahren ~ beziehungsweise noch davor zur **Neckarwiese** abzweigen ~ dort befindet sich die Schiffsanlegestelle.

Tipp: Einen Bootsverleih gibt es hier, und vor allem steht viel Rasen zum Ausruhen, zum Schauen und Staunen zur Verfügung.

Aber zunächst hinauf in die Stadt ~ die **Alte Brücke** auf der anderen Seite durch das bekannte doppeltürmige Brückentor verlassen ~ über eine der Gassen zum **Marktplatz** mit dem Rathaus und der Heiliggeistkirche.

Tipp: Linksherum geht es dann zur Station der **Bergbahn** am Kornmarkt, die zum Schloss und zum Königstuhl mit dem Aussichtsturm hinaufführt.

Heidelberg ≈ km 25

PLZ: 69115; Vorwahl: 06221

Tourist-Information, Am Hauptbahnhof, ☎ 19433

Rhein-Neckar-Fahrgastschifffahrt, ☎ 20181. Anlegestelle Stadthalle. Täglich Neckartalfahrten, Linienschiffe über Ladenburg nach Mannheim und weiter nach Worms am Rhein. Fahrradmitnahme von der Auslastung der Schiffe abhängig.

Kurpfälzisches Museum. Hauptstr. 97, ☎ 583402, ÖZ: Di-So 10-17 Uhr, Mi 10-21 Uhr. Untergebracht im Palais Morass (1712), verwahrt das Museum eine Kopie des zirka 500.000 Jahre alten Kieferknochens des „Homo heidelbergensis", der 1907 in Mauer bei Heidelberg gefunden wurde und zu den frühesten menschlichen Zeugnissen in Europa gehört. Außerdem Fundstücke zur Stadtgeschichte oder der Windsheimer Zwölfbotenaltar um 1509 zu sehen.

Deutsches Apothekenmuseum. Im Ottheinrichs-Bau des Schlosses, ☎ 165780, ÖZ: Mo-So 10-17.30 Uhr. Zu sehen sind Zeugnisse aus der Heilkunde mehrerer Jahrhunderte: eine Kräuterkammer, vollständig eingerichtete Offizinen, Haus-, Feld- und Reiseapotheken, wertvolle Sammlung alter Arzneimittel mineralischen, pflanzlichen, tierischen und menschlichen Ursprungs.

Museum für Geologie und Paläontologie, Im Neuenheimer Feld 234, ÖZ: Mo-Fr 9-17 Uhr. Die Schau über zwei Milliarden Jahre der Erdgeschichte präsentiert u. a. eine Kopie des Unterkiefers des „Homo erectus heidelbergensis", des ältesten europäischen Menschen, der vor etwa 600.000 Jahren im Rhein-Neckar-Raum lebte. Besonders sehenswert auch der „Tertiärgarten": die Rekonstruktion eines entstehenden Braunkohlemoores im Freigelände.

Museum des Zoologischen Instituts, Im Neuenheimer Feld 230-231, ☎ 545651, ÖZ: Mo-Fr 8-16 Uhr, So 10-12 Uhr. Behandelt werden u. a. die Gebiete: Stämme des Tierreichs, heimische Wirbellose, vergleichende Anatomie der Wirbeltiere und die Vögel Mitteleuropas.

Völkerkundemuseum, Hauptstr. 235. ☎ 22067. Bemer-

Elite Hotel Heidelberg

Fam. Karrenbauer
Bunsenstr. 20-24, 69115 Heidelberg
Tel. 06221 - 25733, Fax -163949
E-Mail: hotel-elite-heidelberg@t-online.de
www.hotel-elite-heidelberg.de

- Familiär geführtes Hotel Garni mit 12 Zimmern
- Preise ab € 31,– bis € 87,– pro Zimmer und Übernachtung (Inkl. Frühstücksbuffet & MwSt.)
- Reichhaltiges Frühstücksbuffet täglich von 7:00 Uhr bis 11:00 Uhr
- Zentrale Citylage; 5 Minuten zum Stadtzentrum, 2,5 km bis zum Bahnhof; 200 m zu Bus und Bahn
- Wintergartenbereich mit offener Terrasse und Unterstellmöglichkeit für Fahrräder u.a.
- Alle Zimmer mit WC, Dusche und Fernsehen ausgestattet
- 5 Restaurants in unmittelbarer Umgebung decken alle Gaumenfreuden zu einem guten Preis/Leistungsverhältnis ab.
- Das Hotel ist an 365 Tagen im Jahr geöffnet und unsere Rezeption ist von 7:00 Uhr bis 20:00 Uhr für Sie geöffnet. Danach gelangen Sie mittels einem vereinbarten Code auch nach Schließung der Rezeption durch einen Schlüsselsafe noch an Ihr Zimmer. Wir würden uns freuen, Sie bald als Gast in unserem Hotel begrüßen zu dürfen.

Daniel Karrenbauer

kenswert sind die Sammlungen westafrikanischer Gelbgussobjekte und japanische Farbholzschnitte sowie Manuskripte und Bücher aus ganz Asien.

- **Bonsai-Museum**, Ortsteil Wieblingen, Mannheimer Str. 401, ☎ 849110. ÖZ: Mo-Fr 10-18 Uhr, Sa, So 10-16 Uhr.
- **Heiliggeistkirche**, Hauptstraße. Erbaut in der ersten Hälfte des 15. Jhs., beherbergte die Kirche in ihren galerieartigen Obergeschossen (Emporen) bis 1623 die „Bibliotheca Palatina" der Universität. In der Begräbnisstätte der Kurfürsten blieb das Grabmal des Universitätsgründers Ruprecht I. erhalten.
- **Ehemalige Jesuitenkirche**, Schulgasse. Die heute katholische dreischiffige Kirche mit ihrem nüchternen Innenraum stammt aus dem 18. Jh. und steht im damaligen Jesuitenkomplex mit Jesuitenkolleg und Jesuitengymnasium.
- **Heidelberger Schloss**, ☎ 538414. Führung: 8-17 Uhr. Auf einem Vorsprung des Königstuhles gelegen, wurde die zwischen dem 13. und 17. Jh. ausgebaute Anlage zur Residenz der Kurfürsten. Nach den Verwüstungen im Pfälzischen Erbfolgekrieg (1689-97) wurde sie nur zum Teil wieder aufgebaut und ist heute als „gepflegte" Ruine weltweit berühmt. Zu den restaurierten Bauten zählen der Ottheinrichsbau mit Renaissance-Fassade oder der manieristische Friedrichsbau, dessen Figurenkette die fürstliche Ahnenreihe zeigt.
- **Alte Universität**, Augustinergasse, ☎ 542334. ÖZ: Di-Sa 9-

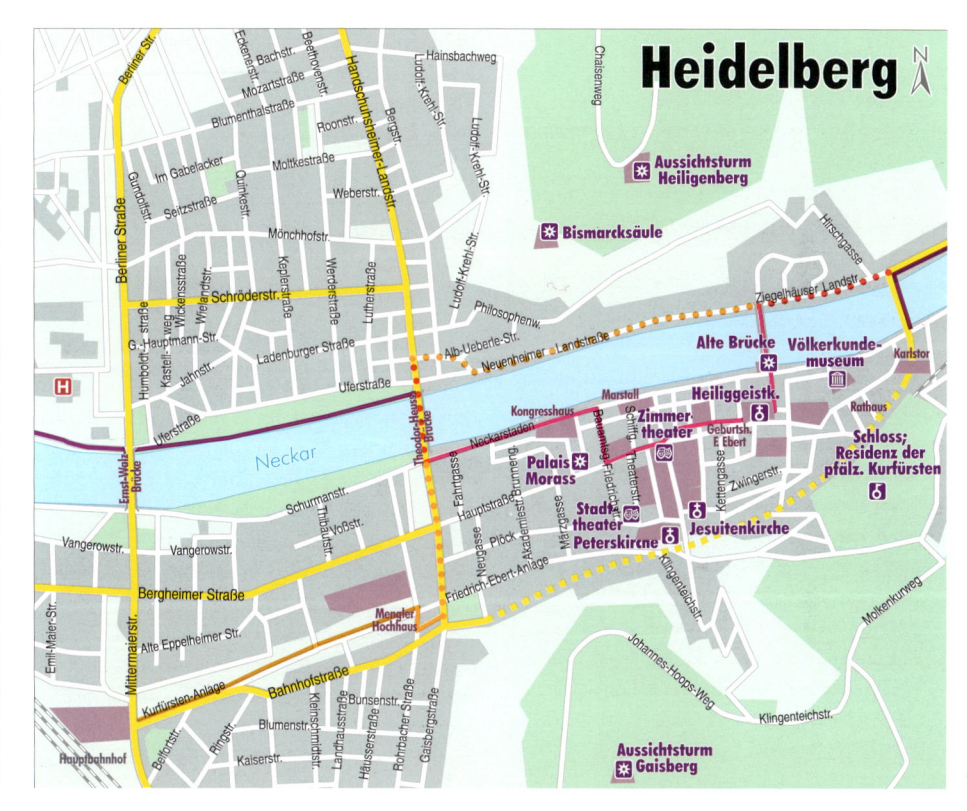

127

Heidelberg – Blick vom Philosophenweg

17 Uhr. Das nach dem Kurfürsten „Domus Wilhelmiana" genannte Gebäude wurde ab 1711 erbaut. Sehenswert sind die Alte Aula mit ihrer prächtigen Ausstattung, errichtet zum 500-jährigen Jubiläum der Universität, und im Rückgebäude an der Augustinergasse der Karzer, das 1778 eingerichtete Studentengefängnis mit Wandmalereien der Einsitzenden.

✱ **Alte Brücke**. Die 1786-88 errichtete steinerne Brücke gehört mit ihren feinen Bögen zu den Standardansichten der Stadt. Das klassizistische Brückentor an der Stadtseite öffnet sich zwischen zwei barockisierten Rundtürmen des alten Berings.

✱ **Historische Studentenlokale**: „Knösel", Haspelg. 20 (seit 1863). „Zum Roten Ochsen", Hauptstr. 217 (seit 1703). „Schnookeloch", Haspelg. 8 (erbaut 1407), „Zum Sepp'l", Hauptstr. 213 (seit 1634).

✱ **Märchenparadies Königstuhl**, Königstuhl 5a, ☏ 23416. Animierte Märchengruppen, elektrische Pferdereitbahn, Kindereisenbahn.

✱ **Bergbahn**, zum Schloss und auf den Königstuhl, ☏ 22796. Talstation am Kornmarkt.

🅰 **Botanischer Garten**, Neuenheimer Feld 340, ☏ 545783. ÖZ: Mo-Do, So/Fei 9-12 Uhr und 13-16 Uhr.

🅰 **Zoo**, Tiergartenstr. 3, ☏ 480041. ÖZ: April-Sept., Mo-So 10-19 Uhr, Okt.-März, Mo-So 9-17 Uhr.

Der Aufstieg von Heidelberg begann im 13. Jahrhundert, als die Pfalzgrafen die stark befestigte Stadt zu ihrer Residenz wählten. Kurfürst Ruprecht I. gründete 1386 die Universität, nach Prag und Wien die drittälteste im deutschsprachigen Raum. Er nahm dabei einen Teil der Studenten auf, die wegen des Schismas aus Paris geflohen waren. Während der Reformation war die Hochschule zunächst eine Hochburg des Calvinismus, 1563 entstand hier der Heidelberger Katechismus, ein heute noch gültiges Bekenntnisbuch aller Reformierten. Manche Größen des Humanismus wie Peter Luder, Rudolf Agricola oder Johannes Reuchlin, der erste Professor des Griechischen

Heidelberg – Tortürme der Alten Brücke

in Deutschland, lehrten hier.

Nach Verlegung der Residenz nach Mannheim erwarb das universitäre Heidelberg neuen Ruhm erst nach der Besitznahme durch Baden um 1800. Der Großherzog Carl Friedrich und seine Nachfolger wetteiferten darin, die berühmtesten Gelehrten an den Neckar zu berufen, so Görres, Bunsen, Kirchhoff oder Max Weber, Friedrich Gundolf und Karl Jaspers. Die Neue Universität wurde nach dem Ersten Weltkrieg mit Hilfe von Spenden errichtet, die ehemalige Studenten in den USA aufgebracht hatten, für die Heidelberg die deutsche Universität gewesen war.

Jene prächtige Schlossanlage, die auf dem Kupferstich von M. Merian aus dem Jahr 1645 noch entzückt, brannte im Pfälzischen Erbfolgekrieg 1693 nieder. Die Stadt entstand über dem mittelalterlich-gotischen Grundriss im Stil des Barock neu und zeigt eine planmäßige Anlage. Das Schloss hingegen blieb im Wesentlichen bis heute eine „gepflegte" Ruine und traditionelles Kultobjekt für Romantiker. Nachdem Victor Hugo das rätselhaft romantische Deutschland für seine Landsleute entdeckte und Walther Scott und Mark Twain für die angelsächsische Welt, begann auch die Vermarktung des Mythos Heidelberg. Den imposantesten Beitrag dazu hätte beinahe Kaiser Wilhelm II. mit dem von ihm favorisierten Wiederaufbau des Schlosses im Stil der elsässischen Hochkönigsburg geliefert. Das Projekt scheiterte jedoch am einmütigen Protest der Universität wie der Bürgerschaft. Heute ist Heidelberg immer noch die Stadt mit dem größten ausländischen Besucheranteil in Deutschland, die ihre Bedeutung auch in Lehre und Forschung mit mehreren renommierten Instituten wahrt.

Heidelberg – Schlossbeleuchtung

Die **Heidelberger Altstadt** entweder bei der Alten Brücke oder bei der nächsten, der **Theodor-Heuss-Brücke**, verlassen ~ somit wieder ans **Nordufer** zurückkehren ~ zwischen den zwei Brücken verläuft auf der Südseite eine Radroute, die als Weg zum **Hauptbahnhof** ausgeschildert ist.

Diese Route durchfährt von der Alten Brücke kommend zuerst die **Lauerstraße** ~ danach umrundet diese rechtsherum den schwerfälligen Bau des alten Zeughauses ~ an Wochenenden sind hier Kollisionen mit den Fußgängern fast vorprogrammiert, daher Vorsicht ~ danach setzt sich die Route ein wenig nach links versetzt in der **Unteren Neckarstraße** fort ~ am **Kongresshaus** und am **Jubiläumsplatz** vorüber ~ danach den Neckarstaden überqueren ~ dann zur **Theodor-Heuss-Brücke** hinauf ans Nordufer, wo durch die ufernahe Neckarwiese der Radweg aus der Stadt hinausführt.

Von Heidelberg nach Mannheim   25 km

Die **Neckartal-Route** verlässt Heidelberg am Nordufer Richtung Ladenburg ~ auf der **Neckarwiese** bei der Theodor-Heuss-Brücke setzt wieder ein Radweg an.

Tipp: Hier befindet sich auch die Anlegestelle für die Personenschiffe, die bereits Rheinhäfen ansteuern.

Zwischen Uferstraße und Wiese auf dem Radweg neckarabwärts ~ nach der Brücke auf Schotter am modernen **Klinikenviertel** vorüber ~ beim Stauwehr dem Weg nach rechts folgen ~ an der Querstraße links ~ auf dieser Höhe zur Rechten das moderne **Universitätszentrum** ~ in der **Tiergartenstraße** bald zum Eingang vom **Zoo** ~ wenig später

129

auch das **Bad** passieren ↝ nach dem Bad der Anliegerstraße immer geradeaus bis zum Klärwerk folgen ↝ dieses rechtsherum umrunden ↝ weiter geht's auf der Spur der alten Römerstraße.

An einer Querstraße links halten, um unterhalb der Autobahn durchzufahren ↝ danach noch etwa einen Kilometer auf Asphalt geradeaus ↝ dann links einbiegen ↝ bei **Schwabenheim** zum Neckar zurückkehren ↝ in der Siedlung nach der Kurve links von der Landstraße ab.

Am Neckar empfängt Sie eine Gastterrasse, von der sich nach dem „Gebirge" das offene Land vortrefflich genießen lässt. Gegenüber erstreckt sich Edingen, früher bekannt für seine Zigarren, Brauereien und Ausflugslokale.

Mannheim

Schwabenheim

Ab **Schwabenheim** zieht der Radweg am Neckar dahin ↝ auch an der Weggabelung nach 2 Kilometern dem Ufer treu bleiben ↝ vorbei am Bad kommen Sie zur Fähre, die **Neckarhausen** mit Ladenburg verbindet ↝ aber Sie fahren geradewegs auf das schöne Städtchen Ladenburg zu ↝ erst eine Mauer zwingt dazu, vom Uferweg auf die Straße auszuweichen ↝ ihre Reiseroute zweigt gleich nach dem **Wasserturm** links auf den Radweg ab.

Tipp: Für einen kleinen „Seitensprung" in die Altstadt fahren Sie auf der Straße noch ein Stück weiter und zweigen dann rechts ab.

Ladenburg ≈km 13

PLZ: 68526; Vorwahl: 06203

- **Stadtverwaltung**, Hauptstr. 7, ✆ 700
- **Lobdengau-Museum**, im Bischofshof, ÖZ: Sa, So 11-17 Uhr. Archäologie, Stadtgeschichte, Volkskultur des Lobdengaus.
- **Fahrzeugmuseum Dr. Carl Benz**, Am Sägewerk 6-8, ÖZ: Sa, So 14-18 Uhr. Es zeigt die Geschichte der Motorisierung.
- **Mechanisches Musikmuseum**
- **Stadtpfarrkirche St. Gallus**. Gotischer Kirchenbau über römischer Marktbasilika mit romanischer Krypta.
- **Sebastianskapelle**. Die bischöfliche Hofkapelle im Bereich des fränkischen Königshofes besitzt karolingische Reste, Wandmalereien, der Turm ist romanisch.
- **Wohnhaus von Dr. Carl Benz** und Benzpark, Carl-Benz-Pl. 1, ÖZ: So 15-17 Uhr.
- **Bischofshof**. Der prächtige Bau ist ein Rest der stattlichen bischöflichen Residenz. Fast ein Jahrtausend lang regierten die Bischöfe von Worms über Ladenburg.
- **Handschuhsheimer Hof**. An dem beeindruckenden Adelshof (15.-16. Jh.) wurde die außerordentlich aufwändige Farbfassung der Renaissance erst nach der erfolgten Renovierung wieder sichtbar.

Im frühen Mittelalter war Ladenburg Zentrum des nach ihm benannten Lobdengaues,

Map 30

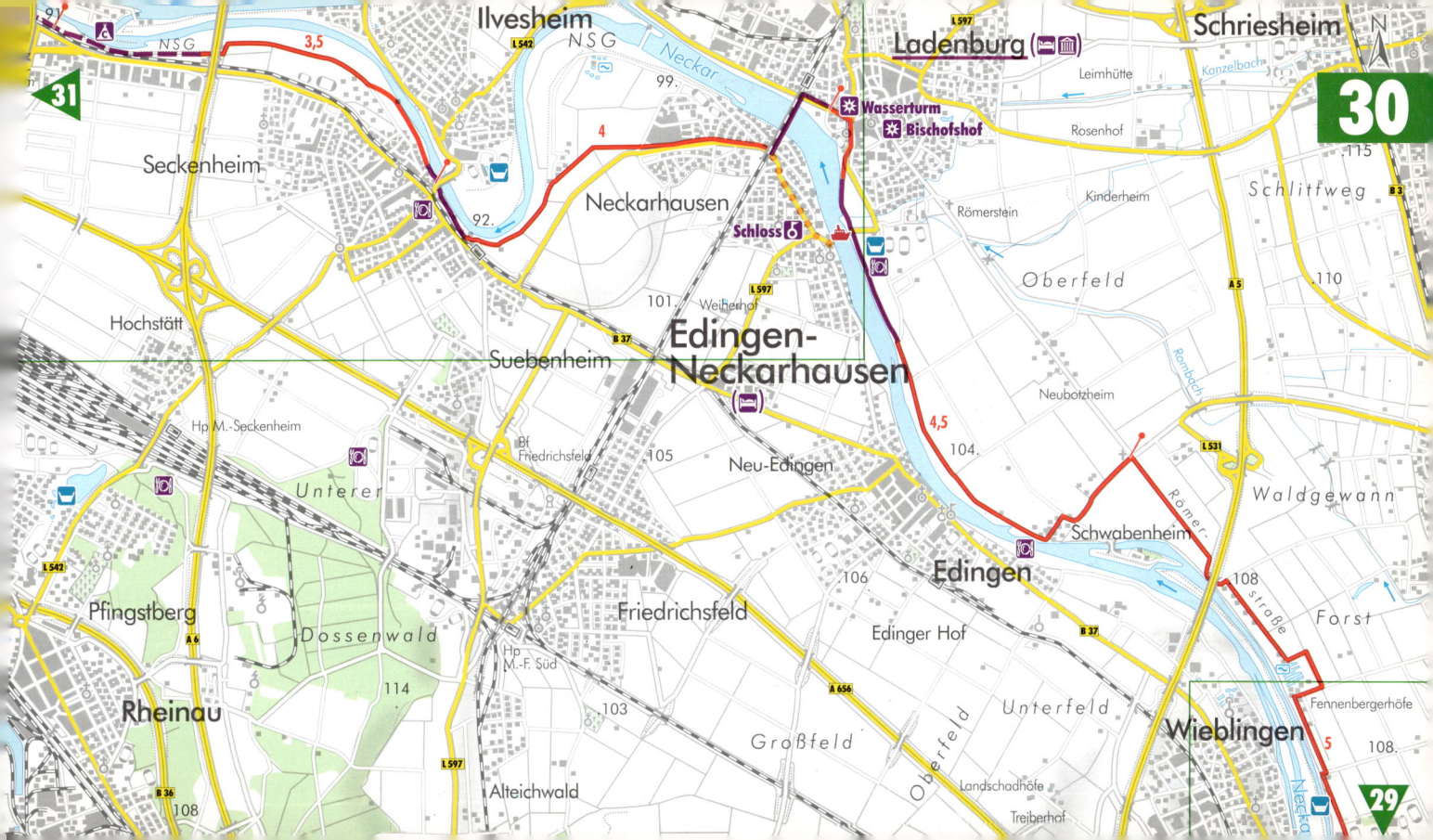

Ilvesheim — NSG — Neckar — **Schriesheim**
Ladenburg — Leimhütte — Kanzelbach
Wasserturm — Bischofshof — Rosenhof
Seckenheim — Neckarhausen — Römerstein — Kinderheim — Schlittweg
Schloss — Oberfeld
Weiherhof — **Edingen-Neckarhausen**
Suebenheim — Neubotzheim
Hochstätt — Bf Friedrichsfeld — Neu-Edingen
Hp M.-Seckenheim — Unterer — Schwabenheim — Waldgewann
Pfingstberg — Dossenwald — Friedrichsfeld — **Edingen** — Forst
Rheinau — Hp M.-F. Süd — Alteichwald — Großfeld — Edinger Hof — Oberfeld — Unterfeld — **Wieblingen** — Fennenberghöfe — Landschadhöfe — Treiberhof

Mannheim

der nicht nur das untere Neckarland in der Rheinebene sondern auch die wildreichen Odenwaldhänge bis in die Gegend von Eberbach einschloss. Die stattlichen Adelshöfe in Ladenburg verdeutlichen mit dem künstlerischen auch den gesellschaftlichen Anspruch adeliger Bewohner der Renaissancezeit.

Die Stadt hat sich in letzter Zeit mit der behutsamen Sanierung der Altstadt einen Namen gemacht, die von qualitätsvollen Bauten aus allen Stilepochen seit der Römerzeit geprägt ist. Ein Fachwerkhaus nach dem anderen wird freigelegt und restauriert. In Ladenburg hat auch Carl Benz, der unabhängig von Daimler den Benzinmotor erfand, seinen Lebensabend verbracht. Seine Autogarage, im Stil der Zeit als Burgruine gestaltet, ist vermutlich die älteste der Welt.

Der Radweg, der nach dem Wasserturm beginnt, führt geradewegs zur **Eisenbahnbrücke** in **Neckarhausen** am linken Ufer eingetroffen, rechter Hand unter der Brücke durch.

Tipp: Zum Schloss, dem heutigen Rathaus, geht's hingegen linksherum.

Neckarhausen ≈km 14

Pfarrkirche St. Martin. Die hübsche zwiebelübertürmte Barockkirche stammt von Franz Raballiati um 1780, dem Schöpfer der Mannheimer Jesuitenkirche.

Schloss. Der klassizistische Bau der Grafen von Oberndorff (1777) dient heute als Rathaus.

Bis hinauf nach Heilbronn waren die Neckarhäuser Halfreiter bekannt. Mit ihren Pferden zogen sie die Boote in sechs Tagen stromaufwärts und trabten dann in anderthalb Tagen wieder zurück. Das Treideln war oft eine üble Tierschinderei, „Abgeschafft wie ein Schiffreitergaul" war bis vor kurzem noch sprichwörtlich. Den Halfreitern entzogen dann die aufkommenden Kettenbootschlepper das Handwerk.

Nach der **Brücke** in Neckarhausen auf die Nebenfahrbahn der Hauptstraße wechseln und so den Ort verlassen ~ nach Ortsende zweigt der Weg von der Kreisstraße nach rechts ab ~ später eine kleine Siedlung streifen ~ direkt am Flussufer nun nach Seckenheim.

Tipp: Nach der Brücke bietet sich die Möglichkeit, durch eine Öffnung der Kaimauer (Kehlerstraße) kurz in die Welt des letzten Neckarstädtchens hineinzuschnuppern.

Seckenheim ≈km 9

Die Route bleibt am Neckarufer und führt an Seckenheim vorüber ~ nach Ortsende mündet der Weg in eine breitere Straße, die Richtung

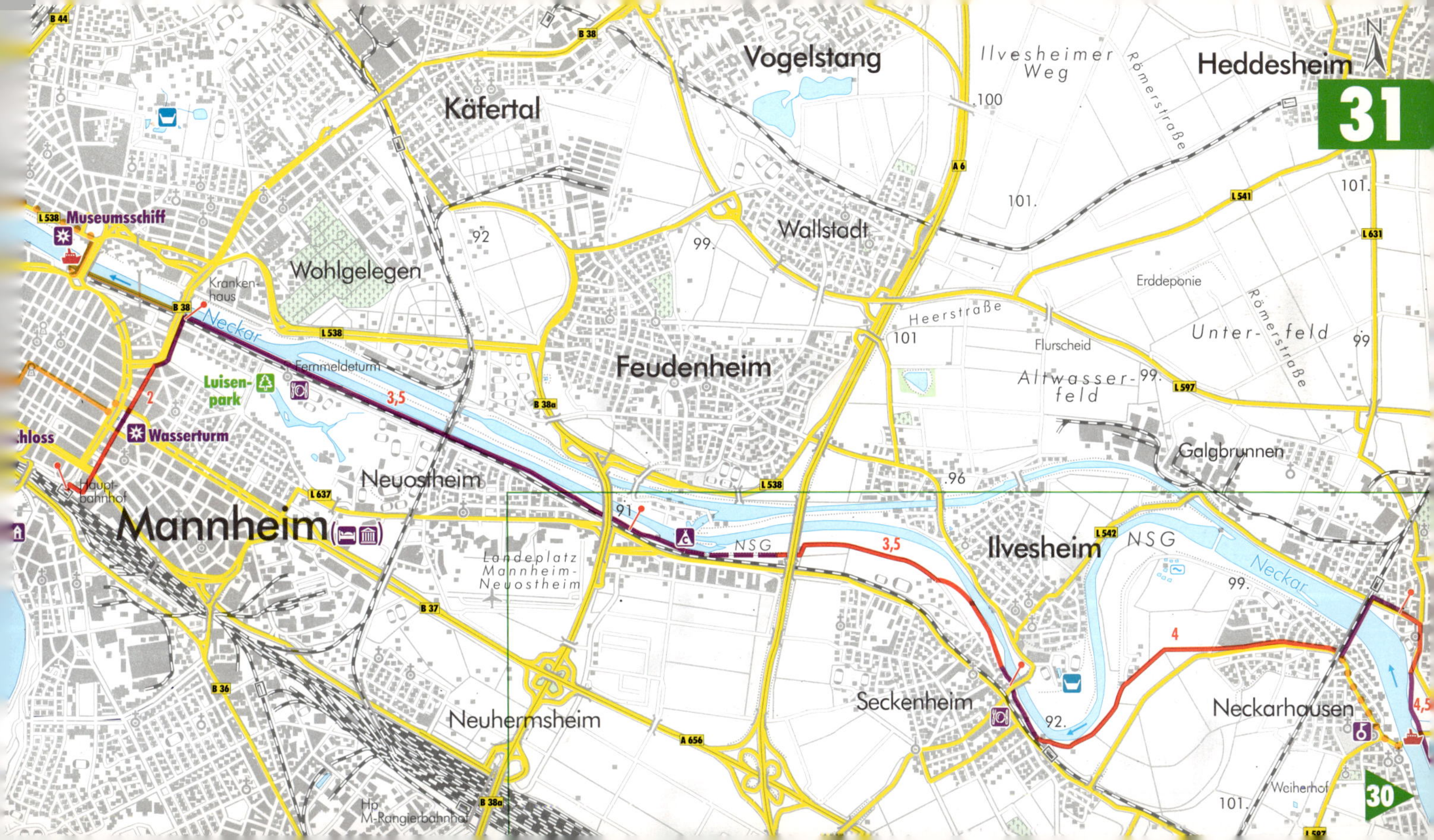
31
Vogelstang
Ilvesheimer Weg
Römerstraße
Heddesheim
Käfertal
B 44
B 38
100
A 6
101.
L 541
L 631
L 538
Museumsschiff
Wallstadt
92
99.
Wohlgelegen
Kranken-
haus
Erddeponie
Heerstraße
Unter- feld
Neckar
Flurscheid
Fernmeldeturm
Feudenheim
Altwasser-
feld
L 597
Luisen-
park
3,5
B 38a
2
Wasserturm
Galgbrunnen
hloss
Neuostheim
.96
Haupt-
bahnhof
L 637
L 538
91
Mannheim
L 542
NSG
Ilvesheim
Landeplatz
Mannheim-
Neuostheim
B 37
4
B 36
Seckenheim
Neckarhausen
4,5
Neuhermsheim
A 656
Hp
M-Rangierbahnhof
Weiherhof
101.
30

wird jedoch beibehalten ~ quer durch die Wiesen führt der Weg zur Autobahn ~ diese mit einem Schwenk nach links unterqueren ~ in der Folge führt der teilweise geschotterte Weg durch den Campingplatz von **Neuostheim** ~ linker Hand dem Verlauf der Straßenbahn anschließen ~ ein grüngehaltenes Schild für Radfahrer weist bereits das Zentrum aus ~ schnurgeraden Weges nun den Neckar auf seinen letzten Kilometern begleiten.

Rechts der Gleise nach 1,5 Kilometern eine **Eisenbahnbrücke** ~ dieser hier rechts unterhalb ausweichen ~ danach zur Linken der **Luisenpark**, ein großer Mannheimer Vergnügungspark.

Tipp: Auf Höhe des Fernmeldeturms können Sie zum Parkeingang abzweigen, das Rad muss allerdings während des Besuches draußen warten.

Für die Weiterfahrt entlang der Straßenbahn bis zur **Friedrich-Ebert-Brücke**, wo bereits eine städtische Radroute Richtung Wasserturm über eine Treppenrampe mit Radschienen und Hauptbahnhof nach links abzweigt ~ der Neckar aber fließt noch 4 Kilometer bis zur Mündung in den Rhein.

Tipp: Wer die Reise mit einem kurzen Abstecher zum Neckarspitz ausklingen lassen will, fährt hier noch geradeaus weiter.

Dies ist gleichzeitig der Verlauf des Rhein-Radweges nach Worms, dessen genauer Routenverlauf im *bikeline*-Radtourenbuch „Rhein-Radweg, Teil 2: Von Basel nach Mainz" beschrieben ist. Vorne bei der Kurpfalzbrücke liegt auch das Museumsschiff vor Anker.

Zum Neckarspitz 11 km

Den Gleisen der Straßenbahn entlang weiter geradeaus bis zur **Kurpfalzbrücke** ~ über den Neckar ~ drüben linksherum am Bürgersteig der **Dammstraße** weiter ~ an den Neckarverlauf halten ~ nach der nächsten Brücke bereits auf einem Radweg am Damm entlang ~ nach einem Kilometer den Kanal überqueren ~ danach gleich links ab ~ weiter geht es am Neckarufer ~ nur mehr ein kurzes Stück bis zur Mündung.

Jenseits des Rheins dominiert das riesige BASF-Werk den Horizont, ein verwirrende Durcheinander von Gebäuden, Schuppen Kesseln und Rohrleitungen. Der Rheinstrom verschluckt alsbald das zierliche Wasser des Neckars. Die Wasser aus Schwaben, Franken und der Pfalz vereinen sich mit dem großen deutschen Strom. Wenn Sie noch über ein paar hundert Meter am Rheinufer Ihr Rad ausrollen lassen, stoßen Sie auf eine Gaststätte, wo man bei einem Glas Wein aus dem Neckarland die Reiseerinnerungen noch einmal aufrollen kann. Unermüdliche können daraufolgend die Reise nach Worms fortsetzen.

Die Route in die **Mannheimer Innenstadt** und weiter zum Hauptbahnhof setzt sich ab der **Friedrich-Ebert-Brücke**, am Rande des Luisenparks, über die **Renzstraße** fort ~ hier besser den Radstreifen auf der linken Seite wählen ~ die Vorfahrtsstraße wendet sich nach links ab, Sie fahren geradeaus in die ruhigere **Berliner Straße** ~ nach dem wuchtigen Sandsteinbau der Mannheimer Kunsthalle zum Wahrzeichen der Stadt, dem

Wasserturm ~ hier können Sie sich bereits rechter Hand über den Kaiserring in den historischen Stadtkern begeben ~ dort am Paradeplatz links ab, so erreichen Sie das großartige **Schloss**.

Tipp: Liebhaber moderner Kunst können vom Schlosshof nach rechts den Abstecher nach Ludwigshafen am linken Rheinufer antreten.

Wer zum **Hauptbahnhof** will, weicht dem Wasserturm aus und radelt in der **Tattersallstraße** bis zum Bismarckplatz vor ~ dort rechts ab ~ danach links um die Ecke gleich zum Bahnhof.

Mannheim ≈ km 0

PLZ: 68161; Vorwahl: 0621

- **Tourist-Information**, Willy-Brandt-Pl. 3, ✆ 101011
- **Schiffahrten am Rhein und im Hafen**. Anlegestelle Kurpfalzbrücke. Fahrten bis nach Worms. Hafenrundfahrten in Mannheim: Mo, Do 14. Juni-9. Sept. 10-12 Uhr und 14-16 Uhr. Fahrradmitnahme von Auslastung der Schiffe abhängig. Karten bestellen Sie am besten im Voraus.
- **Reiss-Museum**. C 5 und Neubau in D 5, ✆ 293-3150, ÖZ: Mi 10-21 Uhr, Fr 10-13 Uhr, Sa 13-17 Uhr, So 10-17 Uhr. Im 1777/78 vom Bildhauer P. A. Verschaffelt geschaffenen Zeughaus sind Kunst und Handwerk des 17. und 18. Jhs., Fayencen und Porzellan, Stadt-

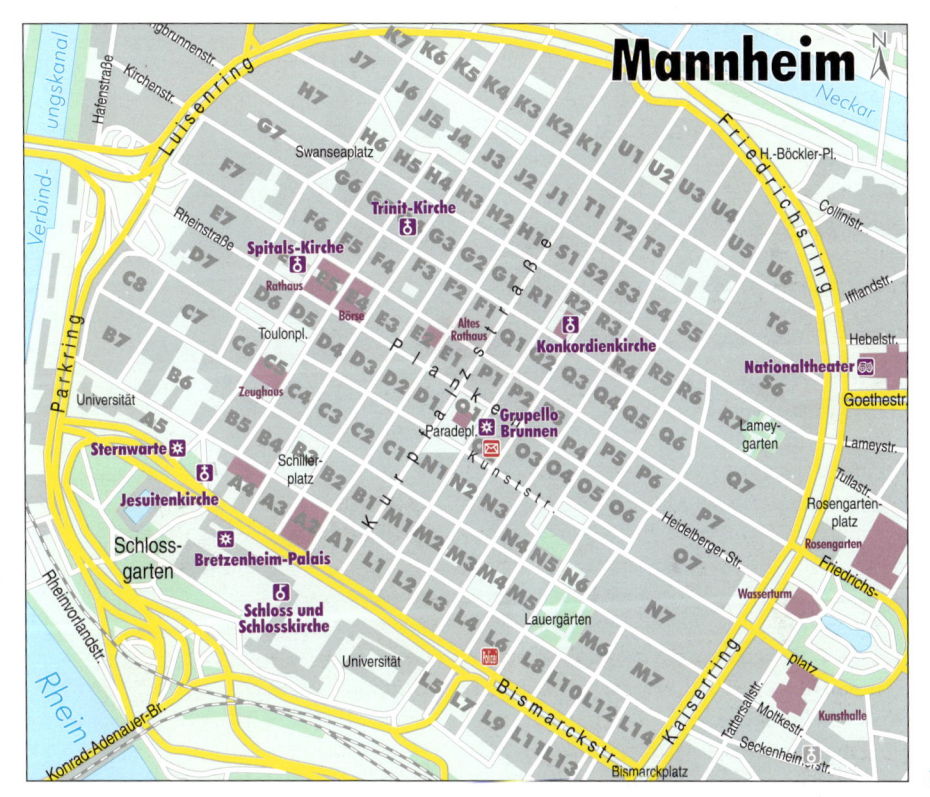

135

geschichte und die Theatersammlung zu sehen. Hier ist auch das berühmte Laufrad des Karl von Drais, mit dem er 1817 nach Schwetzingen strampelte, ausgestellt.

🏛 **Städtische Kunsthalle**. Moltkestr. 9, ☎ 2936413/30, ÖZ: Di-So 10-17 Uhr, Do 12-17 Uhr. In der stämmigen Jugendstilanlage aus rotem Sandstein (1907) befindet sich eine der bedeutendsten Galerien Deutschlands. Neben 30.000 Blatt Handzeichnungen, Aquarellen und Druckgraphiken, fast 2.000 Gemälde und Skulpturen; hinzu kommen eine Plakat- und eine kunstgewerbliche Glas-, Porzellan- und Keramiksammlung. Vor allem Kunst des 19. und 20. Jhs. (Cèzanne, Manet, Thoma u. a.).

🏛 **Landesmuseum für Technik und Arbeit**. Museumstr. 1, ☎ 42989, ÖZ: Di-So 10-17 Uhr, Mi 10-20 Uhr. Eine ungewöhnliche Begegnung mit dem „Homo technicus": Besucher durchwandern auf einer Spirale nach unten 250 Jahre technisch-sozialen Wandel und Industrialisierung im deutschen Südwesten. Zum Anfassen wird eingeladen bei Ackerbau,

Hausgewerbe oder Handpapierschöpfen; Stationen zeigen Roboter, die Pkws schweißen, Bier wird nach „alter" Art gezapft oder der dampfbetriebene „Eisenmensch" belebt.

🏛 **Museumschiff Mannheim**. Neckarufer unterhalb der Kurpfalzbrücke, ☎ 1565756, ÖZ: Di, Do 9-17 Uhr, Mi 9-20 Uhr, Fr 9-13 Uhr, Sa 10-17 Uhr, So 10-18 Uhr. Der Seitenraddampfer (1927) war einer der größten und schnellsten KD-Schiffe am Rhein, konnte über 2.000 Personen befördern und 23 km/h erreichen. Im Original sind Steuerstuhl, Maschinen und Telegraph erhalten, 70 Modelle zeigen 2000 Jahre Schifffahrt.

🏛 **Mannheimer Kunstverein**. Augusta-Anlage 58, ☎ 402208, ÖZ: Di-Fr 12-18 Uhr, Mi 10-19 Uhr, Sa, So 10-17 Uhr. Der Mannheimer Kunstverein zählt zu den ältesten Institutionen dieser Art in Deutschland (1833). Sein Ziel ist, zwischen Kunstwerk und Publikum zu vermitteln sowie Verständnis für zeitgenössische Kunst zu wecken.

⛪ **Jesuitenkirche**. Quadrat A 4. Der als bedeutendste Barockkirche am Oberrhein gerühmte Bau entstand 1733-60 nach den Plänen von Alessandro Bibiena. Unter den Künstlern, die Fresken, Altäre, Fassade und Weihwasserbecken gestalteten, finden sich Berühmtheiten wie Verschaffelt, Asam oder Egell.

⛪ **Untere Pfarrkirche und Altes Rathaus**. Marktplatz, Quadrat F1. Die bemerkenswerte barocke Kulisse für den Markt besteht aus dem Rathaus, der Kirche und dem gemeinsamen, 57 m hohen Turm, alle Anfang des 18. Jhs. entstanden.

⛪ **Schloss Mannheim**. ☎ 2922890, Führungen: April-Okt., Di-So 10-13 Uhr und 14-17 Uhr, Nov.-März, Sa und So 10-13 Uhr und 14-17 Uhr. Das 1720-60 als Residenz der Herrscher von der Pfalz erbaute Schloss zählt weltweit zu den größten Barockanlagen. Die kurfürstliche Machtdemonstration zählt 500 Räume, 1387 Fenster und ihre Stadtfront erstreckt sich über 500 Meter. Nach dem Zweiten Weltkrieg wiederaufgebaut, wurde es zum Sitz der Universität. Von kunsthistorischer Bedeutung sind das Treppenhaus, das originale Bibliothekskabinett der Kurfürstin Elisabeth Auguste, der festliche Rittersaal oder die altkatholische Schlosskirche.

✳ **Wasserturm**. Friedrichsplatz. Mannheims liebstes Denkmal und Wahrzeichen erhebt sich mit 60 m Höhe über den im Jugendstil mit Wasserspielen angelegten Platz. Errichtet wurde der 19 m dicke Sandsteinkoloss 1888/89, dessen originaltreuen Wiederaufbau nach 1945 gegen den Plan eines modernisierten Turmes die Bürger erwirkten.

Paradeplatz. Quadrat D 1. Diente als zentraler Alarmplatz der Festung und wurde später begrünt. In der Mitte steht ein Brunnen, dessen Pyramide aus allegorischen Bronzefiguren die Greuel des Krieges und die Tugenden des Friedens darstellt (Bildhauer Gabriell Grupello um 1716).

Planetarium. Wilhelm-Varnholt-Allee 1, ✆ 415692, ÖZ: Di 10 und 15 Uhr, Mi, Fr 15 und 20 Uhr, Do 15 Uhr, Sa, So 17 und 19 Uhr. Bereits 1927 wurde in Mannheim eines der ersten Planetarien der Welt eröffnet, während des Zweiten Weltkrieges jedoch zerstört. Die heutige Einrichtung verfügt über eine Projektionsfläche von 628 m² und präsentiert ein Weltraumszenario in Form einer Multimediaschau.

Nationaltheater, Goetheplatz. Das alte traditionsreiche „Teutsche Commödienhaus" (Dalberg, Schiller, Iffland) ging im Zweiten Weltkrieg unter. Im Neubau von 1957 (G. Weber) wurden zum ersten Male Grundzüge des Totaltheaters verwirklicht, wie dies Walter Gropius und Erwin Piscator einst entwarfen. Bühne und Zuschauerraum sind fast identisch, Zuschauer befinden sich mitten in der Aktion.

Luisenpark. Neckarufer, ✆ 410050, ÖZ: Mo-So ab 9 Uhr bis zur Dämmerung, Mai-Aug. bis 21 Uhr. Ursprünglich der Großherzogin Luise um 1900 gewidmet, wurde der 42 ha große Park im Laufe der Zeit zu einer bedeutenden Gartenschau erweitert. 3.000 Baumexemplare aus 140 Arten. Weiters versprechen 450 Strauch- und Staudenarten, 25.000 Rosen in 320 Variationen eine botanische Freude. Ein gläsernes Schauhaus zeigt Großreptilien sowie 350 Fischarten in 33 Becken.

Schmetterlingshaus im Luisenpark, ✆ 410050

Besucher von Mannheim brauchen erst gar nicht die Vogelperspektive, um zu merken, dass mit dem alten Stadtkern „etwas los" ist: nach Buchstaben und Zahlen bezeichnete, rechteckige Häuserblocks bilden ein Gitternetz, das idealtypisch den Geist der rationalen Aufklärung wiederspiegelt. Die Stadt im Schachbrettmuster einer holländischen Kolonie mit 136 Planquadraten war allerdings bereits die dritte Stadtgründung um 1700. Zuvor hatten Überschwemmungen, Eisgänge, Sumpfluft und morastige Niederungen die Ansiedlung trotz strategisch wichtiger Lage lange hinausgezögert. Von der Feste Friedrichsburg um 1606 ließ der Dreißigjährige Krieg nicht viel übrig. Auch die mit der starken Zuwanderung aus Frankreich und den Niederlanden eingeleitete wirtschaftliche Blüte endete mit einer völligen Zerstörung Mannheims 1689 im Pfälzischen Erbfolgekrieg.

CityHotel *Mannheim*

AM HAUPTBAHNHOF
Fam. Karrenbauer
Tattersallstraße 20-24, 68165 Mannheim,
Tel. (0621) 40 80 00, Fax. (0621) 44 99 48,
www.city-hotel-mannheim.de, E-Mail: cityhotel@gmx.net

City Hotel Mannheim

- Familiär geführtes Hotel Garni; 80 Betten & 10 Apartments
- Preise ab € 25,– bis € 65,– ;
  Bei Apt.´s. wöchentlich von € 150,– bis monatlich. € 800,–
- Reichhaltiges Frühstücksbuffet täglich von 6:00 Uhr bis 10:30 Uhr
- Zentrale Citylage; 500m zum Bahnhof; 500m zur Innenstadt; 200m zu Bus und Bahn
- Geräumiger Hinterhof mit Dach zum Unterstellen der Fahrräder
- Alle Zimmer mit Lift zu erreichen u. mit Fernsehen, Du, WC ausgestattet
- Das Hotel verfügt über eine Internetecke (für unsere Gäste kostenlos)
- Alle Hotelzimmer verfügen über Telefone mit Internetanbindung
- 5 Restaurants in unmittelbarer Umgebung decken alle Gaumenfreuden zu einem vertretbaren Preis/Leistungsverhältnis ab.
- Das Hotel ist 365 Tage im Jahr geöffnet und unsere Rezeption ist rund um die Uhr besetzt.

Wir würden uns freuen, Sie bald als Gast in unserem Hotel begrüßen zu dürfen.

Daniel Karrenbauer

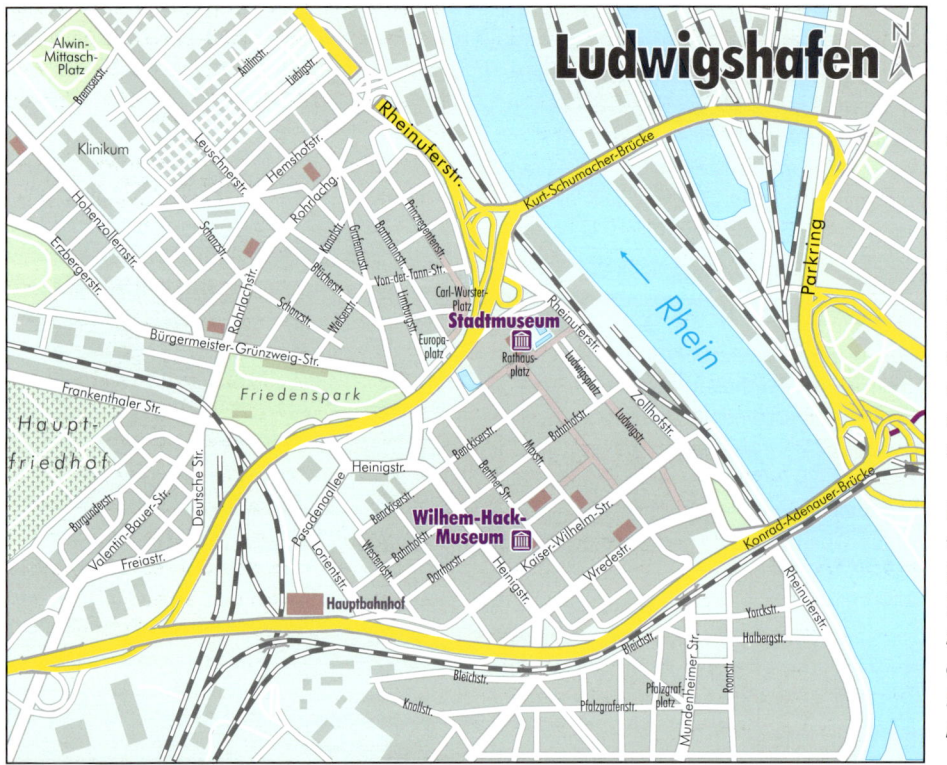

1720 verlegte Kurfürst Carl Philipp seine Hofhaltung von Heidelberg nach Mannheim und ließ die nach Versailles größte barocke Schlossanlage in Europa errichten. Nach wie vor galt die Orientierung der von Bastionen umgürteten Stadt dem Neckar, nicht dem Rhein als der wichtigsten Wasserstraße. Der kulturelle Aufschwung der Residenz erfolgte unter Karl Theodor ab 1742. Das Theater, die Oper, das Orchester lockten Reisende aus ganz Europa an. Die Kurpfälzische Akademie der Wissenschaften überflügelte bald schon die Universität Heidelberg. Mannheim galt damals, vor Weimar, als der Kulturmagnet im alten Reich.

Hinter dem Glanz des absolutistischen Hofes lasteten allerdings konfessionelle Unterdrückung, Korruption und bürokratische Bauernschinderei auf dem Land. Als der Kurfürst durch Erbfolge zum Umzug nach München gezwungen wurde, verlor die Stadt die Hälfte ihrer Einwohner. Mit der Teilung der Pfalz infolge der Revolutionskriege 1803 fiel Mannheim an Baden und wurde zunächst zur nbedeutenden Grenzstadt. Die Schleifung der Bollwerke öffnete jedoch erstmals Blick und Zugang zum Rhein, ab da markieren die Hafenbauten die Entwicklung am deutlichsten. Heute ist Mannheim Mittelpunkt des urban-progressiven Rhein-Neckar-Dreiecks zwischen Ludwigshafen und Heidelberg und eine „Kulturmeile" von internationalem Rang.

Ludwigshafen
PLZ: 67059; Vorwahl: 0621

- **Tourist-Information**, Bahnhofstr. 119, ☎ 512035
- **Wilhelm-Hack-Museum**, Berliner Str. 23, ☎ 5043411, ÖZ: Di-So 10-17.30 Uhr, Do 10-20 Uhr. Die Außenfassade des 1978 eröffneten Museums mit internationalem Rang stammt von Joan Miró. Der Schwerpunkt der Sammlung liegt mit Werken der klassischen Moderne im abstrakt-konstruktiv-konkreten Kunstbereich. Werke von Kandinsky, Munch, Dali, Vasarely oder Henry Moore. Gerade die Frühphase der ungegenständlichen Kunst wird hier in einer in Deutschland einmaligen Vielfalt dargestellt.
- **Stadtmuseum**, Rathaus-Center, Rathauspl. 20, ☎ 5042574, ÖZ: Di-So 10-17.30 Uhr, Do 10-20 Uhr. Den inhaltlichen Schwerpunkt bildet die industrielle Entwicklung Ludwighafens und seiner Umgebung einschließlich der Geschichte der neuzeitlichen Chemie.
- **Karl-Otto-Braun-Museum**, Ortsteil Oppau, ☎ 5042573, ÖZ: So 10-13 Uhr und 14-17 Uhr. Neben Ortsgeschichte sind Wohnräume und Einrichtungen bürgerlicher und Bäuerlicher Wohnkultur sowie landwirtschaftliche Geräte ausgestellt.
- **Schillerhaus**, Ortsteil Oggersheim, ☎ 5042572, ÖZ: Di 17-20 Uhr, Mi-Fr 14-17 Uhr, Sa, So 10-12 Uhr. Das originalgetreu restaurierte Haus, in dem sich der Dichter 1782 auf seiner Flucht aus Stuttgart aufgehalten hat, präsentiert die vollständigen Erstausgaben Schillers.
- **Lutherkirche**. Die protestantische Lutherkirche wurde 1858-62 als neugotische Saalkirche erbaut. Im Zweiten Weltkrieg blieb nur der Turm erhalten, die Reste wurden nachher als Mahnmal für den Frieden stehen gelassen.

Der größte Arbeitgeber und Imageträger von Ludwigshafen, das BASF-Werk, war ursprünglich ein Ableger eines Mannheimer Unternehmens, das dort seit 1861 Leuchtgas produzierte. Der Betrieb stellte auch seine anorganischen Vorprodukte selbst her, insbesondere das für die damalige Chemie wichtige Soda. Die nach Ludwigshafen verlegten Werksanlagen dehnten sich durch die raschen chemischen Entdeckungen zunehmend aus und beherrschten bald die gesamte Stadtstruktur. Das Werk erstreckt sich heute 5,4 Kilometer am Rhein entlang, bedeckt eine Fläche von 640 Hektar und verfügt über 20 Kilometer Hafenkais und 190 Kilometer Schienen.

Die Liste der Patente liest sich wie die Geschichte morderner Chemie und Lebensweise: 1888 Schwefelsäure-Kontaktverfahren, 1897 Indigo, 1908 Ammoniak, 1913 Stickstoffdüngemittel, 1924 synthetische Wasch- und Textilmittel, 1932 BASF-Tonband, 1951 Schaumkunststoff Styropor.

Einem schier ungehemmten Wachstum mit einem in Schmutz, Lärm und schlechter Luft „blühenden" Gemeinwesen setzten die Bombardierungen im Zweiten Weltkrieg ein Ende. Die neu aufgebaute Stadt lebt zwar weiterhin von der Chemie und besitzt eine manchmal „eigenartig" riechende Luft, es ist ihr jedoch gelungen, sich auch als Bezugspunkt für klassische und moderne Kunst zu etablieren.

Übernachtungsverzeichnis

Bett & Bike

Alle mit dem Bett & Bike-Logo gekennzeichneten Betriebe nehmen an der ADFC-Aktion „Fahrradfreundliche Gastbetriebe" teil. Sie erfüllen die vom ADFC vorgeschriebenen Mindestkriterien und bieten darüber hinaus so manche Annehmlichkeit für Radfahrer. Detaillierte Informationen finden Sie in den ausführlichen Bett & Bike-Verzeichnissen – diese erhalten Sie überall, wo's *bikeline* gibt.

Im Folgenden sind Hotels (H), Hotel garni (Hg), Pensionen (P), Gasthöfe (Gh) und Privatzimmer (Pz), aber auch Jugendherbergen und Campingplätze der meisten Orte entlang des Neckars und der Ausflugsrouten angeführt. Die Orte sind nicht in alphabetischer Reihenfolge, sondern analog zur Streckenführung aufgelistet.

Das Verzeichnis erhebt keinen Anspruch auf Vollständigkeit und stellt keine Empfehlung der einzelnen Betriebe dar. Wichtigstes Auswahlkriterium ist die Nähe zur Radstrecke, in Städten wurden nach Möglichkeit Unterkünfte im Zentrum und nahe zur Route ausgewählt.

Die römische Zahl (I–VI) nach der Telefonnummer gibt die Preisgruppe des betreffenden Betriebes an. Folgende Unterteilung wurde dabei vorgenommen:

I	unter € 15,–
II	€ 15,– bis € 23,–
III	€ 23,– bis € 30,–
IV	€ 30,– bis € 35,–
V	€ 35,– bis € 50,–
VI	über € 50,–

Die Preisgruppen beziehen sich auf den Preis pro Person in einem Doppelzimmer mit Dusche oder Bad inklusive Frühstück. Betriebe mit Etagenbad erhalten das Symbol. In einem Hotel garni wird Übernachtung mit Frühstück angeboten, ein Restaurant gibt es hier im Gegensatz zu Hotels nicht; ein Boardinghouse ist hingegen eine Beherbergungsstätte für Selbstverpfleger.

Da wir das Verzeichnis stets erweitern wollen, sind wir für Anregungen Ihrerseits dankbar. Die Eintragung erfolgt kostenfrei.

Villingen
PLZ: 78050; Vorwahl: 07721
Verkehrsamt, Niedere Str. 88, 822340
H Bosse, Oberförster-Ganter-Str. 9-11, 58011
H Ketterer, Brigachstr. 1, 20040, V
H Bären, Bäreng. 2, 55541, IV
H Diegner, Romäusring 3/1, 92770, IV
H Romaus, Warenburg 4, 30075, IV
H Parkhotel, Brigach 8, 92900, IV-V
H Garland, Farnweg 11, 94840, V
H Im Klosterring, Klosterring 3, 89940, III-IV
H Rindenmühle, Kneipp-Bad 9, 88680, V
Gh Sonne, Steinatstr. 17, 95160, III
Gh Schlachthof, Schlachthausstr. 11, 22584, III
Pz Bächle, Am Kneippbad 5, 59729, I
Jugendherberge, St. Georgener Str. 36, 5414

Schwenningen
PLZ: 78054; Vorwahl: 07720
Tourist-Information, am Bahnhof, 821209
H Neckarquelle, Wannenstr. 5, 9782-9, V
H Ochsen, Bürkstr. 59, 8390, VI
H Central-Hotel, Alte Herd 12-14, 3030, V
Gh Fäßle, Paul-Jauch-Str. 9, 33443, III

Obereschach:
Gh Sonne, Steinatstr. 17, 78052 Obereschach, 95160

Deisslingen
PLZ: 78652; Vorwahl: 07420
H Hirt, Oberhofenstr. 5, 92910, IV-V

Rottweil
PLZ: 78628; Vorwahl: 0741

urist-Information, Altes Rathaus, ✆ 494280
Hotel, Königstr. 21, ✆ 53430, V 🚲
m, Hauptstr. 45, ✆ 45015, IV-V
n, Hochmaurenstr. 1, ✆ 174600, IV-V
hotel Johanniterbad, Johannserg. 12,
530700, V-VI 🚲
antikhotel Haus zum Sternen, Hauptstr. 26,
53300, V-VI
Seehof, Balinger Str. 100, ✆ 7754, V
iler, Karlstr. 1, ✆ 9423366, V-VI 🚲
ldenes Rad, Hauptstr. 38, ✆ 7412, II 🚲
r Kanne, Flöttlingstr. 10, ✆ 8120, II 🚲
ebling, Grundstr. 91, ✆ 40669, II 🚲
ller, Hochwaldstr. 34, ✆ 6869, I 🚲

Villingendorf
PLZ: 78667; Vorwahl: 0741
🛈 Bürgermeisteramt, Hauptstr. 2, ✆ 92980
H Hubertushof, Rottweiler Str. 29, ✆ 31197, II
Gh Kreuz, Hauptstr. 8, ✆ 34057, III

Altoberndorf
PLZ: 78727; Vorwahl: 07423
🛈 Stadtverwaltung Oberndorf, ✆ 770
Pz Marek, Höhingen 11, ✆ 2565, II

Oberndorf am Neckar
PLZ: 78727; Vorwahl: 07423
🛈 Stadtverwaltung, ✆ 770
Hg Bergcafé Link, Mörikeweg 1, ✆ 3491, II-III
Gh Stockbrunnen, Stockbrunnen 1, ✆ 3129, III
Gh Metzgerei Dölker, Hauptstr. 39, ✆ 2470, II

Gh Braustube, Rosenbergstr. 2, ✆ 2467, II-III
Gh Wasserfall, Lindenstr. 60, ✆ 9280, III-IV
P Café Melber, Hölderlinstr. 2, ✆ 2353, III
P Busch-Henning, Rottweilerstr. 32, ✆ 1388, II 🚲
Pz Baumann, Webertalstr. 23, ✆ 3970, I, 🚲
Pz Märländer, Hessestr. 16, ✆ 3731, I o. Frühstück
Pz Döller, Hauptstr. 39, ✆ 2470 🚲

Aistaig
PLZ: 78727; Vorwahl: 07423
🛈 Stadtverwaltung Oberndorf, ✆ 770
Gh Krone, Stuttgarter Str. 6, ✆ 5784, III 🚲
Pz Scholpp, Wagenweg 5/1, ✆ 3282, I

Sulz am Neckar
PLZ: 72172; Vorwahl: 07454
🛈 Städtisches Verkehrsamt, ✆ 96500

Gasthof
Stockbrunnen
78727 Oberndorf am Neckar
Stockbrunnen 1
Tel.: 07423/3129, Fax: 07423/957129

Moderne Fremdenzimmer mit Dusche,
WC, Sat-TV und Zentralheizung.
Abschließbare Garage für Ihre Fahrräder.

Café - Conditorei - Pension
Melber
Gerhard Melber
Höderlinstraße 2, 78727 Oberndorf
Tel. 07423/2353 Fax 83592
www.radtouren.biz
info@radtouren.biz / cafe-melber@t-online.de

Zentrale Lage direkt am Neckartalradweg. Eigene
Conditorei, gemütliches Café ca. 90 Sitzplätze,
Gartencafé mit ca. 80 Sitzplätzen, kleine warme und kalte
Speisen; Fahrradgarage.
Preise: DZ mit Frühstück 50,–€, EZ mit Frühstück 26,–€.

Dölker
METZGEREI

Im Herzen der Oberstadt
gemütl. u. preiswerte Gästezimmer
Etagendusche
reichhaltiges Frühstück
Fahrradgarage

*Rad- und Wandergruppen
sind herzlich willkommen!*
Auf Ihren Besuch freut sich Fam. Dölker
Hauptstr. 39 • 78727 Oberndorf
Tel. 07423/2470 • Fax 07423/2472
www.doelker.de

Gasthof-Pension
Schwanen
Fam. Wilhelm Girr

Marktplatz 4, 72172 Sulz a. N.
Tel. 07454/96400 Fax: 07454/964040
E-Mail: gasthaus-schwanen@web.de

Zentrale Lage am Marktplatz mit
Gartenwirtschaft und Straßencâfe,
rustikale Räumlichkeiten, Càfestüble.
Unser Haus ist geeignet für alle
Festlichkeiten, Ausflüge, Betriebs-
feiern. Gutbürgerliche schwäbische
Küche – Chef kocht selbst. Familiäre
Atmosphäre. Rustikale Gästezimmer mit
Du, WC, Telefon und TV.

Gästehaus „Albeckblick"

141

Gh Schwanen, Marktpl. 4, ✆ 96400, III
Gh Lamm, Marktpl. 5, ✆ 96260, IV
Gh Hecht, Obere Hauptstr. 24, ✆ 5077, III
Pz Schedel, Malmsheimerstr. 15, ✆ 3131, I
Pz Schaumann, Malmsheimerstr. 13, ✆ 4746, I
Pz Scholl, Stuttgarter Str. 67, ✆ 4769,

Fischingen
P Wehrstein, Burg-Wehrstein-Str. 26, ✆ 8370, II

Glatt
PLZ: 72172; Vorwahl: 07482
ℹ Kurverwaltung, ✆ 316235
H Freystatt, Schlosspl. 11, ✆ 92990, III-IV
H Kaiser, Oberamtstr. 23, ✆ 9220, V-VI
P Himmelreich, Weinbergstr. 74, ✆ 328, III

Hotel-Gaststätte »Zur Freystatt«
www.hotel-freystatt.de info@hotel-freystatt.de
Familie Raidt, Schlossplatz 11
72172 Sulz-Glatt/Schwarzwald
Tel. 07482/9299-0, Fax 07482/9299-33

Auf dem Radweg durch die romantischen Täler, genießen Sie die Einkehr in unserem gemütlichen Restaurant mit Blick zum Wasserschloss. Der Schwarzwälder Vesperteller wird Sie begeistern, sowie unsere regionalen und erlesenen Spezialitäten. Übernachtungsmöglichkeit bieten wir in unseren ruhig gelegenen, komfortablen Zimmern: In unserem Gästehaus Betina ÜF € 30,–, im Haupthaus ÜF € 39,–.

P Sonnenhalde, Kelterweg 3, ✆ 913433, II
P Talblick, Weinbergstr. 23, ✆ 1721, III
Pz Deger, Schlosspl., ✆ 484, II

Dettingen
PLZ: 72160; Vorwahl: 07482
Gh Adler, Alte Str. 3, ✆ 230, II-III

Rexingen
PLZ: 72160; Vorwahl: 07451
Gh Zur Sonne, Bergstr. 2, ✆ 2289, II-III
P Panoramastüble, Osterhaldeweg 44, ✆ 2777, II
Haus Vallaitis, Freudenstädter Str. 68, ✆ 8337

Ihlingen
PLZ: 72160; Vorwahl: 07451
P Neff, Osterglockenweg 4-6, ✆ 5509-0, II-III

Horb am Neckar
PLZ: 72160; Vorwahl: 07451
ℹ Stadtinformation, Marktpl. 12, ✆ 3611
Gh Zum Schiff, Marktpl. 21, ✆ 2163, III-IV
Gh Goldener Adler, Neckarstr. 5, ✆ 2328, III
Gh Greifen, Bildechinger Steige 8, ✆ 623147, III-IV

Hohenberg:
Gh Steiglehof, Steigle 35, ✆ 5550-0, IV
Camping-Schüttenhof, ✆ 3951, ganzjährig

Isenburg:
Gh Waldeck, Mühlsteige 33 ✆ 3880, V
Hg Talblick, Talblick 50, ✆ 3440, II

Horb-Mühlen
PLZ: 72160; Vorwahl: 07451

Gasthof Lamm
seit 1867 im Familienbesitz

neu renovierte Zimmer mit Dusche/WC, familiär geführtes Haus, gemütliche Galerie, schwäbische und saisonale Spezialitäten, zünftiger Biergarten.
Fam. Lambacher, Marktplatz 5, 72172 Sulz/N..
Tel. 0 74 54/96 26-0, Fax 0 74 54/96 26 26
info@gasthof-lamm.de · www.gasthof-lamm.info

142

Pension Himmelreich
Fam. Schäfer
Weinbergstraße 74, 72172 Sulz-Glatt
Tel. 07482/328, Fax 07482/913194
E-Mail: pensionhimmelreich@t-online.de
www.pensionhimmelreich.de

Familiäre Pension in ruhiger Südhanglage.
Radfahrerfreundlich (Unterstellplatz für Fahrräder). Zimmer mit Bad/Du/WC, TV und Südbalkon. Frühstücksbuffet mit Bio-Ecke.
Preise: Doppelzimmer € 45,– pro Nacht
Einzelzimmer € 26,– pro Nacht

Gasthof Adler
Sigrid Hellstern, Alte Strasse 3
72160 Horb-Dettingen
E-Mail: adlermichel@aol.com
Tel.: 07482/230
Fax: 07482/7580

Unser fahrradfreundlicher Betrieb verfügt über 14 Zimmer teils mit TV, Dusche und WC. Alle mit Balkon und incl. Frühstücksbuffet, Aufenthaltsraum, Fahrradgarage und Trockenraum sind vorhanden. Weiters bieten wir Ihnen Lunchpakete. In unserem Restaurant servieren wir deutsche + schweizer Spezialitäten.

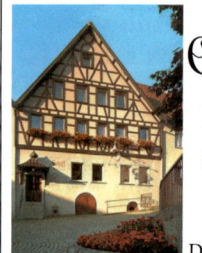

Gasthof zum Schiff
Zimmer mit Dusche, WC, TV
72160 Horb am Neckar
Marktplatz 21 – Telefon (07451) 2163
Traditionsgaststätte • Fam. Geßler

...ut Egelstal, Egelstal 1, ✆ 4823

...ingen
...2108; Vorwahl: 07472
...TG Rottenburg am Neckar mbH, Marktpl. 18,
...916236
...ser, Burkhardtstr. 5, ✆ 6955, II-III

...d Niedernau
...2108; Vorwahl: 07472
...TG Rottenburg am Neckar mbH, Marktpl. 18,
...916236

...tenburg am Neckar
...2108; Vorwahl: 07472
...WTG Rottenburg am Neckar mbH, Marktpl. 24,
...✆ 916236
...artinshof, Eugen-Bolz-Pl. 5, ✆ 91990, IV-V
...ürttemberger Hof, Tübinger Str. 14, ✆ 96360, III-
...onvita, Röntgenstr. 38, ✆ 929-0
...Kaiser, (Bieringen), ✆ 6955
...Anker, Tübinger Str. 15, ✆ 8101, III-V
...Siwik, Bischof-Moser-Str. 3/1, ✆ 24262

...urmlingen
...72108; Vorwahl: 07472
...WTG Rottenburg am Neckar mbH, Marktpl. 24,
...✆ 916236
...ößle, Bricciusstr. 25, ✆ 3333, III
...Adler, Bricciusstr. 57, ✆ 25353, II

...irschau
...Z: 72070; Vorwahl: 07071
...Löwen, Kingersheimer Str. 18, ✆ 71085, III-IV

Tübingen
PLZ: 72072; Vorwahl: 07071
🛈 Verkehrsverein, An der Neckarbrücke, ✆ 91360
H Am Schloss, 72070, Burgsteige 18, ✆ 92940, III-IV
Hg Adler, 72074, Bebenhäuser Str. 2, ✆ 98970, V
H Domizil, 72072, Wöhrdstr. 5-9, ✆ 1390, V-VI
H Stadt Tübingen, 72072, Stuttgarter Str. 97,
   ✆ 31071, V-VI
H Hospiz, 72070, Neckarhalde 2, ✆ 9240, V
H Am Bad, 72072, Am Freibad 2, ✆ 73071, IV-V
H Kürner, 72074, Weizsäckerstr. 1, ✆ 22735, III
H Kreuzberg, 72070, Vor dem Kreuzberg 23, ✆ 94410, IV
H Barbarina, 72074, Wilhelmstr. 94, ✆ 26048, II
H Krone, 72072, Uhlandstr. 1, ✆ 13310, V-VI

Hg Binder, 72070, Nonneng. 4, ✆ 52643, V
Hg Katharina, 72076, Lessingweg 2, ✆ 67021, V
Hg Kupferhammer, 72070, Westbahnhofstr. 57,
   ✆ 4180, V
Hg Sand, 72076, Schwalbenweg 2, ✆ 609490, IV-V
Hg Metropol, Reutlinger Str. 7, ✆ 91010
Gh Alte Krone, Kreuzstr. 21, ✆ 98850
P Marianne, 72072, Johannesweg 14, ✆ 93740, II
Jugendherberge, Gartenstr. 22/2, ✆ 23002
Neckarcamping, Rappenberghalde 61, ✆ 43145

Lustnau:
H Alte Krone, 72074, Kreuzstr. 21, ✆ 98850, V
Gh Venezia, 72074, Dieselstr. 2, ✆ 98820, IV

Aichtal
PLZ: 72631; Vorwahl: 07127
🛈 Stadtverwaltung, Rathaus Aich, ✆ 58030
Grötzingen:
H Aichtaler Hof, Raiffeisenstr. 5, ✆ 9590, VI
Aich:
P Gästehaus Luik, Schmiedweg 3, ✆ 952696
P Llna, Grötzinger Str. 21, ✆ 9568-0, III
Kirchentellinsfurt
PLZ: 72138; Vorwahl: 07121
🛈 Bürgermeisteramt, ✆ 90050
H Bahnhof, Bahnhofstr. 45, ✆ 600628
Pliezhausen:
H Schönbuch, Lichtensteinstr. 45, ✆ 07127/7286, VI
Neckartenzlingen

HOTEL AM SCHLOSS
RESTAURANT MAUGANESCHTLE
schwäbisch-alemannische Spezialitäten
Große Gartenterrasse
Ihr Fahrrad-Hotel im Herzen von Alt-Tübingen!
Kostenloses Einstellen der Fahrräder in der Hotelgarage.
Lunch-Paket erhältlich. Empfohlenes ADFC-Hotel!
Hotel Am Schloss • Burgsteige 18 • D-72070 Tübingen
Telefon ++49 (7071) 9294-0 • Fax ++49 (7071) 929410
www.hotelamschloss.de
E-mail: info@hotelamschloss.de

HOTEL GARNI ADLER
– direkt am HW 5 gelegen –
Vom ADFC und FDNF empfohlen.
Großer kostenloser Fahrradkeller mit Trockenraum.
➔ Einzelzimmer ab € 31,– ←
➔ Doppelzimmer ab € 54,– ←
➔ Dreibettzimmer ab € 75,– ←

Frau Timm, Bebenhäuserstr. 2, 72074 Tübingen
Telefon: 07071-98 97-0; Telefax: -98 97 96

Tel.: 07022/95353-0, Fax: 07022/95353-32
www.hotelgarni-kiefer.com

HOTEL GARNI KIEFER
★★★   ★★★

Neckartailfinger Straße 26/1
72622 Nürtingen-Neckarhausen

Alle Zimmer mit Dusche, WC, Telefon, Farb-TV, Radiowecker und Minibar. An unserem reichhaltigen Frühstücksbuffet können Sie sich für den Tag stärken. Ruhige Lage.

143

PLZ: 07172; Vorwahl: 07127
H Zum Flösser, Stuttgarter Str. 31, ✆ 926111, III-IV
Gh Gästehaus Lindner, Neckarburg 1, ✆ 925399, II-III

Neckarhausen
PLZ: 72622; Vorwahl: 07022
i Bürgermeisteramt Nürtingen, Marktstr. 7, ✆ 75381
Hg Kiefer, Neckartailfinger Str. 26/1, ✆ 953530, II

Nürtingen
PLZ: 72622; Vorwahl: 07022
i Bürgermeisteramt, Marktstr. 7, ✆ 75381
H Am Schlossberg, Europastr. 13, ✆ 7040, ab V 🏍
H Vetter, Marienstr. 59, ✆ 92160, V
H Pflum, Steinengrabenstr. 6, ✆ 9280, V
Hg Siedlerstube, Neuffener Str. 67, ✆ 92510, ab II

Oberensingen
Gh Stoll, Stuttgarter Str. 38, ✆ 52316, ab II

Raidwangen
Gh Lamm, Großbettlinger Str. 3, ✆ 48733, II

Wendlingen am Neckar
PLZ: 73240; Vorwahl: 07024
i Stadtverwaltung, ✆ 9430
H Löwen, Nürtinger Str. 1, ✆ 9490, V
H Fair Hotel, Unterboihingerstr. 25, ✆ 405920, V-VI
H Apart Hotel Aurenz, Hindenburgstr. 26, ✆ 469966, V
Gh Lamm, Kirchheimer Str. 26, ✆ 7296, III

Köngen
H Neckartal, Bahnhofstr. 19, ✆ 8841, III-V
H Schwanen, Schwanenstr. 1, ✆ 8864, V

Wernau am Neckar
PLZ: 73249; Vorwahl: 07153
i Stadtverwaltung, Kirchheimer Str. 69, ✆ 934528

H Maitre, Kranzhaldenstr. 3, ✆ 93130, IV
H Maitre, Kirchheimer Str. 83, ✆ 93000, V
H Bad-Hotel, Köngener Str. 15, ✆ 3315, IV-V
H Kehlenberg, Hauptstr. 29, ✆ 38579, III-IV
Gh Rößle, Kirchheimer Str. 134, ✆ 32777, III

Plochingen
PLZ: 73207; Vorwahl: 07153
i Bürgermeisteramt, ✆ 70050
H Princess, Widdumstr. 3, ✆ 6050, auf Anfr. 🏍
H Schurwald, Marktstr. 13-17, ✆ 83330, auf Anfr.
Hg Prisma, Geschw.-Scholl-Str. 6, ✆ 830805, IV-V
Gh Zum Bären, Neckarstr. 12, ✆ 27938, auf Anfr.

Zell
PLZ: 73730; Vorwahl: 0711
i Amt für Touristik Esslingen, Marktpl. 16, ✆ 35122441
H Zeller Zehnt, Hauptstr. 97, ✆ 367021, V 🏍

Esslingen am Neckar
PLZ: 73728; Vorwahl: 0711
i Stadtinformation, Marktpl. 2, ✆ 39693969
H Am Schillerpark, Neckarstr. 60, ✆ 931330, V
H Am Schelztor, Schelztorstr. 5, ✆ 3969640, V
H Kelter, Kelerstr. 104, ✆ 9189060, IV-VI, 🏍
H Blauer Block, Plochinger Str. 5, ✆ 312017, V
🏠 Jugendherberge, Neuffenstr. 65, ✆ 381848

Oberesslingen
H Rosenau, Plochinger Str. 65, ✆ 3154560, V
H RI, Plochinger Str. 81, ✆ 9318390, V 🏍

Mettingen
PLZ: 73733; Vorwahl: 0711
Gh Germania, Obertürkheimer Str. 28, ✆ 9189530, III-IV

Untertürkheim
PLZ: 70327; Vorwahl: 0711
H Petershof, Klabundeweg 10, ✆ 30640, V
H Brita, Obertürkheim, Augsburger Str. 671, ✆ 3202, VI
Hg Beißwanger, Augsburger Str. 331, ✆ 336601, V
Gh Waldhorn, Großglocknerstr. 63, ✆ 330980, II
Gh Adler, Großglocknerstr. 25, ✆ 330273, IV

Wangen
PLZ: 70327; Vorwahl: 0711
H Ochsen, Ulmer Str. 323, ✆ 407050-0, VI 🏍
H Autohof, Hedelfinger Str. 17, ✆ 407310, III-V
H Hetzel Löwen, Ulmer Str. 331-337, ✆ 40160, V-
H Wangener Post, Wasenstr. 15, ✆ 40270, V-VI
Hg Wangener Landhaus, Weißensteiner Str. 13-15,

Hotel "Maître"
Kranzhaldenstrasse 3
73249 Wernau
Tel.: 07153 / 9313-0
Fax: 07153 / 9313-420
www.hotel-maitre.de
hotel-maitre@t-online.de

- 5 Minuten vom Radwanderweg
- am Ortsrand von Wernau
- Fahrradgarage, Trockenraum
- komfortable Zimmer
- Pilsstube und Biergarten
- feine Küche
- Ferien- und Wochenendtarif

Zur Entspannung:
- Sauna, Dampfbad, Massage
- **Wellness-Programm**

Germania
METTINGEN

Inh. Ralf Michael Krüger

*Durchgehend warme Küche
von 11.00 – 22.00 Uhr
Schwäbische und internationale Spezialitäten
Gartenwirtschaft • 2 Nebenzimmer für
Familienfeiern
– Samstag Ruhetag –
73733 Esslingen-Mettingen
Obertürkheimer Straße 28
Tel. 0711/91 89 53-0 • Fax 0711/91 89 53-22*

144

40250, V
...stock, Augsburgerstr. 406, ☏ 337354

...tgart
...0173; Vorwahl: 0711
...uttgart-Marketing GmbH, ☏ 22280
...uristik-Information, Königstr. 1a (geg. Haupt-
...hnhof), ☏ 2228140
...hl's Linde, Obere Waiblinger Str. 113, ☏ 5204900
...y Domicil, Güglinger Str. 5-11, ☏ 870050
...ger, Kronenstr. 17, ☏ 20990
...eigenberger Graf Zeppelin, Arnulf-Klett-Pl. 7,
...20480, VI
...erContinental, Willy-Brandt-Str. 30, ☏ 20200, VI
...ritim Hotel Stuttgart, Seidenstr. 34, ☏ 9420, VI
...n Schlossgarten, Schillerstr. 23, ☏ 20260, VI
...erCityHotel, Arnulf-Klett-Pl. 2, ☏ 22500, VI
...oyal, Sophienstr. 35, ☏ 625050-0, VI
...ema-Hotel Astoria, Hospitalstr. 29, ☏ 299301, VI
...zenberg, Seestr. 114-116, ☏ 2255040
...etterer, Marienstr. 3, ☏ 20390, VI
...ent, Tübinger Str. 17b, ☏ 210910
...m Feuersee, Johannesstr. 2, ☏ 619540
...ronen, Kronenstr. 48, ☏ 22510, VI
...m Wilhelmsplatz, Wilhelmspl. 9, ☏ 210240, V
...m Friedensplatz, Friedenspl. 2-4, ☏ 9071170, V
...oll's Arche, Bärenstr. 2, ☏ 245759, II-III
...öhler, Neckarstr. 209, ☏ 166660, V
...Wirt am Berg, Gaisburgstr. 12 A, ☏ 241865, III
...Münchner Hof, Neckarstr. 170, ☏ 925700, IV-V
...Wörtz, Hohenheimerstr. 28-30, ☏ 2367000, V-VI

H Wartburg, Lange Str. 49, ☏ 20450, VI
Hg Espenlaub, Charlottenstr. 27, ☏ 210910, V
Hg Unger, 70173, Kronenstr. 17, ☏ 20990, VI
Hg Rieker am Hauptbahnhof, Friedrichstr. 3,
   ☏ 221311, V-VI
Hg Find, Hauptstätter Str. 53 B, ☏ 640407678, V
Hg City Hotel, Uhlandstr. 18, ☏ 210810, V-VI
Gh Der Zauberlehrling, Rosenstr. 38, ☏ 2377770, V-VI
Gh Alte Mira, Büchsenstr. 24, ☏ 2229502, IV-V
Gh Museumstube, Hospitalstr. 9, ☏ 296810, III-IV
P Am Gaskessel, Schlachthofstr. 17, ☏ 464379, III-IV
P Theaterpension, Pfizerstr. 12, ☏ 240722, III-IV
Stuttgart Camp, Feuerbach, Wiener Str. 317,
   ☏ 8177476

Stuttgart-Ost:
H Parkhotel, Villastr. 21, ☏ 28010, VI
H Traube, Steubenstr. 1, ☏ 925480, V
H Bäckerschmiede, Schurwaldstr. 42.44, ☏ 168680, V
H Bellevue, Schurwaldstr. 45, ☏ 480760, IV-V
H Stadthotel am Wasen, Schlachthofstr. 19, ☏ 168570,
   III-V
H Lamm, Karl-Schurz-Str. 7, ☏ 2622354, III
Hg Jursitzki, Staibenäcker 1, ☏ 261820, IV
Hg Geroksruhe, Pischekstr. 70, ☏ 238690, IV-V
Hg Haus Berg, Karl-Schurz-Str. 16, ☏ 261875, III
Hg Bergmeister, Rotenbergstr. 16, ☏ 2684850, V-VI
Jugenherberge Stuttgart, Haussmannstr. 27, Ein-
   gang Werastr./Ecke Kernerstr., ☏ 241583
Jugendgästehaus, Richard-Wagner-Str. 2,
   ☏ 241132

Bad Cannstatt
PLZ: 70374; Vorwahl: 0711
H Krehl's Linde, Obere Waiblinger Str. 113,
   ☏ 5204900, V-VI
H Krone, Zieglerg. 24, ☏ 568987, V
H Wiesbadener Hof, Wiesbadener Str. 23, ☏ 954700, V
H Pannonia Hotel, Teinacher Str. 20, ☏ 95400, V-VI

H Schmidgall, Schmidener Str. 102, ☏ 561276, V
H Sporthotel, Mercedesstr. 83, ☏ 565238, III
Hg Spahr, Waiblinger Str. 63, ☏ 553930, V-VI
Gh Geissler, Waiblinger Str. 21, ☏ 563003, V
Jugendgästehaus, Ortsteil Münster, Am Schnarren-
   berg 10, ☏ 2263355, nur für Jugendgruppen.

Hotel Gästehaus Hirsch
Inhaberin: Christel Bäßler
Remstalstraße 29, 71686 Remseck-Neckarrems
Tel: 0 71 46/8 24 20-0, Fax: 8 24 20-220
www.hirsch-remseck.de   info@hirsch-remseck.de

• Ruhige Gästezimmer zum Waldgarten
  mit DU/WC, TV und Telefon
• reichhaltiges Frühstücksbuffet mit Müsliecke
• sichere Stellgarage • 200m von der Remsmündung entfernt

Remseck
PLZ: 71686; Vorwahl: 07146
H Hirsch, Remstalstr. 29, ☏ 82420-0
P Löckle, Friedhofstr. 4, ☏ 6347

Poppenweiler
PLZ: 71642; Vorwahl: 07144
ℹ Ludwigsburg Information, Wilhelmstr. 10,
   ☏ 910252
P Kleinle-Bühler, Steinheimer Str. 18, ☏ 4259, III

Ludwigsburg
PLZ: 71638; Vorwahl: 07141
ℹ Ludwigsburg Information, Wilhelmstr. 10,
   ☏ 9102252
H Westend, 71636, Friedrich-List-Str. 26, ☏ 451710,
   IV-V
H Zom Hexle, 71636, Keplerstr. 2, ☏ 923887, IV
H Mörike, 71636, Mörikestr. 126, ☏ 47560, IV
H Nestor, 71638, Stuttgarter Str. 35/2, ☏ 9670, VI
H Villa Forêt, 71638, Friedrichstr. 76, ☏ 94330, V
Hg Comfort, 71638, Schillerstr. 19, ☏ 94100, V
Hg Favorit, 71638, Gartenstr. 18, ☏ 97670, V-VI
Jugendherberge, Gemsenbergstr. 21, ☏ 51564

Oßweil:
H Kamin, 71640, Neckarweihinger Str. 52, ☏ 86767,
   IV-V

Hoheneck:
H Krauthof, 71642, Beihinger Str. 27, ☏ 50880, III-VI
Hg Staiger, 71642, Lichtenbergstr. 22, ☏ 25550, IV-V

Marbach am Neckar
PLZ: 71672; Vorwahl: 07144

🛈 Tourist-Information, Marktstr. 323, 📞 102-0
H Art Hotel, Güntterstr. 2, 📞 8444-0, V-VI 🚲
H Parkhotel, Schillerhöhe 14, 📞 905-0, V-VI 🚲
H Schillerhof, Marktstr. 19, 📞 6686, IV 🚲
Gh Zum Bären, Marktstr. 21, 📞 5355, III-IV
Pz Stolarz, Lichtenbergweg 1, 📞 15501, III
Fw Strauss, Obere Holdergasse 6, 📞 15795 III

Benningen
PLZ: 71726; Vorwahl: 07144
Hg Mühle, Ostlandstr. 2, 📞 5021, V 🚲

Freiberg am Neckar
PLZ: 71691; Vorwahl: 07141
🛈 Stadtverwaltung, Marktpl. 2, 📞 2780
H Rössle, Benninger Str. 11, 📞 27490, IV 🚲
H Schober, Bahnhofstr. 63-65, 📞 27670, III-V

H Am Wasen, Wasenstr. 7, 📞 27470, V 🚲
Gh Sammet, Bietigheimer Str. 10, 📞 72389, ab II

Pleidelsheim
PLZ: 74385; Vorwahl: 07144
🛈 Bürgermeisteramt, Marbacher Str. 5, 📞 2640
H Ochsen, Beihingerstr. 2, 📞 81410 🚲
Gh Pleidelsheimer Hof, Mörikestr. 3, 📞 22328
Gh Quelle, Wettestr. 14, 📞 23789
P Dierolf, Blumenstr. 13, 📞 24773

Ingersheim
PLZ: 74379; Vorwahl: 07142
Hg Heinerich, Goethestr. 1, 📞 51371, II-III

Mundelsheim
PLZ: 74395; Vorwahl: 07143
🛈 Gemeindeverwaltung, 📞 81770

Gh Traube, Lange Str. 28, 📞 50075, II
Gh Stern, Lange Straße, 📞 50082, II

Hessigheim:
Höhengaststätte Schreyerhof, 📞 5746, II-III

Bietigheim-Bissingen
PLZ: 74321; Vorwahl: 07142
🛈 Stadtinformation, 📞 74227
H Rose, Kronenbergstr. 14, 📞 42004, V
H Zum Schiller, Marktpl. 5, 📞 90200, V-VI
H Tulipino am Schloss, Hauptstr. 56, 📞 989660, V
P Anker, Holzgartenstr. 31, 📞 41363, IV-V

Besigheim
PLZ: 74354; Vorwahl: 07143
🛈 Stadtinformation, 📞 80780
H Ortel, Am Kelterplatz, 📞 80710, IV

Hotel Mühle
D-71726 Benningen
Tel.: 07144/5021, Fax: 07144/4166
E-Mail: hotelmuehle@aol.com
Internet:www.hotel-muehle-benningen.de

Übernachten in gepflegtem Ambiente
direkt am Neckartal-Radweg
EZ 50,- €, DZ 80,- € (f. 2 Pers.)
S-Bahn-Anschluss nach Stuttgart

HOTEL OCHSEN Garni
Beihingerstr. 2
74385 Pleidelsheim
Tel: 07144/81410
Fax: 07144/8141 430
E-mail: Reservierung@hotochsen.de
Internet: www.hotochsen.de

Bäckerei Heinerich Konditorei
Stehcafé • Gästezimmer
Dieter Heinerich
Goethestr. 1 • 74379 Ingersheim
Telefon Geschäft: 07142/51371
Telefon Privat: 07142/988336
Fax: 07142/53185

E-mail: info@baeckerei-heinerich.de
www.baeckerei-heinerich.de

Reichhaltiges Frühstück
Fahrradgarage
18 Doppelzimmer und 7 Einzelzimmer

Radfahrer willkommen!

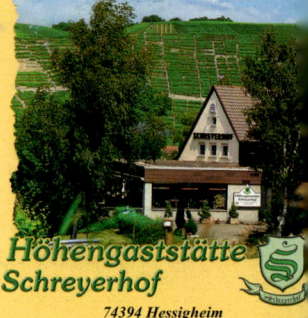

Höhengaststätte Schreyerhof
74394 Hessigheim
Tel. 07143/5746, Fax 07143/5745

Idyllisch und ruhig in der Neckarschleife zwischen Mundelsheim und Hessigheim gelegen und von Weinbergen umgeben – so präsentiert sich der „Schreyerhof" als einladender Landgasthof mit gemütlichen Gasträumen.
Eine schöne Gartenterrasse mit herrlichem Panoramablick auf die umgebenden Weinberge vervollständigt das Sitzangebot.

Der Besitzer Alfred Veigel ist der regionalen schwäbischen Küche verbunden und rundet sein Angebot mit jahreszeitlich wechselnden Spezialitäten wie Spargel, frischen Pfifferlingen Wild und Geflügel ab.

Der „Schreyerhof" verfügt über
4 Doppel- (€ 60,-) und 5 Einzelzimmer (€ 35,-) mit Du/WV und teilweise Sat-TV.
Radfahrer sind herzlich willkommen, es besteht eine Abstellmöglichkeit für Fahrräder.

Das junge Service-Team freut sich, Ihnen den Aufenthalt so angenehm wie möglich gestalten zu dürfen.

arkt, Kirchstr. 43, ☎ 803060, IV-V
r Garni, Weinstr. 6, ☎ 35171, II-III
mler, Talweg 1, ☎ 34491,
s Hessenthaler, Rudolf-Diesel-Str. 2, ☎ 59855,
n, Seitenstr. 18, ☎ 32231, III
Bele, Karlstr. 3, ☎ 35147, II
ger, Baumgartenweg 11, ☎ 50992, II
enberg, Eberhard-Frohnmayer-Str. 2, ☎ 33715, II
s, Karlstr. 4, ☎ 31956, II
e Hirsch, Kirchstr. 16, ☎ 31718, III
aun, Froschbergstr. 61, ☎ 36822, II

heim am Neckar
4366/ Vorwahl: 07143
mannshof, Wasenstr. 2, ☎ 94001, III
rsch, Besigheimer Str. 1, ☎ 91118

ffen am Neckar
74348/ Vorwahl: 07133
ürgerbüro, Bahnhofstr. 54, ☎ 20770
raft, Nordheimer Str. 50, ☎ 98250, III
chenk, Rathausstr. 3, ☎ 95670, III ⌕
efanten, Bahnhofstr. 12, ☎ 95080, V ⌕
ur Eisenbahn, Bahnhofstr. 46, ☎ 7919, II
alken, Bahnhofstr. 37, ☎ 7885, II
Waldgasthof Forchenwald, Am Forchenwald 11,
☎ 17864
Goldenes Lamm, Heilbronner Str. 11, ☎ 5102

rdheim
74226/ Vorwahl: 07133
Ochsen, Bahnhofstr. 62, ☎ 7204, II

Heilbronn
PLZ: 74072/ Vorwahl: 07131
ℹ Tourist Information, Heilbronn Marketing GmbH, Kaiserstr. 17, ☎ 562270
H Urbanus, 74072, Urbanstr. 13, ☎ 991710, V ⌕
H Burkhardt, 74072, Lohtorstr. 7, ☎ 62240, VI
H Götz, 74076, Moltkestr. 52, ☎ 9890, VI
H Grüner Kranz, 74072, Lohtorstr. 9, ☎ 96170, V
H Insel, 74072, Friedrich-Ebert-Brücke, ☎ 6300, VI
H Nestor, 74072, Jakobg. 9, ☎ 6560, VI
Hg Arkade, 74072, Weinsberger Str. 29, ☎ 95600, V-VI
Hg Zur Post, 74072, Bismarckstr. 5, ☎ 627040, V
Hg Central, 74072, Roßkampfstr. 15-17, ☎ 62420, V
Hg City, 74072, Allee 40, ☎ 9353-0, V-VI
Hg Park-Villa, 74074, Gutenbergstr. 30, ☎ 95700, V-VI
Hg Stadthotel, 74076, Neckarsulmer Str. 36, ☎ 95220, V-VI
Hg Zum Schwanen, 74076, Neckarsulmer Str. 44, ☎ 10088, III
P Frey, 74072, Deutschhofstr. 37, ☎ 82862, IV-V
🛌 Jugendherberge, Schirrmannstr. 9, ☎ 172961 ⌕

Sontheim:
H Altes Theater, 74081, Lauffener Str. 2, ☎ 59220, V
Gh Rössle, 74081, Görresstr. 15, ☎ 253011, III
OT Bahnhofsviertel:
H Schlachthof, 74072, Frankfurter Str. 83, ☎ 81413, II
H Armina, 74072, Frankfurter Str. 14, ☎ 80013, III-IV
Hg Altea International, 74072, Bahnhofstr. 31, ☎ 888300, III

Böckingen:
H Kastell, 74080, Kastellstr. 64, ☎ 913310, V ⌕

Neckargartach:
H Leintal, Obereisesheimer Str. 3, ☎ 72180, III
Gh Anker, 74078, Brückenstr. 6, ☎ 21345, II-III

Frankenbach:
Gh Rössle, 74078, Saarbrückener Str. 2, ☎ 91550, IV-V

Neckarsulm
PLZ: 74172/ Vorwahl: 07132
ℹ Haupt- und Personalamt, Marktstr. 18, ☎ 35208
H Nestor, Sulmstr. 2, ☎ 3880, V-VI
H Post, Neckarstr./Urbanstr., ☎ 93210, VI
H An der Linde, Stuttgarter Str. 11, ☎ 98660, VI

H Lamm, Lammg. 6, ☎ 6089, III-IV
Hg Prinz Carl, Marktstr. 49, ☎ 15529, III
Hg Sulmana, Ganzhornstr. 21, ☎ 93600, V
Hg Neckarsulmer Hof, Marktstr. 35, ☎ 2031, III
Gh Garten Eden, Amorbacher Str. 1, ☎ 84134, III-IV
Gh Lamm, Obereisesheim, Hauptstr. 6, ☎ 42210, II

Bad Friedrichshall
PLZ: 74177/ Vorwahl: 07136
ℹ Verkehrsamt, Rathauspl. 2, ☎ 832-92

Kochendorf:
H Schloss Lehen, Hauptstraße, ☎ 98970
Gh Adler, Kirchbrunnenstr. 2, ☎ 92604-0, IV ⌕
Gh Krone, Am Marktplatz, ☎ 24217
P Bauer, Wächterstraße, ☎ 24275

Jagstfeld:

Hotel – Restaurant
Urbanus
Urbanstraße 13, 74072 Heilbronn

EZ ab € 45,–/DZ ab € 65,–
inkl. großem Frühstücksbüffet.
• Zimmer mit Dusche/WC, TV • internationale und schwäbische Küche • Fahrradabstellraum
E-Mail: info@urbanus.de, www.urbanus.de
Tel.: 07131/99171-0, Fax: 07131/99171-91

Hotel und Restaurant Sonne

Wir garantieren bei Ihrer Tour für mindestens einen „Sonnentag": direkt am Knotenpunkt dreier Radwege, in unmittelbarer Nähe vieler Sehenswürdigkeiten, mit modernen und bequemen Zimmern, alle mit Dusche, Kabelfernsehen und ISDN-Telefon, herrlicher Neckarterrasse und einer unvergleichlich, pfiffig regionalen Küche.

Deutschordenstr. 16, 74177 Bad Friedrichshall
Tel. 07136-95610 Fax 07136-9561 11
www.sonne-badfriedrichshall.de

147

Radler herzlich willkommen!

im gepflegten Hotel Neckarblick im Kurviertel, mit herrlichem Blick ins Neckartal, nur wenige Gehminuten vom Kur- und Rehabilitationszentrum entfernt. Die gemütlichen und komfortablen Zimmer sind alle mit Dusche, WC, Farb-TV, Weck-Radio, Telefon und Minibar ausgestattet. Ein umfangreiches Frühstücksbuffet bietet die Grundlage für die nächste Rad-Etappe. Fahrrad-Self-Service-Werkstatt, abschließbare Fahrradgarage.

HOTEL NECKARBLICK GARNI
Erich-Sailer-Str. 48, 74206 Bad Wimpfen
Tel 07063/961620, Fax 07063/8548
Email: info@neckarblick.de
Internet: www.neckarblick.de

H Zur Sonne, Deutschordenstr. 20, ✆ 95610
Gh Schöne Aussicht, Deutschordenstr. 2, ✆ 95320
Hg Alter Schacht, Wilhelmstr. 25, ✆ 9585-0

Bad Wimpfen
PLZ: 74206; Vorwahl: 07063
- Tourist-Information, Carl-Ulrich-Str. 1, ✆ 97200
Hg Neckarblick, Erich-Sailer-Str. 48, ✆ 961620, IV
H Am Kurpark, Kirschenweg 16, ✆ 97770, V
H Sonne, Hauptstr. 87, ✆ 245, V
Hg Klosterkeller, Hauptstr. 39, ✆ 961050, V
Pz Diemer, Wilhelm-Leuschner-Str. 9, ✆ 8142, II
Pz Friedrich, Wilhelm-Leuschner-Str. 14, ✆ 8321, II
Pz Weyhing, Hohenstädterstr. 16, ✆ 8357, II
Pz Zeisler, Kirschenweg 19, ✆ 8380, II
Pz Zimmermann, Kirschenweg 11, ✆ 8307, II

Gasthof Adler & Lamm
Marktstr. 50, Gartenweg 9
74855 Haßmersheim
Tel.: 06266/1522 und 270, Fax 7847
Internet: www.adlerlammhotel.de
E-Mail: helmut.proeger@t-online.de
50 Meter bis zum Radweg!

70 Betten, Frühstücksbuffet, HP/VP auf Anfrage, Gästehaus mit Appartm., Fewo. mit Balkon, DU/WC, Tel., Kabel-TV, Mehrbettzimmer. Ruhige Lage (100m Neckar), eigene Schlachtung, Tischtennis, Garage, Haustier auf Anfrage, Tagungsraum.

Gundelsheim
PLZ: 74831; Vorwahl: 06269
- Stadtverwaltung, Tiefenbacher Str. 16, ✆ 9612
H Zum Lamm, Schlossstr. 27, ✆ 42020, IV
P Café Schell, Schlossstr. 31, ✆ 350, II
Pz Seifert, Adalbert-Stifter-Str. 3, ✆ 526, II

Böttingen:
Pz Löber, Neckarblick 21, ✆ 1693, II

Neckarmühlbach
Gh Zum Neckartal, II

Haßmersheim
PLZ: 74855; Vorwahl: 06266
H Adler, Marktstr. 50, ✆ 1522 od. 270, II-III

Neckarzimmern
PLZ: 74865; Vorwahl: 06261
- Bürgermeisteramt, Hauptstr. 4, ✆ 92310
H Burghotel Hornberg, ✆ 92460, V-VI
- Campingplatz Cimbria, ✆ 2562, April-Nov.

Neckarelz/Mosbach
PLZ: 74821; Vorwahl: 06261
- Tourist Information, ✆ 91880
H Schwanen, Schlossgasse 8-10, ✆ 93440, IV
H Destille Eisenbahn, am Bahnhof, Kantstr. 29, ✆ 7314, II-V
Gh Zum Lamm, Hauptstr. 59, ✆ 89020, III-IV
Pz Am Waldrand, Friedr.-Hölderlin-Str. 9, ✆ 4341, III-IV
Pz Beck, Alte Brückenstr. 31, ✆ 61515
- Mutschlers Mühle, Beim Elzstadion, ✆ 7191

Obrigheim
PLZ: 74847; Vorwahl: 06261

- Verkehrsamt, Hauptstr. 7, ✆ 646-16
H Schloss Neuburg, ✆ 97330, IV
H Wilder Mann, Hauptstr. 22, ✆ 97510, V-VI
Gh Jägerstube, Langenrainstr. 24, ✆ 7201, III
P Reinmuth, Talstr. 12a, ✆ 06262/3880, II

Mörtelstein:
- Waldcamping-Germania, Mühlwiese 1, ✆ 062 1795
Gh Mörtelsteiner Hof, Ebertsgarten 13, ✆ 06262/ II

Guttenbach
PLZ: 69437; Vorwahl: 06263
H Krone, Kirchg. 2, ✆ 1242, I-II

Neckargerach
PLZ: 69437; Vorwahl: 06263
P Café-Rest. Haaf, Hauptstr. 1a, ✆ 697, I-II
H Grüner Baum, Neckarstr. 13, ✆ 706, I-II
Gh Zur Eisenbahn, Bahnhofstr. 26, ✆ 255, I

Zwingenberg
PLZ: 69439; Vorwahl: 06263
- Bürgermeisteramt, ✆ 45152
Gh Goldener Anker, ✆ 429359

Lindach
PLZ: 69412; Vorwahl: 06263
Gh Hirsch, Lindenstr. 25, ✆ 429314, II-III

Rockenau
PLZ: 69412; Vorwahl: 06271
- Tourist-Information Eberbach, Kellerreistr. 36, ✆ 4899
Gh Schiff, Rockenauer Str. 32, ✆ 916279, II-III

H Zum Naturalisten, Hauptstr. 17, ✆ 930430, ab III
Gh Zur Burg Hirschhorn, Hauptstr. 10, ✆ 2660, II 🐾
Gh Zur Krone, Hauptstr. 35, ✆ 2973, III
P Forelle, Langenthaler Str. 2, ✆ 2272, III
P Haus Polzer, Im Schlössel 14, ✆ 1473, I §b
P Christel, Adalbert-Stifter-Str. 19, ✆ 1410, II
P Haus La Belle, Hauptstr. 38, ✆ 1400, II
P Zimmermann, ✆ 2566, I 🐾
▲ Odenwald-Camping-Park, Ulfenbachtal, ✆ 809

Neckarhausen
PLZ: 69239; Vorwahl: 06229
ℹ️ Städtisches Verkehrsamt Neckarsteinach, Hauptstr. 7, ✆ 92000
Gh Lamm, Burgenstr. 5, ✆ 930953, III
H Edelmann, Fährweg 1, ✆ 481, II

Neckarhäuserhof
PLZ: 69151; Vorwahl: 06229
ℹ️ Fremdenverkehrsamt Neckargemünd, Hauptstr. 25, ✆ 3553
Gh Grüner Baum, Im Neckarhäuserhof 3, ✆ 7528, II 🐾

Neckarsteinach
PLZ: 69239; Vorwahl: 06229
ℹ️ Städtisches Verkehrsamt, Hauptstr. 7, ✆ 92000
H Vierburgeneck, Heiterswiesenw. 11 (unterh. Ruine), ✆ 542, ab V 🐾
Hg Neckarblick, Bahnhofstr. 27A, ✆ 708890, III
Gh Sokrates, Bahnhofstr. 13, ✆ 671, III
Pz Eisengrein, Hauptstr. 27, ✆ 2351, II-III
Pz Erles, Otto-Bartning-Str. 9, ✆ 695, II excl. Frühstück
Pz Gatzke, Eichendorffstr. 23, ✆ 7428, II
Pz Siegel, Otto-Bartning-Str. 15, ✆ 2462, I-II

Pz Mätze, Otto-Bartning-Str. 30, ✆ 2326, I-II

Dilsberg
PLZ: 69151; Vorwahl: 06223
ℹ️ Rathaus, ✆ 2444 (oder Touristik-Information Neckargemünd)
Gh Zum Pflug, Bachg. 1, ✆ 2458, II
Pz Werner, Obere Str. 22, ✆ 3118, I
Pz Maurer, Alter Hofweg 96, ✆ 3674, I
Pz Mertens, Postweg 27, ✆ 3140, I 🐾
🏛 Jugendherberge, Untere Str. 1, ✆ 2133, nur mit Ausweis 🐾
▲ Campingplatz „Unterm Dilsberg", ✆ 72585

Neckargemünd
PLZ: 69151; Vorwahl: 06223
ℹ️ Touristik-Information, Bahnhofstr. 13, ✆ 3553
H Zum Ritter, Neckarstr. 40, ✆ 92350, ab V
H Kredell, Hauptstr. 67, ✆ 2633, III
H Schützenhaus, Schützenhausstr. 31, ✆ 3067, III
Gh Reber, Bahnhofstr. 52, ✆ 8779, III-IV
Gh Griechische Taverne, Hauptstr. 57, ✆ 2252, II
Gh Goldener Drache, Hauptstr. 9, ✆ 2579, III
P Filsinger, Bahnhofstr. 32, ✆ 8710, III
Pz Mayer, Pflugg. 7, ✆ 71298, II
Pz Knauf, Bergstr. 11, ✆ 1813, I 🐾
Pz Köhler, Ziegelhütte 3, ✆ 3403, I (ohne Frühstück)
Pz Galgenmaier, Batzenhäuselweg 14, ✆ 2232, I 🐾 (ohne Frühstück)
▲ Campingplatz Friedensbrücke, ✆ 2178, April-15. Okt.
▲ Campingplatz Haide, rechtes Ufer, ✆ 2111, April-Okt.

Kleingemünd:
H Zum Schwanen, Uferstr. 16, ✆ 92400, ab V 🏍
Gh Krone, Bergstr. 10, ✆ 2453, III-IV
Pz Knauf, Bergstr. 11, ✆ 1813, I 🐾

Schlierbach
PLZ: 69115; Vorwahl: 06221
ℹ️ Tourist-Information Heidelberg, ✆ 19433
H Zum Neckartal, Im Hofert 28, ✆ 89930, V

Ziegelhausen
PLZ: 69118; Vorwahl: 06221
ℹ️ Tourist-Information Heidelberg, ✆ 19433
H Endrich, Friedhofweg 28, ✆ 801086, III-IV
H Rother, Sitzbuchweg 42, ✆ 800784, III-IV
H Waldhorn, Peter-Wenzel-Weg 4, ✆ 800294, II-III
H Im Rosengarten, Stiftweg 34, ✆ 89970, IV
Hg Ambiente, In der Neckarhelle 33-35, ✆ 89920, V
Gh Schwarzer Adler, Kleingemünder Str. 6, ✆ 89800, V
P Goldener Hirsch, Kleingemünder Str. 27, ✆ 800211, II 🐾

Heidelberg
PLZ: 69115; Vorwahl: 06221
ℹ️ Tourist-Information am Hauptbahnhof, ✆ 19433
H Elite, 69115, Bunsenstr. 20-24, ✆ 25733, III
H Im Rosengarten, 69118, Stiftweg 34, ✆ 89970 🏍
H Am Kornmarkt, 69117, Kornmarkt 7, ✆ 24325, V
H Backmulde, 69117, Schiffg. 11, ✆ 53660, V
H Berger, 69120, Erwin-Rohde-Str. 8, ✆ 401608, IV
H Goldener Adler, 69126, Rathausstr. 8, ✆ 31390, III-IV
H Bergheimer Mühle, 69115, Bluntschlistr. 5-7, ✆ 166106, IV

149

Elite Hotel Heidelberg

Fam. Karrenbauer
Bunsenstr. 20-24, 69115 Heidelberg
Tel. 06221 - 25733, Fax -163949
E-Mail: hotel-elite-heidelberg@t-online.de
www.hotel-elite-heidelberg.de

- Familiär geführtes Hotel Garni mit 12 Zimmern
- Preise ab € 31,– bis € 87,– pro Zimmer und Übernachtung (Inkl. Frühstücksbuffet & MwSt.)
- Reichhaltiges Frühstücksbuffet täglich von 7:00 Uhr bis 11:00 Uhr
- Zentrale Citylage; 5 Minuten zum Stadtzentrum; 2,5 km bis zum Bahnhof; 200 m zu Bus und Bahn
- Wintergartenbereich mit offener Terrasse und Unterstellmöglichkeit für Fahräder u.a.
- Alle Zimmer mit WC, Dusche und Fernsehen ausgestattet
- 5 Restaurants in unmittelbarer Umgebung decken alle Gaumenfreuden zu einem guten Preis/Leistungsverhältnis ab.
- Das Hotel ist an 365 Tagen im Jahr geöffnet und unsere Rezeption ist von 7:00 Uhr bis 20:00 Uhr für Sie besetzt. Danach gelangen Sie mittels einem vereinbarten Code auch nach Schließung der Rezeption durch einen Schlüsselsafe noch an Ihr Zimmer.
- Wir würden uns freuen, Sie bald als Gast in unserem Hotel begrüßen zu dürfen.

Daniel Karrenbauer

150

H Acor, 69117, Friedrich-Ebert-Anlage 55, ✆ 22044, V-VI
H Alt Heidelberg, 69115, Rohrbacherstr. 29, ✆ 9150, VI
H Anlage, 69117, Friedrich-Ebert-Anlage 32, IV-V
H Astoria, 69120, Rahmeng. 30, ✆ 402929, IV
H Classic Inn, Belfortstr. 3, ✆ 1383238
H Bayrischer Hof, 69115, Rohrbacher Str. 2, ✆ 184045, V-VI
H Best Western, 69115, Bergheimer Str. 63, ✆ 5080, VI
H Bräustübl, 69115, Bergheimer Str. 91, ✆ 24036, III
H Burgfreiheit, 69117, Neue Schlossstr. 52, ✆ 22062, III-IV
H Central, 69115, Kaiserstr. 75, ✆ 20641, V-VI
H City-Hotel, 69117, Friedrich-Ebert-Anlage 56, IV-V
H Europa, 69117, Friedrich-Ebert-Anlage 1, ✆ 5150, V
H Elen, 69121, Dossenheimer Landstr. 61, ✆ 45910, III-V
H Erna, 69124, Heuauerweg 35-37, ✆ 71040, V
H Frisch, 69120, Jahnstr. 34, ✆ 45750, V
H Goldener Falke, 69117, Hauptstr. 204, ✆ 14330, V-VI
H Goldene Rose, 69117, St. Annag. 7, ✆ 905490, V-VI
H Goldener Hecht, 69117, Steing. 2, ✆ 53680, V-VI
H Hackteufel, 69117, Steing. 7, ✆ 905380, V-VI
H Hirschgasse, 69120, Hirschg. 3, ✆ 4540, VI
H Crowne Plaza, 69115, Kurfürstenanlage 1, ✆ 9170, VI
H Holländer Hof, 69117, Neckarstaden 66, ✆ 12091, VI
H Horneck, 69115, Blumenstr. 4, ✆ 24247, IV-V
H Am Rathaus, 69117, Heiliggeiststr. 1, ✆ 14730, IV-V
H Am Schloss, 69117, Zwingerstr. 20, ✆ 14170, V-VI

H Ibis, 69115, Lessingstr. 3 (Hbf.), ✆ 9130, V
H Jeske, 69117, Mittelbadg. 2, ✆ 23733, I (o. Frühstück)
H Kohler, 69115, Goethestr. 2, ✆ 970097, IV-V
H Kranich, 69123, Kranichweg 37a, ✆ 74820, IV-V
H Krokodil, 69115, Kleinschmidtstr. 12, ✆ 24059, IV-V
H Leone d'Oro, 69126, Karlsruher Str. 95, ✆ 393053, V
H Molkenkur, 69117, Klingenteichstr. 31, ✆ 600894, V
H Monpti, 69117, Friedrich-Ebert-Anlage 57, ✆ 23483, V
H Nassauer Hof, 69117, Plöck 1, ✆ 163024, V-VI
H Neckar-Hotel, 69115, Bismarckstr. 19, ✆ 905150, V-VI
H Neu Heidelberg, 69123, Kranichweg 15, ✆ 707005, VI
H Atlantic, 69118, Schloss-Wolfsbrunnenw. 23, ✆ 60420, V-VI
H Perkeo, 69117, Hauptstr. 75, ✆ 14130, V
H Queens Hotel, 69124, Pleikartsförsterstr. 101, ✆ 7880, VI
H Regina, 69115, Luisenstr. 6, ✆ 53640, V
H Marriott, 69115, Vangerowstr. 16, ✆ 9080, VI
H Zum Ritter St. Georg, 69117, Hauptstr. 178, ✆ 1350, VI
H Rose, 69126, Karlsruher Str. 93, ✆ 31380, IV-V
H Schmitt, 69115, Blumestr. 54/Römerkreis, ✆ 27296, III-IV
H Schnookeloch, 69117, Haspelg. 8, ✆ 138080, V
H Schönberger Hof, 69117, Untere Neckarstr. 54, ✆ V-VI
H Tannhäuser, 69115, Bergheimer Str. 6, ✆ 97760, V
H Vier Jahreszeiten, 69117, Haspelg. 2, ✆ 24164, V-VI
H Weisser Bock, 69117, Große Mantelg. 4, ✆ 90000, V

H Zum Pfalzgrafen, 69117, Kettengg. 21, ✆ 2048
H Zieglerbräu, 69115, Bergheimer Str. 1b, ✆ 253
🏠 Jugendherberge, 69120, Tiergartenstr. 5, ✆ 4

Edingen-Neckarhausen
H Krone, Edingen-Neckarhausen, Hauptstr. 347, II

Ladenburg
PLZ: 68526; Vorwahl: 06203
ℹ Stadtinformation, Hauptstr. 7, ✆ 700
H Im Lustgarten, Kirchenstr. 6, ✆ 5974, V
Hg Cronberger Hof, Cronbergerg. 10, ✆ 92610, V
Gh Zwiwwel, Kirchenstr. 24, ✆ 2477, III-V

Mannheim
PLZ: 68161; Vorwahl: 0621
ℹ Tourist-Information, Willy-Brandt-Pl. 3, ✆ 019C 770020
H City-Hotel, 68165, Tattersallstr. 20-24, § 408008 IV
H Augusta, 68165, Augustaanlage 43-45, ✆ 4207C
H Acora, 68161, Quadrat C 7, 9-11, ✆ 10037, III-V
H Wasserturm, 68165, Augustaanlage 29, ✆ 41620 III-V
H Basler Hof, 68165, Tattersallstr. 27, ✆ 28816-17,
Hg Central, 68161, Kaiserring 26-28, ✆ 12300, IV-V
Gh Goldene Gans, 68161, Tattersallstr. 19, ✆ 42202
P Arabella garni, 68161, Quadrat M 2, 12, ✆ 23050
🏠 Jugendherberge, 68163, Rheinpromenade 21, ✆ 822718
🏕 Camping Strandbad, Neckarau am Rhein, ✆ 8562 April-Sept.

tsindex

e in grüner Schrift
n sich aufs Übernach-
rzeichnis

Böttingen	148
Bühlingen	20

D

Deisslingen	18, 140
Dettingen	30, 142
Dilsberg	119, 149

E

erg 20
143
46, 143
26, 141
en 68
h 54
urg 44
erndorf 25, 141

Eberbach	112, 149
Edingen	150
Egelstal	34
Epfendorf	24
Ersheim	114, 149
Esslingen am Neckar	56, 144

F

annstatt 67, 145
Friedrichshall 98, 147
Niederau 34, 143
Wimpfen 100, 148
hofsviertel 147
ingen 79
ingen 79, 146
gheim 81, 146
ingen 34, 143
gheim-Bissingen
84, 146
ingen 146

Fischingen	28, 142
Frankenbach	147
Freiberg am Neckar	80, 146

G

Geisingen	79
Glatt	30, 142
Groß-Ingersheim	80
Grötzingen	46, 143
Gundelsheim	102, 148
Guttenbach	108, 148

H

Haßmersheim	104
Heidelberg	126, 149
Heilbronn	90, 147
Heinsheim	101
Hessigheim	80, 146
Hirschau	39, 143
Hirschhorn	114, 149
Hochberg	68
Hocheneck	70
Hochhausen	106
Hofen	68
Hohenberg	142
Hoheneck	74
Horb-Mühlen	142
Horb am Neckar	32, 142

I

Ihlingen	142
Ingersheim	146
Irslenbach	25
Isenburg	142

K

Kirchentellinsfurt	44, 143
Kirchheim am Neckar	
	85, 147
Kleingemünd	122, 124, 149
Klingenberg	90
Kochendorf	98, 147
Köngen	51, 144
Krösselbach	112

L

Ladenburg	130, 150
Lauffen	20
Lauffen am Neckar	86, 147
Lindach	112
Ludwigsburg	72, 145
Ludwigshafen	139
Lustnau	143

M

Mannheim	136, 150
Marbach am Neckar	75, 145
Mettingen	144
Mittelstadt	44
Mörtelstein	108
Mosbach	107, 148
Mundelsheim	146

N

Neckarelz	107, 148
Neckargartach	96
Neckargemünd	120, 149
Neckargerach	110, 148
Neckargröningen	68
Neckarhausen	
	48, 132, 144, 149
Neckarhäuserhof	118, 149
Neckarmühlbach	
	102, 104, 148
Neckarrems	68
Neckarsteinach	
	118, 119, 123, 149
Neckarsulm	96, 147
Neckartailfingen	46
Neckartenzlingen	46, 143
Neckarwimmersbach	
	112, 149
Neckarzimmern	106, 148
Neuostheim	134
Nordheim	89, 90, 147
Nürtingen	48, 147

O

Oberensingen	144
Oberesslingen	56
Obernau	34
Oberndorf am Neckar	
	25, 141
Obertürkheim	59
Obrigheim	108, 148
Oferdingen	44
Oßweil	145

P

Pleidelsheim	146
Pleutersbach	114
Plochingen	54, 144
Poppenweiler	145

R

Rainbach	120
Remseck	68, 145
Rexingen	142
Rockenau	112, 148
Rottenburg am Neckar	
	36, 143
Rottenmünster	20
Rottweil	21, 140

S

Schlierbach	122, 149
Schwabenheim	130
Schwenningen	16, 140
Seckenheim	132, 134
Steinheim a. d. Murr	76
Stuttgart	63, 145
Stuttgart-Ost	145
Sulz am Neckar	26, 141

T

Talhausen	24
Talhof	81
Tübingen	40, 143

U

Unterensingen	51
Untertürkheim	59, 144

V

Villingen	13, 140
Villingendorf	24, 141

W

Walheim	85
Wanderheim	112
Wangen	144
Wendlingen am Neckar	
	51, 144
Wernau am Neckar	52, 144
Wimpfen im Tal	99
Wurmlingen	38, 143

Z

Zell	144
Ziegelhausen	124, 149
Zizishausen	50, 51
Zwingenberg	110, 148

Rund ums IJsselmeer	Internationale Dollard-Route	Radatlas Ost-Friesland	Nordseeküsten-Radweg	Nordseeküsten-Radweg 2	Nordseeküsten-Radweg 3	Nordseeküsten-Radweg 4	Berlin – Kope...	
Radatlas Niederrhein	Weser-Radweg	Deutsche Fehnroute	100 Schlösser im Münsterland	Lüneburger Heide-Radweg	Limfjord-Route	Radatlas Mecklenburgische Seen	Ostseekü...	
Rhein-Radweg	Radatlas Vulkaneifel	Leine-Radweg	Ems-Radweg	Elbe-Radweg	Elbe-Radweg	Berliner Mauer-Radweg	Ostseekü...	
Rhein-Radweg 2	Mosel-Radweg	Ruhr-Radweg	Lahn-Radweg	Fulda-Radweg	Muldental-Radweg	Radatlas Brandenburg	Oder-Ne...	
Rhein-Radweg	Saar-Radweg	Saarland-Radweg	Deutsche Burgenstraße	Main-Radweg	Rhein-Tauber-Fränkischer Rad-Achter	Radatlas Brandenburg	Spre... Radw...	
Neckar-Radweg	Nahe-Radweg	Deutscher Limes-Radweg	Drei Täler-...	Radatlas Donau-Allgäu	Liebliches Taubertal	Werratal-Radweg	Rennst... Radw...	
Iller-Radweg	Kocher-Jagst-Radweg	Bodensee-Radweg	Donau-Bodensee-Radweg	Iller-Radweg	Rund um München	Tour de Baroque	Fünf-Flüss...	
Enz-Nagold-Radweg	Lenne-Route	Bodensee-Königssee-Radweg	Europa-Radweg R1	Niederrhein-Route	Via Claudia Augusta	Deutscher Limes-Radweg	Schwäbischer-Al... Radw...	